Harald Brost und Laurenz Demps

Berlin wird Weltstadt

Mit 277 Photographien
von
F. Albert Schwartz, Hof-Photograph

KOHLHAMMER

Dr. Harald Brost ist Historiker an der
Sektion Geschichte der Humboldt-Universität Berlin

Dr. Laurenz Demps ist Historiker an der
Sektion Geschichte der Humboldt-Universität Berlin

Alle Rechte vorbehalten
© 1981 by Edition Leipzig
Lizenzausgabe für den Verlag W. Kohlhammer GmbH
Stuttgart   Berlin   Köln   Mainz
Verlagsort: Stuttgart
Gestaltung: Eveline Cange
Umschlag: hace
Gesamtherstellung: Druckerei Fortschritt Erfurt
Printed in the German Democratic Republic
ISBN 3–17–007161–0

Inhalt

Die erneute Verwendung des Titels «Berlin wird Weltstadt», den verschiedene Autoren wie A. Streckfuß, G. Manz oder M. Osborn bereits benutzt haben, soll die treffende Charakteristik der Stadtentwicklung im 19. Jahrhundert unterstreichen, aber zugleich auch die unübersehbaren Unterschiede in der Bewertung verdeutlichen. Der Auf- und Umbruch Berlins zur Weltstadt hatte seine Ursachen primär in den wirtschaftlichen Prozessen, die unaufhaltsam und strukturverändernd in alle gesellschaftlichen Bereiche eingriffen. Wir unterschätzen hierbei keineswegs die Eigengesetzlichkeiten und Rückwirkungen von Politik, Kultur oder Wissenschaft auf die Ökonomie, denn erst im Spannungsfeld all dieser Faktoren hat Berlin sich entfaltet. Dieser historische Fortschritt vollzog sich jedoch keineswegs, ohne Schaden an der Kommune zu hinterlassen.

Den bildhaften Nachvollzug dieser Entwicklung verdanken wir den Arbeiten des Photographen F. A. Schwartz, der als Chronist mit der Kamera die optisch faßbaren Umwälzungen seiner Zeit sorgfältig registrierte. Die Bilddokumente sind zugleich fesselnde Zeugnisse der frühen Photographie und ihrer raschen Entwicklung. In der Vereinigung von stadt- und photogeschichtlichen Aspekten sehen wir den besonderen Wert dieses Buches.

Die Skizze der wichtigsten Lebensstationen von Schwartz war nur dank großzügiger Unterstützung einiger Institutionen möglich. Unser Dank gilt dem Stadtarchiv Berlin, dem Evangelischen Kirchenarchiv Berlin, der Deutschen Staatsbibliothek, der Ratsbibliothek, den Sondersammlungen der Stadtbibliothek und dem Märkischen Museum.

Die Hauptkonvolute Schwartzscher Photographien liegen in der Deutschen Staatsbibliothek, im Stadtarchiv und im Märkischen Museum. Trotz erheblicher durch Krieg und anderes verursachter Lücken bilden die etwa dreitausend Kontaktkopien und Vergrößerungen einen einmaligen, repräsentativen Querschnitt für das Berlin der Jahre zwischen 1855 und 1906. In der vorliegenden Rundschau wurde ein ausgeglichenes Verhältnis aller Themen und Arbeitsperioden des F. Albert Schwartz angestrebt; obwohl nur ein knappes Zehntel der vorhandenen Abbildungen wiedergegeben werden kann, wird wohl deutlich, daß damit die Grenze des Möglichen in einem Buch erreicht worden ist.

Einigen Damen und Herren, die besonderen Anteil am Gelingen haben, dürfen wir namentlich unseren Dank abstatten: Frau H. Altmann, Frau Scharf, Frau E. Schmidt, Herrn R. Frenzel, Herrn E. Klemp, Herrn H. Krüger und Herrn S. Schmidt. Wir danken insbesondere Herrn H. Hampe, Herrn W. Schröder und Herrn W. G. Schröter für nützliche Hinweise und Verbesserungen.

Die Verfasser

Das Werden einer Weltstadt im Fokus eines Photographen

Fünfzig Jahre erscheinen – gemessen an einer achthundertjährigen Entwicklung – recht bescheiden, und doch haben Industrie, Verkehr und die «Spitzhacke» das Gesicht der Stadt Berlin in der zweiten Hälfte des 19. Jh. so grundlegend geändert, wie dies in keiner Zeit zuvor geschehen war. Der alte Kern, die Doppelstadt Berlin – Cölln an der Spree, hatte sich mehrfach in den letzten Jahrhunderten durch neue Ansiedlungen «Luft gemacht», doch blieb das alte Gemeinwesen in seinen Konturen fast unangetastet; was an Neuem hinzukam, lagerte sich ringförmig an das Bestehende an. Berlin hatte so einen anderen Städten vergleichbaren Aufschwung genommen, der den Organismus in seiner Wachstumsphase allmählich erweiterte, aber nicht zerstörte; in dieser Form blieb Berlin bis ins 19. Jh. hinein an vielen Stellen unverändert.

Doch hundert Jahre der jüngsten Geschichte seit 1850 haben ausgereicht, um die Stadt von Grund auf umzuwälzen und ihr altes Profil total zu verändern. Was an alter Substanz vom Abriß bis 1939 verschont geblieben war, das hat in knapp einem halben Jahrzehnt dann der zweite Weltkrieg auf grausige Art erledigt; das historische Bild war im Bombenhagel in Schutt und Asche gefallen, die Kämpfe um die Stadt im Frühjahr 1945 taten ein übriges. Nach der Teilung der Stadt wurde das alte Berlin – Cölln, das im wesentlichen mit dem heutigen Stadtbezirk Berlin-Mitte identisch ist, Teil der Hauptstadt der DDR. Nach und nach wurden und werden die wertvollsten Zeugnisse der Vergangenheit mit größten Mühen wieder errichtet. Berlin verdankt einem großzügigen Wieder- und Neuaufbau nach 1945 seine heutige neue Gestalt.

Wir haben es einem Photographen des vorigen Jahrhunderts zu verdanken, daß die Architektur Berlins, die «steingewordene Geschichte», glücklicherweise im Bild festgehalten wurde, bevor die erste große Zerstörungswelle begann. Was uns heute unwiderruflich verlorengegangen ist, bleibt so in der bildhaften Erinnerung erhalten. F. Albert Schwartz hat die noch in den Kinderschuhen steckende großartige Erfindung, die Photographie, bereits als Lehrling genutzt, um Stadt und Leute mit der Kamera festzuhalten. Aus dem noch engen Blickwinkel des väterlichen Hauses, in dem sich später auch das erste eigene Atelier befand, tastete er sich an die neue Technik und zugleich an seine Umgebung heran. Als dies nicht mehr genügte, stieg er auf die Dächer, um sich und dem Objektiv den Horizont zu erweitern, und hat uns aus der Zeit des noch unveränderten Berlin reizvolle, unerschöpfliche und gestochen klare Panorama-Aufnahmen hinterlassen. Diese bessere Übersicht gab ihm genügend Anstoß, um das in Bewegung geratende Berlin nun auch im Detail zu verfolgen und dort, wo abgerissen, durchgebrochen, aufgebaut oder verändert wurde, sorgfältig zu observieren und zu dokumentieren.

Zuerst schien die Stadt am Rande auszuufern, als die ersten Eisenbahnen und Industriebetriebe die Mauern und Tore der Stadt durchbrachen und die ländliche Idylle der Vorstädte durch den Lärm entstehender Fabriken und Werkstätten zerstört wurde. Doch auch im Inneren der Altstadt begann ein Auf- und Umbruch, wie ihn das Gemeinwesen bisher nicht erlebt hatte.

F. A. Schwartz war mit Spürsinn, Herz, aber auch mit Geschäftssinn überall dort, wo sich

Symptome dieser Entwicklung zeigten. Auch wenn das photographische Bild anders als das gemalte nur das wiedergibt, was der Sucher erfaßt, so kann bereits die Standortwahl verraten und auch die Form der Aufnahme und ihre Wiedergabe in all ihren technischen Modalitäten bestätigen, «wie» der Lichtbildner zur Sache steht. Ein Photograph hinterläßt deshalb keineswegs einen toten Gegenstand, dem die subjektive Haltung fehlt, sondern ein lebendiges Zeitdokument, das auch technischen und ästhetischen Anforderungen folgt und das als einen besonderen und großen Vorzug die Authentizität besitzt.

Das Medium Photographie wurde 1861 in Berlin erstmals künstlerisch gewürdigt; im Sockel des Beuth-Denkmals befindet sich ein Flachrelief mit einem Photographen in Aktion. Nur wenige kennen heute die Namen der verdienstvollen Photographen Berlins, obwohl Hunderte von Bildbänden sich ihrer Hinterlassenschaft bedienten. Auch F. Albert Schwartz gehört zu den Vergessenen, dessen Sammlung nur noch die Spezialisten kennen, aus der jedoch fast jeder Bildband zum «alten Berlin» mit gespeist wird. Viele Autoren – und nicht nur bezogen auf Schwartz – unterlassen unkorrekterweise selbst den geringen Hinweis zum Namen. Die Überwindung solcher Nachlässigkeiten und die Erschließung des photographischen Nachlasses sind ein kulturgeschichtliches Erfordernis hohen Ranges. Das historische Unrecht gegenüber vielen Photographen wird erst heute schrittweise überwunden, weil auch der Stand der Forschung auf diesem Gebiet noch lange nicht den erforderlichen Wert erreicht hat.

Als F. A. Schwartz 1860 sein Geschäft eröffnete, ging es schon lange nicht mehr allein um sensationelle Schlagzeilen. Wer damals als Photograph wirksam werden wollte, durfte nicht mehr auf Eintagsfliegen genialer Entdeckungen hoffen, sondern mußte Stehvermögen beweisen. Die meisten wandten sich den lukrativeren Porträtaufnahmen zu, und nur wenige blieben wie Schwartz bei der Landschaftsphotographie. Die Schwartzschen Photos sind, obwohl es viele Architekturaufnahmen vor diesen gab, doch die ältesten Dokumente der Stadt, weil ein Teil der ersten Lichtbilder, die Daguerreotypien, mit der Zeit der Vergänglichkeit ihrer noch unausgereiften Techniken zum Opfer fielen.

Neben dem hohen Alterswert seiner Bilder steht jedoch noch wertvoller die Bewahrung eines «Stadtbildes» im Vordergrund, das sich gerade in der Mitte des 19. Jh. zu verändern begann, als im Fieber einer hemmungslosen Bau- und Bodenspekulation einige gewissenlose «Gründer» nur an Gewinn und nicht an überbrachte Kulturwerte oder soziales Verhalten dachten. Schwartz bezog immer dort Position, wo ein solcher Abbruch bevorstand. Manchmal kam er in der sprichwörtlichen letzten Minute, wie beim Abriß des Danckelmann-Palais, eines Renaissancebaues, als bereits Teile der Fenster herausgerissen waren. Ihm blieb die Notwendigkeit, aber auch Fortschrittlichkeit der kapitalistischen Entwicklung verborgen; die Industrialisierung und die damit einhergehende Stadtveränderung betrachtete er angesichts der radikalen Umbrüche weitgehend von ihrer Schattenseite.

Die Arbeitsmethode von F. A. Schwartz ist noch rekonstruierbar; aus Zeitungsberichten entnahm er, zu welchem Zeitpunkt und an welcher Stelle der Stadt «Abrißreifes» zugunsten von Neubauten weichen mußte. So photographierte er im gewissen Sinne «systematisch» den alten und neuen Zustand, denn es läßt sich nachweisen, daß jeweils, verglichen mit den Daten der Photoaufnahmen, um die gleiche Zeit die Absicht bestand, die Baulichkeiten niederzulegen oder umzubauen. So entstand eine reizvolle Chronik in Photographien von der Veränderung der Stadt, die in dieser Form einen einmaligen Wert besitzt. Am Rande sei für den Leser vermerkt, daß die hier vorgelegten Abbildungen ausschließlich von Schwartzschen Originalkopien gefertigt wurden. Der auf vielen Photographien sichtbare Firmenstempel mit Jahresdatum gibt nur das Jahr der Kopie, nicht das Aufnahmejahr an. Bei Aufnahmen, von denen es mehrere Abzüge gibt, wurde nicht der älteste genommen – obwohl photohistorisch sicher interessanter –, sondern die günstigste Wiedergabe bevorzugt.

Beeindruckt erlebt der Betrachter Ansätze für einen «Film», wie beim Niederlegen des alten

Domes oder dem Bau einzelner Stadtbahnhöfe. Allein die Abrißarbeiten am Dom hat Schwartz mit fast 30 Aufnahmen während und nach der Sprengung festgehalten; setzt man sie zusammen, wird ein Ablauf lebendig, der, bewußt verfolgt, für diesen Zeitraum mehr bedeutet als das «Nur»-Photographieren von Einzelbildern. Verstärkt wird dieser Gesichtspunkt besonders, wenn im Spannungsfeld zweier Aufnahmen vom gleichen Standort mit z. T. mehrjähriger Zeitdifferenz sichtbar wird, welches «Programm» Schwartz gedanklich erarbeitet und konsequent verfolgt hat. Vom Bau des Stadtbahnhofes Börse (heute Bahnhof Marx-Engels-Platz) und von der Einmündung der Friedrichstraße in die Chausseestraße liegen u. a. solche Dokumente vor.

In Berlin hat nur F. A. Schwartz so früh Aufnahmen von scheinbaren «Nebensächlichkeiten» wie den Märkten, dem mittelalterlichen Rathaus, den alten Stadttoren, den ersten Industriegebäuden, angefertigt. Seine Hinterlassenschaft weist nach, daß er das neue Medium mehr oder weniger bewußt beim Nachzeichnen der sozialen Stadtentwicklung ausgeschöpft hat, so gut es ging. Eine gewisse «Abneigung» gegen Personen auf seinen «Architekturaufnahmen» ist mehrfach in den ersten Berufsjahren nachzuweisen. So hatte er auf Aufnahmen vom Kronprinzenpalais, dem alten Rathaus, bei Aufnahmen der Borsig-Fabrik Personen wegretuschiert, selbst auch dort, wo sie der noch langen Belichtungszeit ohne Wackler «standgehalten» hatten; zum Glück existieren auch die noch nicht retuschierten Erstabzüge. Schwartz nimmt jedoch mit wachsender technischer, aber auch menschlicher Erfahrung die Personen als willkommene, echte Bereicherung in seinen «Blickwinkel» auf.

Damit gehört Schwartz auch zu den frühen Photodokumentaristen; seine Milieustudien erreichen nicht die sozialkritische Schärfe der späteren Zille-Photographien, doch er kann als ein Vorreiter verstanden werden, denn er beginnt fast 40 Jahre vor Zille und anderen. Kein Photograph Berlins sonst hatte, wie uns das Photo vom Bau der Vereinsbrauerei Rixdorf belegt, für die Aufnahme arbeitender, aber nicht zahlender Menschen schon vor 1872 Geld «weggeworfen»!

Es ist fast überflüssig, darauf hinzuweisen, daß F. A. Schwartz im Konvolut seiner Photographien eine Vielzahl von einmaligen Abbildungen hinterließ, mit deren Aufarbeitung erst in den letzten Jahren begonnen wurde. Eine Aufzählung der Kostbarkeiten wäre zu lang, aber aus der Fülle sollen beispielhaft das Palais Itzig (später stand dort die neue Börse), das altbekannte Hotel Donner, die alte Preußische Bank in der Jägerstraße, die Kaserne, in der F. Engels diente, und das berühmte Café Stehely, in dem die bekanntesten Künstler und Wissenschaftler dieser Zeit, u. a. auch Karl Marx, verkehrten, herausgehoben werden.

Erst in der Übersicht seiner Gesamtarbeit gewinnt der Betrachter mosaikhaft ein Bild der Weltanschauung dieses Mannes, dessen Grenzen sich unmittelbar in den Lücken bzw. im Auslassen bedeutender historischer Ereignisse seiner Zeit zeigen. Im Kern dessen tritt uns ein kleinbürgerlicher Demokrat entgegen, der einerseits wehmütig der Vernichtung und Veränderung seiner Stadt zuschaut, andererseits aber auch mit Rücksicht auf seinen Kundenkreis eine gewisse Distanz als «Geschäftsmann» wahren mußte. Bis fast zur Jahrhundertwende treten keine politischen Ereignisse oder hochgestellte Politiker in seinen Photographien auf. Auch Polizei, Militär und andere Vertreter der Staatsmacht wurden lediglich in den normalen Lebensrhythmus der Stadt als Dekor eingereiht. Im Gegensatz zum Werk anderer Photographen fehlen auch die «glanzvollen» Paraden, aber es fehlen auch die Zeugnisse der Arbeiterbewegung aus seiner Zeit. Seine selbstauferlegten Scheuklappen werden nur verständlich, wenn wir uns einen kleinbürgerlichen Mann vergegenwärtigen, der sich nicht «scheute», die verrufensten Stadtwinkel aufzusuchen und samt ihrem sozialen Elend zu photographieren. Was er an Menschen und Umwelt fixierte, ist zwar nicht vom persönlichen tiefen Engagement im Sinne sozialer Kritik diktiert, zeigt aber die unbeirrbare Tätigkeit eines Bildchronisten, der minutiös registriert, was «dazugehört» – nicht mehr und nicht weniger. Es bleibt unser Glück, daß die Kamera nicht alles das selektiert, was ihr Besitzer vielleicht verschwiegen hätte. So deutet einmal mehr das Medium Photographie auf seine Spezies hin: Der Photograph legt den Ausschnitt durch die Stellung und Ausrichtung der Kamera fest, doch innerhalb dieses Blickwinkels wird unbestechlich alles aufgenommen. Erst durch nachträglichen Eingriff mit Retusche oder Montage kann wiederum «subjektiviert» werden. Ein unerklärliches Einzelbeispiel für eine historische Verfälschung zeigt uns die alte Ansicht der Nikolaikirche mit dem auf der linken Seite einretuschierten Turm des Rathauses (Abb. 104).

Die Schwartzschen Bilder sind jedoch bis auf diese und die eingangs erwähnten Ausnahmen unverfälschte Zeitdokumente, die zu seinen Lebzeiten noch nicht in ihrer kulturgeschichtlichen Bedeutung gesehen wurden, weil man ja die Stadt selbst kannte und deshalb das Ganze weniger als ein durchdachtes Werk über ein allmählich verlorengehendes Bild von Berlin begriff. Einzelnes, wie die markanten Stadttore, hatte man in der ersten nostalgischen Welle der Kaiserzeit aus dem Zusammenhang gerissen und in vielen Varianten publiziert, ohne auf Schwartz' Leistung einzugehen. Diese Tradition wurde weitgehend bis in die Gegenwart hinein nicht durchbrochen. Deshalb sind einige Photos von Schwartz «weltbekannt» und zugleich der Name des Photographen fast unbekannt. Sein Werk wurde bisher weder als Auswahl vorgestellt noch als Ganzes zusammengefaßt; der größte Teil der hier vorgelegten Photodokumente erlebt deshalb eine Erstveröffentlichung. Vor 50 Jahren hatten in einer Rückbesinnungsphase nach dem ersten Weltkrieg einige Aufnahmen als illustrative Elemente Eingang in Publikationen gefunden.

Die nun vorgelegte repräsentative Auswahl soll erstmalig den Photographen und sein Werk skizzieren. Leider haben zwei Weltkriege so große Lücken in die Archivbestände gerissen, daß für diesen ersten Schritt noch nicht von einer Vollständigkeit in der Wertung gesprochen werden kann. Ein Großteil der Spuren wurde bereits zu Lebzeiten und in den Jahren danach verwischt. F. A. Schwartz stand als Chronist des «Auf- und Umbruchs» angesichts einer in kaiserlichem Prunk schwelgenden Zeit bei jenen Kunden nicht

sehr hoch im Kurs, die in dem historischen Berlin nicht ihr eigenes Kulturerbe erkannten. So wie der alte Dom nicht mehr den «kaiserlichen Vorstellungen» entsprach, so wurden auch viele andere kulturhistorisch bedeutsame Bauten als «Schmutzflecken» der Stadt bezeichnet und durch «Modernes» ersetzt; ein eklektizistischer Baustil bestimmte den Zeitgeist und den Geschmack vieler Käufer.

Der formbare Gips übernahm all das, was gediegene und bewährte Materialien nicht mehr vermochten. Der Fassade wurde häufig die größte Aufmerksamkeit geschenkt, einem Vergleich mit vielen Höfen des alten Berlin hätten die neuen Hinterhöfe jedoch nicht standgehalten. Vier- und fünfgeschossige Mietshäuser zwängten sich, angetrieben durch hohe Grundstückspreise, in die alten Häuserzeilen. Wenige Jahre reichten hin, um die alten Verhältnisse weitgehend umzuwälzen; zur Jahrhundertwende waren oft nur einige alte Häuser in den großen Geschäftsstraßen übriggeblieben. Schwartz photographierte sehr oft die zwischen den hohen Nachbarn ängstlich eingekeilten zweistöckigen Gebäude; als «drohende» Fronten erscheinen auf den Photos die hohen angeschnittenen Mietshäuser; sie wurden von ihm einem schwarzen Rahmen ähnlich benutzt.

Noch radikaler, als es die Mietshausbesitzer vermochten, gingen die Inhaber großer Warenhäuser, Zeitungskonzerne und Bankunternehmen zu Werke. Das Niederreißen von Häuserzeilen wurde durch das «Niederlegen» ganzer Karrees wie in der Behrenstraße noch gesteigert. Ähnlich gestaltete sich der Komplex im Zeitungsviertel, und auch die Warenhäuser Tietz und Wertheim expandierten mit Bauvorhaben ohne kulturhistorische Rücksichtnahme, manche kleine Gasse verschwand in der Blockbebauung vollständig, und die historisch gewachsene Sozialstruktur wurde dabei total zerstört.

Demgegenüber zwang in den Elendsvierteln der Stadt erst der Zusammenfall überalterter Gebäude zur baulichen Erneuerung. Photographien vom Scheunenviertel, vom Kleinen Jüdenhof und von der «Königs»-Mauer belegen dies in einem kaum zu überbietenden Kontrast. Mit der Neubebauung «ordnete» man gleich das ohnehin zerstörte soziale Gefüge der Stadt neu; Industrie sowie Schlaf- und Mietskasernen wurden im Norden und Osten angesiedelt, Büro-, Kauf- und Bankhäuser hatten sich in der «City» konzentriert, und die «bessere Gesellschaft» bezog – nach Rang und Geldbeutel abgestuft – in westlicher Richtung Quartier.

All dies macht verständlich, daß ein Mann wie F. A. Schwartz, der die Zerstörung der Stadt «bildlich» festhielt und sich nicht am Jubel über eine «kaiserliche Weltstadt» begeisterte, von seiner Zeit nicht angemessen gewürdigt und, einmal in «Vergessenheit» geraten, auch nur schwer diesem Zustand wieder entrissen werden kann. Der wirtschaftliche Aufschwung Berlins hatte die fieberhaften Bewegungen ausgelöst und hat der Stadt einerseits ihren hohen Stellenwert im Lande und international verschafft; dieser Aufstieg zur Weltstadt in historisch kurzer Frist wurde andererseits getrübt durch die Methode einer vielfach unnötigen Zerstörung im baulichen wie im sozialen Bereich. Die Liebe zur Geschichte seiner Stadt hat F. A. Schwartz dazu geführt, auf eigenes Risiko Erinnerungen vom alten Berlin festzuhalten; ihm verdanken wir damit nicht nur einen Einblick in die zweite Hälfte des 19. Jh., sondern teilweise auch Rückblicke bis tief in das mittelalterliche Berlin.

1909, drei Jahre nach dem Tode von F. A. Schwartz, forderte, wie die «Vossische Zeitung» am 8. Februar berichtete, der Stadtbaurat Kothe nachdrücklich alle Architekten auf, bevor ein Neubau projektiert werde, solle man die alten Häuser photographisch aufnehmen. Er bedauerte, daß in den letzten Jahrzehnten bereits vieles schon verschwunden, aber ein Anfang in dieser Richtung noch nicht zu spät sei. Kothe sprach von mindestens 500 Häusern, die, vom Abriß bedroht, unbedingt photographisch aufgenommen werden müßten. Er erließ den dringenden Appell an den Architektenverein, Mitteilung von Abrißplänen zu machen, da Berlin die meisten Abbrüche in Deutschland habe und der Magistrat nicht alle erfassen könne. Zugleich beklagte er, daß die Meßbildanstalt bisher Berlin stiefmütterlich behandelt habe. Der Baurat Kothe bemerkte zum damaligen Zeitpunkt nicht oder übersah, daß die Firma Schwartz bereits eine Photosammlung von Hunderten solcher Abrißhäuser hatte und schon zwischen 1863 und 1866 mehrfach die «Stadtväter» aufgefordert hatte, ein solches Dokumentationsprogramm zu unterstützen.

Die Veröffentlichung einer dem Leben und Werk des Photographen F. A. Schwartz gewidmeten Arbeit erfüllt somit eine zweifache kulturgeschichtliche Aufgabe; sie will einmal hinsichtlich der Person einen Beitrag zur Geschichte des Mediums «Photographie» und zugleich, und nicht als zweites, zur Geschichte Berlins leisten. Wir müssen jedoch mit Nachdruck betonen, daß keine Berlingeschichte – auch nicht im Ansatz – beabsichtigt war; die Vorstellung von fast 300 Photos bedurfte jedoch unbedingt einiger Informationen und Hintergründe, aber auch einer gewissen Gliederung und Übersichtlichkeit, die den von Schwartz selbst gesetzten Intentionen folgte. Es bleibt an Inhalten und Ereignissen folglich all das unberührt, was er in seine Betrachtung nicht einbezogen hat.

Leider konnte trotz intensiver Nachsuche kein gesichertes Porträt des Photographen ermittelt werden, das uns die Persönlichkeit dieses Mannes optisch erleben läßt. Vielleicht hilft das Erscheinen dieses Bandes diesem Mangel ab.

Zu den reizvollsten Arbeiten von F. A. Schwartz gehört der Versuch, photographisch ein möglichst großes Panorama der Stadtgebiete in verschiedenen Himmelsrichtungen festzuhalten. 1865. Er benutzte mehrmals für seine Aufnahmen den Turm vor der Französi-schen Kirche am Gensdarmen-Markt (fälschlich «Dom» genannt). Links wird über dem Häuser-meer der Turm der Marienkirche sichtbar, dahinter die Georgenkirche am Alexanderplatz, es folgt die Kuppel über dem Eosander-Portal des Schlosses, dann die Gerüste des im Bau befindlichen Turmes vom Roten Rathaus sowie rechts im Bild die Nikolaikirche vor dem Umbau. Im Vordergrund der langgestreckte Bau der Friedrich-Werderschen-Kirche von K. F. Schinkel und rechts daneben die Bauakademie; links unten die Kuppel der Hedwigs-Kirche.

Blick vom Französischen Turm in Richtung Westen. 1865. Das Bild zeigt uns im Vordergrund die Bebauung der Charlottenstraße, die Jägerstraße sowie einen Teil der Friedrichstraße. Bürgerhäuser beherrschen das Stadtbild; die Friedrichstraße ist noch die ruhige und behäbige Nord-Süd-Verbindung. Der bewaldete Tiergarten rechts oben markiert die Stadtgrenze in westlicher Richtung. Links unten das Französische Waisenhaus, ein Bau aus den zwanziger Jahren des 18. Jh., um 1780/81 von K. v. Gontard umgebaut, um ein Stockwerk erhöht und mit einer Attikabekrönung versehen. Der Bau wurde 1906 abgetragen. In der Bildmitte die «Apotheke am Gendarmen-Markt» (seit etwa 1840, in einem schmucklosen Bau aus der ersten Hälfte des 18. Jh. (Mozart soll hier gewohnt haben.) Um 1820 gründete hier Stehely eine Konditorei, zog 1827 in die Nachbarschaft und überließ der Konditorei Frizzoni die alten Räumlichkeiten. Erkennbar zeigen Markise und Beschilderung des Hauses den Ort der Konditorei. Stehely wurde weltberühmt durch seinen «Roten Salon», in dem sich bis zum Anfang der vierziger Jahre des 19. Jh. die Vertreter des aufstrebenden Bürgertums, insbesondere die Linken, trafen, die Zeitungen studierten und debattierten. Das Café war auch Tagungsort des Doktorenclubs von Stirner, Ruthenberg, den Gebrüdern Bauer u. a., zu dem während ihres Berliner Aufenthalts auch Marx und Engels gehörten. 1876 mußte das Unternehmen von der Zeit überholt schließen, 1884/85 fiel dieser reizvolle Bau von G. C. Unger dem Abbruch zum Opfer. F. Albert Schwartz wohnte um 1865 in der Friedrichstraße, an der Ecke der Jägerstraße, und so bewahrt dieses Foto auch eine Teilansicht seines ersten Ateliers.

Blick vom Französischen Turm in die Jägerstraße. 1865. Diese einmalige Aufnahme zeigt
zusammengerafft die für die sechziger Jahre
Berlins typische Entwicklung. Neben kleinen
Häusern aus der Zeit Friedrich Wilhelms I.
stehen wertvolle Staatsgebäude; zunehmend
verdrängen dreistöckige Bürgerhäuser die alte
Architektur aus dem 17. und 18. Jh. Zu den
wertvollen Gebäuden gehört z. B. links am
Ende der Jägerstraße die im Jahre 1690 von
J. A. Nehring erbaute Amtswohnung des Ober-
Jägermeisters, aus der sich später der Königliche Jägerhof entwickelte. Dieser Bau gab der

Jägerstraße nach ihrer Anlage im Jahre 1735,
d. h. nach dem Durchbruch durch die Festungs-
mauer hinter dem Königlichen Jägerhof, ihren
Namen. Vor dem Haus stand das Jägertor mit
den Jägerkolonnaden, die den späteren
Erweiterungen zum Opfer fielen. Bei der
Anlage der Straße entstand der für sie charakteristische Knick, der es ermöglichte, die Einfahrt
zum Jägertor zu erhalten. 1764 wurde der Jägerhof erweitert und in ihm 1765 von Friedrich II.
die königliche Bank eingerichtet. Der Umbau
brachte eine Vergrößerung und bedeutende
Erweiterung des Gebäudes mit sich. (Die vor-

liegende Aufnahme ist das einzige Photo dieses
Gebäudes.) 1876 baute Hitzig an dieser Stelle die
im Krieg zerstörte Reichsbank.
Im Hintergrund ragt die Petrikirche heraus und
am rechten unteren Bildrand die Preußische
Seehandlung. Daneben, hier von Geräten des
Neubaus umgeben, stand das Geburtshaus
Alexander von Humboldts.
Auf der linken Seite der Jägerstraße befand sich
das von den Söhnen Moses Mendelssohns 1795
begründete Stammhaus der Privatbank der
Familie.

Blick vom Französischen Turm nach Norden auf die Kreuzung Charlotten- Ecke Französische Straße. 1865.

Diese Ecke war in den dreißiger und vierziger Jahren des vorigen Jahrhunderts eine der bedeutendsten der Stadt. Links im Bild die ehemalige Armenbäckerei der Französischen Colonie, ein Bau aus dem Anfang des 18. Jh., der sozialen Zwecken diente. Er unterlag der Monumentalisierung dieses Platzes durch die Architekten G. C. Unger und K. v. Gontard und

erhielt um 1782 ein zweites Stockwerk und eine neue Fassade mit dem damals für diese Zwecke wenig verwendeten Sandstein, sowie eine «Dachwand auf der massiven Attique bei der Haus-Länge von 76 Fuß und Retour in der Französischen Straße ... Er war auf Königliche Kosten errichtet» und an den Buchhalter Feller übergeben worden. Am 6. April 1804 erwarb der Kaufmann Dannenberg das Haus in einer Auktion. Dannenberg gehörte in diesen Jahren zu den bedeutenden Persönlichkeiten des

Berliner Handels, sein Bild befand sich an dem Denkmal C. P. W. Beuths, einem Pionier der Industrialisierung Berlins. Das Haus wurde 1883 abgerissen. An der gegenüberliegenden Ecke das Weinlokal Lutter & Wegner, das wohl bekannteste Lokal Berlins, das als Schauplatz der Rahmenhandlung von Offenbachs Oper «Hoffmanns Erzählungen» in die Welt der Oper eingegangen ist. Das Lokal war Stammlokal des Schriftstellers und Musikers E. T. A. Hoffmann. Die Rahmenhandlung der Oper spielt in dem

berühmten Weinkeller. Das Haus entstand 1780 offensichtlich nach Plänen von K. v. Gontard auf «Königliche Kosten» und diente der Französischen Colonie als «Coloniegebäude» und Sitz des «Coloniegerichts». Nach 1806 richtete «der Kaufmann und Weinhändler Christian Sigismund Trenck» hier ein Weinlokal ein, das 1811 von Christoph Lutter und August Friedrich Wegner weitergeführt wurde, die 1818 auch das Haus erwarben; seit 1827 war die Weinhandlung alleiniger Besitz von Wegner. 1835 erst entstand

der berühmte Weinkeller, in dem E. T. A. Hoffmann deshalb nie gewesen sein kann, da er bereits 1822 starb. 1935 ging die Weinhandlung in Konkurs und kam in Staatsbesitz. Vorher war das Haus in den zwanziger Jahren unseres Jahrhunderts erweitert und baulich verändert worden.

Das Nachbarhaus gehörte der Familie Langhans, die zwei bedeutende Berliner Architekten (Carl Gotthard und Karl Friedrich) hervorgebracht hat.

Gegenüberliegend in der Französischen Straße ein Bau aus dem Jahre 1767, ebenfalls um 1780 von K. v. Gontard und G. C. Unger überarbeitet.

Blick vom Französischen Turm nach Süden in Richtung Leipziger Straße. Im Vordergrund der Deutsche Turm und die hinter ihm liegende Kirche. 1865.

Blick vom Potsdamer Platz auf den Leipziger
Platz und die Leipziger Straße. Um 1890.
Im Vordergrund rechts ein Torhäuschen des
Leipziger Tores, in der Bildmitte die alte
Admiralität bzw. das Reichsmarineamt, das
später dem Warenhaus Wertheim weichen
mußte. F. A. Schwartz photographierte vom
Fenster seines Ateliers in der Bellevuestraße 22.

Blick vom Dach der Krolloper auf den Königsplatz und das Panorama von Berlin. Um 1890. Im Vordergrund die Siegessäule, 1865–1873 zur Erinnerung an die Kriege gegen Dänemark (1864), Österreich (1866) und Frankreich (1870/71) errichtet. Dahinter das Palais Raczynski (später Bauplatz des Reichstagsgebäudes). Deutlich sind die Türme der Berliner Stadtsilhouette zu erkennen; von links: die Sebastianskirche, die Sophien- und die Marienkirche, die Kuppel des alten Doms, der Rathausturm, die Dorotheenstädtische Kirche, die Parochialkirche, die Nikolaikirche, die Kuppel des Schlosses, die flache Kuppel der Hedwigskirche, die Jerusalemer Kirche sowie die Kuppel des Französischen Turms.

Die Mühlen bei Rixdorf, seit 1912 Neukölln, einem kleinen Dorf aus der Mitte des 14. Jh. Der ländliche Charakter dieser Gegend verschwand in der Gründerzeit, insbesondere durch den Anschluß an die Ringbahn 1865. Um 1872.

Forsthaus Rehberg am Spandauer Weg. 1883.

Die Guhrauer Pankmühle an der Panke in der Nähe des Gesundbrunnens. Oktober 1891. Um 1710 entstand an dem kleinsten Zufluß der Spree, der Panke, auf dem Wedding eine Papiermühle, die bis 1748 das alleinige Recht besaß, in Berlin Lumpen zu sammeln und zu Papier zu verarbeiten. Sie konnte sich nach 1750 gegen die Konkurrenz nicht halten, wurde 1805 zu einer Walkmühle umgebaut und mußte, obwohl 1846 erneuert, bald darauf den Betrieb einstellen. 1891 fiel das Wehr bei der Regulierung der Panke.

Reinickendorfer Straße Nr. 26 und 26a mit
Vorstadtcharakter. 1889.

Am Prenzlauer Tor mit Blick auf die ehemalige
Brauerei von Josty, Prenzlauer Straße Nr. 59–61.
Im Vordergrund das Vorstadtrestaurant «Prenz-
lauer Berg», wegen seiner Dachform und der
Nachbarschaft der großen Friedhöfe «Zum
Sargdeckel» genannt. 1888.

Blick vom Pferdebahndepot zum Kreuzberg mit Denkmal. 1882.

Blick vom Kreuzberg nach Norden auf die heranwachsende Mietskasernenstadt. Um 1888.

Blick aus der Großbeerenstraße auf die Kreuzbergstraße und den Kreuzberg. Um 1885. Im Hintergrund das Denkmal K. F. Schinkels zur Erinnerung an die Befreiungskriege, im Volksmund Kreuzbergdenkmal genannt. Die Miets-

häuser haben hier bereits den «Stadtrand» überschritten und veränderten vollständig den alten dörflichen Charakter. Das Pfarrhaus in der Kreuzbergstraße hatte noch ein paar Jahre dem Vormarsch der Großstadt standgehalten.

Die Lothringerstraße 84 bis 90. Am zurückgesetzten Neubau wird die beabsichtigte Verbreiterung der Straße deutlich. 1889. Die für die nördliche Vorstadt typischen einstöckigen Ackerbürgerhäuser hatten sich bis ins letzte Jahrzehnt des 19. Jh. noch erhalten.

Am Schlesischen Tor. Die Aufnahme besitzt als Zeitdokument der radikalen Stadtveränderung Seltenheitswert. 1882. Das zur ehemaligen Toranlage gehörige Häuschen wurde als Arbeiterkneipe genutzt, nachdem die Industrie und die Mietshäuser hier im Süden eine neue Landschaft geschaffen haben.

Prenzlauer Allee 242–246, Bauplatz der Bötzowschen Brauerei auf dem früheren Windmühlenberg. Um 1885. Im Norden Berlins, vor dem Prenzlauer Tor, standen Windmühlen aus dem Jahre 1748. Unter den Bockwindmühlen befand sich eine Holländermühle, die beim Bau der Bötzow-Brauerei abgerissen wurde. Julius Bötzow gründete in der Alten Schönhauser Straße 23/24 die bekannte Brauerei. Ihre Lagerkeller am Windmühlenberg waren Ausgangspunkt für den späteren Neubau der heute teilweise noch stehenden Brauerei. Dabei fiel auch die letzte der dort stehenden Mühlen, nachdem die anderen entweder abgebrannt oder um 1854 abgetragen worden waren.

Holzplatz auf der heutigen Museumsinsel vor dem Bau der Nationalgalerie. 1865. Im Hintergrund die Gebäude des Packhofs.

Nationalgalerie im Bau. 1872. Sie entstand nach Plänen von J. H. Strack in den Jahren 1866–1876.

Blick auf die Nationalgalerie während der Abbrucharbeiten am «alten Dom». März 1893.

Durch die Beseitigung der Ruinen des Camposanto und der alten Börse kam die städtebauliche Wirkung dieser beiden Museumsbauten – Nationalgalerie und Neues Museum, 1843 bis 1855 nach Plänen von F. A. Stüler erbaut – auch von der Burgstraße her voll zur Wirkung.

Die «Reitende-Artillerie»-Kaserne, Friedrichstraße 118. 1856. In den Jahren 1800 bis 1802 wurde am Oranienburger Tor dieser Bau für die Reitende Artillerie errichtet. Als Vorbild mag dabei das vom Baumeister Titel in der Behrenstraße 66 errichtete Palais gedient haben. Links im Bild die Torhäuser des Oranienburger Tores und im Hintergrund die Industriegebäude der Chausseestraße.

Vom gleichen Stadtpunkt aus photographierte
F. A. Schwartz nach 30 Jahren das inzwischen
veränderte Stadtbild am Oranienburger Tor.
1887. Die Mietshäuser überragen nun selbst die
stattliche Kaserne und im Hintergrund traten
sie an die Stelle der Werkstätten von Borsig,
Egells und Pflug. Die Kaserne wurde 1889
abgebrochen.

Die Ring'sche Apotheke am Potsdamer Platz. 1872. Der Platz hieß bis 1831 der Platz vor dem Potsdamer Tore und die rechts abgehende Bellevuestraße Tiergartenweg. Die Apotheke gehörte zu den Berliner Denkwürdigkeiten, sie wurde 1879 abgebrochen.

Neue Grünstraße 5. 1886. In dem bereits auf Abriß stehenden Haus Nr. 5 hatten mehrere Firmen Quartier. Links im Bild ist die Bauweise für das bevorzugte erste Stockwerk und die dann folgenden Mietsetagen zu erkennen. Bautransporte erledigten Pferdefuhrunternehmen, wie sie im Vordergrund zu sehen sind. Rechts ist im schon bezogenen Haus die große Toreinfahrt zu den Hinterhöfen sichtbar.

Leipziger Straße 15. 1871. Kleine einstöckige Häuser aus der Zeit Friedrich Wilhelms I., die man später aufgestockt hatte, bestimmten den westlichen und südlichen Stadtrand der Friedrichstadt bis weit in die siebziger Jahre des 19. Jh. Die Leipziger Straße Nr. 15, hier als Lazarett für Verwundete des Krieges 1870/71 genutzt, zeigte sich in einer dreizehnachsigen, schlichten Front und gehörte zu den damals vorherrschenden Bauten. An dieser Stelle entstand später das Generalpostamt als erstes Ministerialgebäude des Reiches. Bemerkenswert und so deutlich auf anderen Photos nicht zu erkennen, ist der Rinnstein mit einer kleinen Holzbrücke. Die Rinnsteine waren bis zum Bau einer unterirdischen Kanalisation der Abfluß für Regenwasser und Fäkalien; ab 1859 spülte man mit Wasser aus dem Wasserwerk am Stralauer Tor die Rinnen, aber eine grundlegende hygienische Verbesserung der Zustände und Abhilfe gegen den Gestank wurde damit nicht erreicht. Darüber hinaus war ein Begehen der nicht oder mangelhaft beleuchteten Straßen bei Nacht nicht ungefährlich. Choleraepidemien wüteten 1837, 1846, 1850 und 1866 in Berlin.

Rudolf Virchow wies auf den engen Zusammenhang zwischen den Epidemien und der fehlenden Kanalisation hin, mit deren Bau man in der Mitte des Jahrhunderts auch in Berlin begann.

Rechte Seite der Brunnenstraße zwischen Rosenthaler Tor und Veteranenberg. Um 1885. Die um 1800 erstmals mit kleinen Häusern bebaute Straße, in die die Invaliden und nach 1815 die Veteranen der Befreiungskriege zogen, veränderte in den achtziger Jahren völlig ihr Bild. Mietskasernen verdrängten – wie überall – die alte Bebauung an dieser für den Verkehr nach dem Norden wichtigen Straße.

Das Oranienburger Tor. 1866.
1734 ließ König Friedrich Wilhelm I. Berlin mit einer Palisade umgeben, um es vom flachen Land abzutrennen und die Flucht der Soldaten einzudämmen. Verteidigungswert besaß die Anlage nicht. Einige der später neuangelegten Tore wurden seit 1789 prächtig gestaltet. Unter ihnen ragten das Brandenburger, Potsdamer, das Neue, das Rosenthaler und das Oranienburger Tor hervor. Das Oranienburger Tor wurde offensichtlich nach einer Zeichnung von C. G. Langhans errichtet. Sein plastischer Schmuck war noch ganz dem eines K. v. Gontard oder dem eines G. C. Unger verhaftet, während

seine äußere Gestalt bereits den neuen Stil ankündigte.
Hinter dem Oranienburger Tor, entlang der rechten Seite der Chausseestraße, entstand auf enggedrängtem Raum eines der ersten Industrieviertel Berlins (Feuerland genannt), das mit den Namen Borsig, Egells und Wöhlert verbunden war. Auf der linken Seite sind die Friedhöfe noch eng an die Stadtmauer gelehnt. Zuerst der katholische Friedhof, später bebaut, dann die noch heute weltbekannten Friedhöfe, der Französische und der Dorotheenstädtische. auf denen viele bekannte Künstler und Wissenschaftler ihre letzte Ruhestätte fanden.

Das Tor wurde 1871 abgetragen, die Stadt Berlin verschenkte den plastischen Schmuck an den Eigentümer der Firma Borsig, der ihn auf seinem Gut Groß Behnitz, wo er sich noch heute befindet, anbringen ließ. Schwartz selbst veröffentlichte das vom Fenster seiner Wohnung aus gemachte Photo erstmalig im Juni 1888, in einer zur damaligen Zeit sehr stark verbreiteten Familienzeitschrift, «Der Bär». Mit dieser und ähnlichen Illustrationen begann offensichtlich sein stärkeres öffentliches Hervortreten.

Beginn der Abbrucharbeiten am «alten» Dom. März 1893. Der Turm war ein Werk des Architekten Boumann und war von Schinkel 1820/22 unter Beibehaltung der wertvollen Substanz umgebaut worden. Für den Abriß lag kein zwingender Grund vor; der alte Dom mußte lediglich einem kaiserlichen Monumentalbau weichen. Im Vordergrund sind die in die Spree hineinragenden Fundamente der fünfschiffigen Basilika zu erkennen. In der Bildmitte die Reste des Camposanto und die Südseite der «alten» Börse.

Bilder von der Sprengung des Doms. 1893. Die
Bilder zeigen die Phasen der Niederlegung des
alten Doms: kurz vor der Sprengung des Turms,
während der Sprengung und danach. Hier
zeigte sich Schwartz mit einmaligen Zeit-
dokumenten der Zerstörung als Meister seines
Fachs; mit ca. 30 Aufnahmen hat er den Prozeß
selbst in einer Art «Film» festgehalten.

Der gesprengte Dom

F. Albert Schwartz –
Leben und Werk

Friedrich Ferdinand Albert Schwartz wurde in Berlin am 12. Januar 1836 in der Friedrichstraße 165 geboren. Er war dreieinhalb Jahre alt, als in Paris die Photographie als Weltsensation der Öffentlichkeit vorgestellt wird. In einer Zeit der industriellen Revolution und des bürgerlichen Umbruchs fallen wissenschaftliche Entdeckungen und technische Erfindungen wie reife Früchte; auch Preußen muß nach seiner Niederlage von Jena und Auerstedt erzwungenermaßen mit Reformen von 1808 bis 1813 das freisetzen, was in England, Frankreich und einigen anderen Staaten bereits den bürgerlichen Siegeszug angetreten hatte. Selten wird Familiäres und Berufliches eines Mannes so unmittelbar von äußeren Abläufen geprägt, wie dies in der Biographie von F.A. Schwartz einerseits durch den bürgerlichen Aufbruch und zum zweiten durch die Entwicklung der Photographie zu sehen ist; Schwartz reflektierte jede Zäsur der Stadtentwicklung geradezu seismographisch, und mit der Vervollkommnung der Photographie wächst auch die Aussagekraft seiner Bilder. Er hat wie kaum ein anderer seine Berufserfahrungen und eine engagierte Zuneigung der Stadt zur Verfügung gestellt und doch ist der Lebensweg so «unbekannt», daß selbst ein Berliner Feuilletonist erst unlängst fragte: «Welcher Fotograf hat sich, weitblickend wie der Maler Otto Nagel, angesichts der bevorstehenden Stadtvernichtung darum bemüht, wenigstens im Bild das alte Berlin festzuhalten?»[1]

Unser Versuch einer Antwort mußte sich trotz großer Bemühungen mit Indizien und Hauptstationen begnügen und zugleich mit gefundenen Belegen neue Fragen und Rätsel zurücklassen.

Aus Bruchstücken gelang nur ein Torso, der jedoch als «Wiedererweckung» angesichts extremer Vernachlässigung seit mehr als 50 Jahren erscheinen muß. Die Familienchronik konnte bis zum Großvater, Johann Friedrich Ferdinand Schwartz, zurückverfolgt werden, der noch vor Preußens großer Niederlage als Kammerdiener beim Generalleutnant von Schenk in Arnswalde (Neumark) «treue Dienste» leistete; auch der Weg der beiden Söhne war in den Spuren der Kammerdienerlaufbahn bereits angelegt, wenn nicht die Legende von Preußens Unschlagbarkeit 1806 durch die Franzosen widerlegt worden wäre. Ein Zeugnis dieser bewegten Zeit gibt der Bürgerrechtsantrag des ältesten Sohnes, Heinrich Ferdinand Schwartz (Onkel des F. A. Schwartz), an den Berliner Magistrat; am 11. Februar 1812 «... gestellt sich der Buchbindergeselle» H. F. Schwartz, Zimmerstraße 30, und «... bittet um Erteilung des Bürgerrechts».[2] Er gibt an, gebürtig aus Arnswalde, lutherischer Religion und am 24. Oktober 1787 (?) geboren zu sein; nach dem Militärdienst im Neumärkischen Dragonerregiment habe er als Kammerdiener beim Landrat von Waldow gedient. Dieser habe ihn aufgrund des Regierungsreskripts vom 23. Juni 1811 entlassen und von der 200 Thlr.-Ablösungssumme befreit.

Mit Heinrich Ferdinand Schwartz, dem Onkel, begann die «bürgerliche» Aufstiegsphase einer Großfamilie, von der nicht nur wirtschaftlich der jüngere Bruder, David Emanuel Schwartz (Vater des F. A. Schwartz), und alle weiteren Nachkommen der sich reich verzweigenden Sippe profitieren konnten. H. F. Schwartz heiratete 1813 und ging nach dem Tode der ersten Frau bereits 1819 eine zweite Ehe ein, die wiederum durch den

Tod der Ehefrau getrennt wurde. Seine dritte Ehe wurde 1831 mit Anna Buggenhagen, Tochter des Fabrikanten Tietz, geschlossen. Sieben Kinder, die jedoch nicht alle das Kindesalter überlebten, wurden in diesen drei Ehen geboren.[3] H. F. Schwartz brachte ein ansehnliches Vermögen zusammen; ihm gehörten drei Mietshäuser[4] und eine kleine Fabrik für diverse Kleinwaren aus Papier, Holz und Leder. Der Onkel war zugleich ein angesehener Stadtverordneter und Mitglied der «Deputation für Hundesteuer», einer Angelegenheit von «höchster fiskalischer Bedeutung», denn den Steuern für die Vierbeiner verdankt Berlin größtenteils seine gepflasterten Gehwege.

Hauptberuflich war H. F. Schwartz Buchbindermeister, der sich mit einem «Hoftitel» und der Anrede «akademischer Künstler» schmücken durfte. Am 21. September 1840 führte er als Großmarschall die Buchbinderinnung während der Krönungsfeierlichkeiten an. Er erhielt in Anerkennung seiner Leistungen den «Rothen Adlerorden» vierter Klasse. Der jüngere Bruder des H. F. Schwartz, D. E. Schwartz, hatte nicht diesen beruflichen und gesellschaftlichen Erfolg aufzubieten, auch wenn – einer Mitteilung seines Sohnes entnommen – David E. Schwartz 1844 eine Auszeichnung von der Gewerbeausstellung im Zeughaus vorzuweisen hatte und ihm 1840 die Ehre zuteil wurde, eines der drei Geschenke der Buchbinderinnung an den König, den Tafelaufsatz, anfertigen zu dürfen; lobend wurde 1858 ein von ihm gefertigtes Album erwähnt, das bei der Einholung der Braut, der späteren Kaiserin, am 8. Februar als Geschenk an das Königshaus übergeben wurde. Stets jedoch im Schatten des Älteren, war er der Buchbindermeister «junior»; 1833 erhielt er das Berliner Bürgerrecht und heiratete 1835 die Tochter des Mühlenbesitzers Bredow aus Arnswalde. Der Ehe entsprangen zwei Töchter und der Sohn Friedrich Ferdinand Albert Schwartz, der nicht nur im Namen die Traditionen vom Großvater und Onkel fortpflanzen sollte. Das von der Familie gestiftete Startkapital für den künftigen Photographen umfaßte neben Geld und Ausrüstung auch die kostbaren Erfahrungen der Anfänge der Photographie, und

nicht zuletzt benötigte man wirtschaftliche und gesellschaftliche Verbindungen, solange der angehende Photograph und die Photographie in den Kinderschuhen steckten. All dies konnte der Onkel bieten; H. F. Schwartz war als akademischer Künstler aufs engste mit Gropius, Hossauer, Dörffel, Sachse und mehreren anderen Nestoren der Photographie in Berlin bekannt. Politische und freundschaftliche Beziehungen hatte der Onkel gleichermaßen zum Magistrat wie zur «guten Gesellschaft» des Berliner Wirtschaftslebens, als noch fast jeder jeden Gleichgesinnten kannte. Wie stark die Entdeckung der Photographie in die Schwartzsche Familiendynastie hineinwirkte, beweisen allein schon Berufsangaben aller männlichen Mitglieder, von denen drei sich als «Photograph» bezeichneten. In mehreren Publikationen zu den Anfängen der Photographie in Berlin wurde schon für 1851/52 ein «Photoatelier Schwartz» im Hause des H. F. Schwartz (Friedrichstraße 185) vermerkt; fügt man hinzu, daß sich bereits Jahre früher die Familie mehr oder minder stark mit der Photographie beschäftigen mußte, bevor ein «Geschäft» damit betrieben werden konnte, so liegt der berechtigte Schluß sehr nahe, daß die Familie Schwartz zu den ältesten Berliner Photographen gehört. Wenn ihr trotzdem eine angemessene Würdigung bisher versagt blieb, so läßt sich nur vermuten, daß eine gewisse Zurückhaltung und mangelnde Reklame, im Gegensatz zu anderen, sie weit «farbloser» erscheinen lassen mußte. Auch war die Familie nie in eine spektakuläre technische Neuheit verwickelt, die ihr einen berühmten Namen verliehen hätte. Was F. A. Schwartz im Berufsleben leistete, war als Photograph der zweiten Stunde nicht mehr von der Euphorie der ersten Entdeckungen, sondern von der fast lautlosen, aber stetigen Anstrengung eines systematischen Sammelns und Archivierens geprägt. Der «Goldfieberrausch der Lichtbildnerei» hatte sich längst gelegt, als F. A. Schwartz 1860 sein Geschäft eröffnete; die erste Etappe in der Entwicklung der Photographie war abgeschlossen; 1860 datiert nach E. Stegers sorgfältigen Recherchen die letzte Daguerreotypie in Berlin. Schwartz schöpfte seine Erfahrungen aus der Zeit der Daguerreotypie, deshalb ist es unerläßlich, einen Blick auf die bewegten vierziger und fünfziger Jahre zu werfen.

Die Geburtsstunde der Photographie

Die sensationellen Nachrichten, die 1839 von Paris ausgehend ganz Europa und teilweise auch Übersee erfaßten, waren so eng mit dem Namen Daguerre verbunden, daß verdientermaßen die neue Erfindung ihm zu Ehren als Daguerreotypie in die Geschichte eingegangen ist. Sein Weggefährte Niépce hatte den großen Erfolg nicht mehr erlebt, und auch anderwärts waren viele Lichtbildner sehr dicht an der Enträtselung des Geheimnisses, ohne jedoch den weltweiten Ruhm der Erstentdeckung beanspruchen zu können. Auf den Schultern der «Urväter der Photographie» waren einige Pioniere schrittweise auf verschiedenen Wegen dem Geheimnis der Lichtbildnerei nähergekommen; unter den Namen der Urahnen fehlt selbst Leonardo da Vinci nicht, der bereits nachweislich mit einer Art Camera obscura gearbeitet hat. Die Bezeichnung «Camera obscura» wird dem neapolitanischen Physiker Giovanni Battista Porta zugeschrieben. Einen anderen Pfad hat der Arzt Joh. H. Schultze 1727 nachgewiesen, als er mit Buchstaben eine Flasche, die mit einer Kreide-Silbernitrat-Lösung gefüllt war, abdeckte und zeitweilig eine Kopie derselben auf dem Untergrund erzielte. Mit Silbernitrat experimentierte auch Thomas Wedgewood, dem schon 1802 Lichtbilder auf Papier gelungen waren – aber leider auch nur mit kurzzeitigem Bestand. Daneben dürfen Pioniere der Vorgeschichte wie der Engländer Humphry Davy 1814 und der Franzose J. A. C. Charles 1780, die auch mit Chlorsilber das «Geheimnis des Lichts» klären wollten, nicht vergessen werden.

Doch erst aus der Verbindung von Niépce und Daguerre kam in den zwanziger Jahren des vorigen Jahrhunderts die für den Erfolg so notwendige «kritische Masse» zustande, bis man am 14. Dezember 1829 die gemeinsame Mitgift gerichtlich kontrahierte. Die Erbmasse war einerseits eine verbesserte Camera obscura des Daguerre und andererseits Niépces Geheimrezept für Heliographie aus «Asphalt und Lavendelöl». Nach Niépces Tod führte Daguerre die opferreichen Versuche bis zum glücklichen Erfolg zu Ende. Wie oft in der Geschichte großer Entdeckungen stand auch hier der Zufall Pate. Bisher hatte Daguerre die Jodsilberplatten in der Camera obscura stundenlang belichtet, bis das Bild entstanden war; zu kurz belichtete und damit «unfertige» Platten hatte er, wenn man einer Anekdote folgen darf, gelegentlich in einem Schrank abgelegt, in dem sich auch einige Tropfen Quecksilber befanden; damit begann der letzte Schritt auf dem Wege zur Lösung des Geheimnisses der Lichtbilder. Daguerre konnte nun gezielt kürzer belichten und anschließend in einer Dunkelkammer mit Quecksilberdampf ein Lichtbild «hervorrufen». Dies war die Geburtsstunde der Photographie.

Die bisher erschienenen Arbeiten zur Geschichte der Photographie haben neben Daguerre auch jene Männer gewürdigt, die sich mit den «Plätzen» begnügen mußten, aber wie z. B. Fox Talbot aus England mit seinen Leistungen zur Papierphotographie auf längere Sicht Bedeutendes geschaffen haben. Als in den fünfziger Jahren das «Kopierverfahren» sich dem «Positivbild» der Daguerreotypie in vielen Fragen weit überlegen zeigte, wurden Talbots Erfahrungen in ein neues Licht gesetzt und brachten den endgültigen Durchbruch zu den noch bis heute gültigen Prozessen.

Was waren nun die Rätsel, die mit Sensation auf Sensation gelöst wurden? Die Lichtempfindlichkeit vieler Stoffe war eine altbekannte Sache, wie z. B. bei Chlor- oder Jodsilber. Das Problem bestand im Konservieren des Lichtbildes. Endlich glückten die Versuche mit Kochsalz, als man die nichtbelichteten Jodteile ausgewaschen und damit das Bild «fixiert» hatte. Nur noch 25 Minuten brauchte Daguerre für die Belichtung der empfindlicheren Jodschicht auf versilberten Kupferplatten. Als wiederholte Versuche ähnlich erfolgreiche Effekte brachten, konnte Daguerre am 19. August 1839 in einer Akademiesitzung das neue Verfahren enthüllen und sich nun weitgehend nur noch der Verbreitung seines

Ruhms widmen. Keine der großen Leistungen, die nun Schlag auf Schlag folgten, konnte auch nur annähernd die Euphorie des Jahres 1839 wiederholen.

Der Mathematiker Petzval berechnete wissenschaftlich die Linsen, und Voigtländer baute danach die ersten lichtstarken Objektive. Von ursprünglich 30 Minuten sank die Belichtungszeit nun auf 30 Sekunden und fiel nach und nach sogar bis auf wenige Sekunden. Der Mensch, das bewegte Objekt, wurde «aufnahmefähig», und somit der Porträtphotographie war im Prinzip der Damm für einen neuen Berufszweig gebrochen. Jeder Lichtbildner hütete seine Rezepturen, mit denen die Metallplatten bestrichen, belichtet, entwickelt und fixiert wurden. Ein echter Nachteil war, daß man lediglich ein Positiv erhielt, schon deshalb mußte die Daguerreotypie zehn Jahre später dem neuen Negativ-Positiv-Verfahren erliegen. Das Kopierverfahren von Scott Archer machte beliebig viele Abzüge von einer Aufnahme möglich und brachte eine «Berufsphotographie» mit vertretbaren wirtschaftlichen Möglichkeiten hervor.

Die Anfänge der Photographie in Berlin

Nach Paris stritten mehrere Großstädte um die Rangfolge in der Photographiegeschichte, wie es die Zeitschriften der Jahre 1839/40 nachweislich belegen. In den deutschen Staaten waren München und Berlin anderen um weniges voraus. Der Kunsthändler Sachse aus Berlin hatte bereits vor der offiziellen Deklamation im April 1839 einen vertraulichen Wink und die Zusage auf Erstverbreitung im Ausland erhalten. Auch Zeitungen kolportierten gleichzeitig und mehrfach aus «guter Quelle» geheimnisvolle Voraussagen, und einige um den Ruhm streitende «Erfinder» wie der Pfarrer Philipp Hoffmeister meldeten Patente an. Die Professoren Kobell und Steinheil aus München und ein gebürtiger Berliner namens Breyer beanspruchten gleichfalls mit gewichtigen Argumenten den Ruhm der Erstentdeckung. Doch Daguerre konnte mit besseren und überzeugenderen Proben jede Konkurrenz zurückweisen.

Im September erhielt L. Sachse, wie im April versprochen, als Zweiter aus erster Hand Apparate, Platten und Chemikalien; eine schlechte Verpackung für die weite Reise bescherte ihm jedoch nur einen Trümmerhaufen. Der Ärger potenzierte sich, als die Meldung vom 13. September aus München und am 16. September sogar von der Berliner Konkurrenz über erste geglückte Aufnahmen kam. Der Optikus und Mechanikus Dörffel hatte in aller Eile nach «Pariser Muster» einen funktionierenden Eigenbau vorgelegt und bei Gropius die ersten Daguerreotypien Berlins in der Bauakademie ausgestellt.

Dörffel nutzte sofort die Chancen des neuen Geschäfts und bot in vielfachen Zeitungsofferten Apparate in Preislagen zwischen 25 und 80 Thlr. an, er lieferte dazu Platten für eineinhalb Thlr., auf die sich u. a. der Juwelier Hossauer rasch spezialisiert hatte. Oehmigkes Buchhandlung bot bereits am 2. September eine «Orginal-Gebrauchsanweisung» broschiert für alle jenen Liebhaber an, die das Geld für einen Anfängerkurs in Daguerres Lehrgängen nicht erübrigen konnten.

Ein Konterfei kostete in diesen Tagen ein bis zwei Friedrichsdor – ein einträgliches Geschäft, das sehr schnell eine Konkurrenz wie Pilze aus der Erde wachsen ließ. Noch suchte man wechselseitig den echten Erfahrungsaustausch, an dem sich die führenden Männer wie Sachse, Dr. Berg, Gropius, Hossauer, Petitpierre, Dörffel beteiligten, weil so vieles noch unvollkommen war. Man verdiente so gut, daß alle technischen und ästhetischen Fragen freimütig «verraten» wurden; erst das neue Jahr 1840 und eine erheblich angewachsene Konkurrenz schürten den Neid, provozierten die «Firmenspionage» und förderten eine Art geheimnisvollen Alchimistentums. Demgegenüber hatten andere, Apotheker und Optiker, ein lebendiges Interesse an einer massenhaften Verbreitung ihrer Produkte. Dörffel und Petitpierre wurden anerkannte Hersteller von Qualitätsapparaturen; Hossauers Platten waren weithin gefragt; F. Beyrich, der Apotheker vom «Gekrönten Adler», hatte sich als erster in Berlin auf die Photomixturen spezialisiert.

Auch Hamburg (Heilbutt und Koppel) und Leipzig (Schreck und Enzmann) meldeten Anfang Oktober Erfolge in der Lichtbildnerei. Die Apparate konnten billiger hergestellt werden (14 bis 25 Thlr.), die Preise für die Platten fielen (sechs Platten für drei bis acht Thlr.), und auch die seitenverkehrte Wiedergabe der Daguerreotypien wurden mit Hilfe eines Spiegels beseitigt. Noch immer verdiente man enorm; L. Sachse verkaufte in sechs Wochen 600 Lichtbilder und betrieb zusätzlich einen verzweigten Handel mit Informationen und Materialien in verschiedenen Städten, denn das «know how» veraltete oft schon innerhalb weniger Tage. In der bereits bestehenden «Polytechnischen Gesellschaft» erlangte die Photographie einen zentralen Platz in der Diskussion, an der sich u.a. Hossauer, Oehme, Dörffel und Grüel intensiv beteiligten. Im Januar 1840 gelang es, mit Hilfe achromatischer Linsen die Bildschärfe bis an den Rand des Bildes auszudehnen. Vor allem durch neue Mixturen mit dem lichtempfindlichen Jod wurden für die «Porträtkunst» erträgliche Zeiten erreicht, auch wenn man das «Opfer» vorsichtshalber noch am Hinterkopf festhalten mußte. Im Mai 1840 ersetzte Petitpierre den Umkehrspiegel in der Kamera durch ein lichtstarkes Prisma. Doch erst das Jahr 1841 brachte eine Veränderung von weitreichender Bedeutung: Das bereits eingangs erwähnte Objektiv von Petzval/Voigtländer senkte die Belichtungszeit auf sensationelle acht bis sechs Sekunden bei trübem Wetter und bei Sonnenschein auf nur zwei Sekunden.

Damit schlug die zweite Stunde der Photographie, der Beginn der wirklichen Porträtphotographie. Chronisten sprechen geradezu von einem Massenzulauf zur neuen Kunst und vom erbitterten Wettstreit um die Gunst der Kunden. Mit Reklame und Gegenofferten, mit Preisnachlässen und mit verlockenden Proben in Schaukästen setzte ein harter Konkurrenzkampf ein; inzwischen gab es marktgerechte Preise – «nur noch» 15 Thlr. pro Bild –, die auch dem Mittelstand erschwinglich schienen. In der Gewerbeausstellung 1844 im Zeughaus wurde der Daguerreotypie in Berlin erstmals ein offizieller Rahmen zuteil, der dem neuen Gewerbe endgültig einen festen Platz im Wirtschaftsgefüge sicherte. In den folgenden Jahren ermöglichte die Spezialisierung, die Preise bis auf zwei bis drei Thlr. zu senken. Die Daguerreotypie konnte jedoch ihre objektive Grenze, die Produktion von Unikaten, nicht überschreiten.

Die fünfziger Jahre überwanden diesen Nachteil dank einer weiteren technischen Meisterleistung, dem Kollodiumverfahren von Scott Archer. Das qualitativ Neue lag bereits mit dem von F. Talbot 1839 praktizierten «Copierprozesse» vor, doch war die damalige Qualität, gemessen an Daguerreotypien, konkurrenzunfähig. Archer und Fry gelang es, Glasplatten mit Kollodium und Jodsalzen zu überziehen und damit ein ebenso scharfes und differenziertes «Abbild – im Negativ» zu erreichen. Frederick Scott Archer veröffentlichte 1851 die ausführliche Beschreibung des nassen Kollodiumverfahrens. Peter Wilkens Fry war der erste Photograph, der Archers Kollodiumverfahren praktisch anwandte.

Das Negativ mußte nur noch in ein Positiv umkopiert werden, so erhielt man ein Bild von höchster Qualität, und es konnten beliebig viele Kopien angefertigt werden. Dieses «Naßverfahren» – die Platten mußten noch im feuchten Zustand belichtet werden – war 1852 in Berlin publik und eroberte sich binnen kürzester Zeit den gesamten Photomarkt; die Todesstunde der Daguerreotypie begann. Die Zahl der Photoateliers schwoll bis zum Jahre 1860 auf 82 an. Die Glasplattennegative und serienmäßige Abzüge auf Papier erzwangen einen fast vollständigen Umschwung im gesamten Gewerbe, so daß allgemein von der zweiten Etappe in der Geschichte der Photographie gesprochen werden kann. Sie reichte im wesentlichen bis zur Jahrhundertwende, zum Beginn des «Laufbildes» und der Farbphotographie. Der neue Entwicklungsabschnitt brachte in Dekadensprüngen weitere Qualitätsveränderungen hervor: Die sechziger Jahre waren die Zeit der «nassen Photographen»; L. Maddox eröffnete die siebziger mit der «Gelatine-Trockenplatte», die den «Wanderphotographen» möglich machte. Abzüge wurden inzwischen auf Bromsilber- oder Chlorsilberemulsionspapieren hergestellt, die optische Industrie in Jena und die Photochemie in Berlin begründeten in dieser

Zeit ihren späteren Weltruhm. In den achtziger Jahren kaufte man meist fabrikmäßig hergestellte Platten, wofür der einzelne Photograph früher 19 Handlungen und etwa zwei Tage benötigt hatte; 1844 erfand George Eastman eine Gießmaschine für einen Papierrollfilm mit abziehbarem Gelatinehäutchen und bereits vier Jahre später brachte die Kodak-Kamera, die mit einem Aufnahmematerial für 100 Photos geladen war, den «Amateurphotographen» auf den Plan, den ernsthaften Konkurrenten aller Berufslichtbildner. Eastman produzierte 1889 auch den ersten transparenten Rollfilm, für den Hannibal Goodwin 1887 ein Patent erhalten hatte. In den neunziger Jahren dominierte unter den Sensationen die wissenschaftliche Photographie, die den Makro- und Mikrokosmos schrittweise photographisch eroberte und mit der Röntgenphotographie in eine weitere Dimension vorstieß. Noch im gleichen Jahrzehnt begann die Kinematographie aus den Kinderschuhen herauszuwachsen.

F. A. Schwartz als Photograph auf «eigenen» Füßen

Die letzten vier Jahrzehnte des 19. Jh. waren zugleich die entscheidenden Berufsjahre von F. A. Schwartz; er eröffnete nach Erlangung der Volljährigkeit und des Bürgerrechts im Jahre 1860, dem Jahr der letzten Daguerreotypie, ein eigenes Atelier in Berlin. Es fehlt bislang der Nachweis, doch ist die Annahme berechtigt, daß der inzwischen Vierundzwanzigjährige sowohl die Daguerreotypie als auch die neuen Verfahren mit Geschäftseröffnung beherrscht haben muß. Er selbst datierte seine ersten eigenen Arbeiten 1854/55, als in Berlin die Phototechnik noch ein wohlbehütetes Geheimnis war und eine «künstlerische Produktion» bedeutete. F. A. Schwartz absolvierte ordnungsgemäß Lehrjahre im Photoatelier im Hause des Onkels, Friedrichstraße 185, das die beste Gelegenheit bot. In diesem Hause wurde kommerzielles und ästhetisches Interesse als Gegensatz in der Einheit verstanden, und dem Lehrling wurde ein subjektiv überhöhter künstlerischer Anspruch eingepflanzt, der selbst dort erhalten blieb, wo Ausstellungen im regionalen und internationalen Rahmen neue Tendenzen in Technik und Gestaltung offerierten. F. A. Schwartz nahm bis an sein Lebensende nur zögernd Neuerungen auf und nur so weit, wie sie seiner Grundlinie nicht entgegenstanden. Zu keinem Zeitpunkt wurden seine «Bilder» zu technischen Zeichnungen «degradiert», auch nicht bei Aufnahmen von Fabriken und Maschinen, wie ein Kritiker anläßlich der Gewerbeausstellung 1896 auf F. A. Schwartz anspielte – er könne in seinen Photographien «... leider keine senkrechten Linien senkrecht ...» wiedergeben.[6] Der Kunstverlag F. A. Schwartz blieb zeitlebens der Überzeugung treu, daß künstlerischer Anspruch sich nicht mit «Massenware im Postkartenformat» verträgt; er bewies Souveränität, als die «Glorie der Kaiserzeit» nur noch die «Fassade» erfaßte, und für den Architekturphotographen «schmutziger Schandflecken» weder Geld noch Verständnis übrig waren. Doch gerade F. A. Schwartz' Wettlauf mit der «Spitzhacke» wurde das Beispiel, das in der Kulturgeschichte unserer Stadt höchste Anerkennung verdient.

Welche Motive bewegten F. A. Schwartz, die Landschafts- und Architekturphotographie zum fast ausschließlichen Profil seines Berufs werden zu lassen? Bei allen notwendigen Vermutungen und Deutungen liegen doch einige Umstände spürbar nahe, die sich aus den äußeren Bedingungen der fünfziger Jahre ablesen lassen. Ad eins war die Konkurrenz in Umfang und Härte gewachsen, was insbesondere die Porträtkunst betraf, so daß geschäftliche Überlegungen bei der Entscheidung nicht zu klein angesetzt werden dürfen, zumal zwei Vettern, schon um Jahre und Erfahrungen «älter», die möglichen Marktanteile in diesem Zweig für die Familie Schwartz belegt hatten. Ad zwei hatte der Lehrling F. Albert sich in den fünfziger Jahren an «toten» Objekten wie Rathäusern, Schlössern, Kirchen und anderen Baulichkeiten erste Sporen verdient, und diese «brotlosen» Abbildungen ließen durch die gefallenen Preise allmählich Interessenten im größeren Umfang vermuten.

Mit dem Eintritt ins volle Geschäftsleben gab der Abbruch des alten Rathauses einen intuitiven Anstoß, denn Schwartz besaß «über Nacht» bildhafte «Konserven», die die Geschichtsträch-

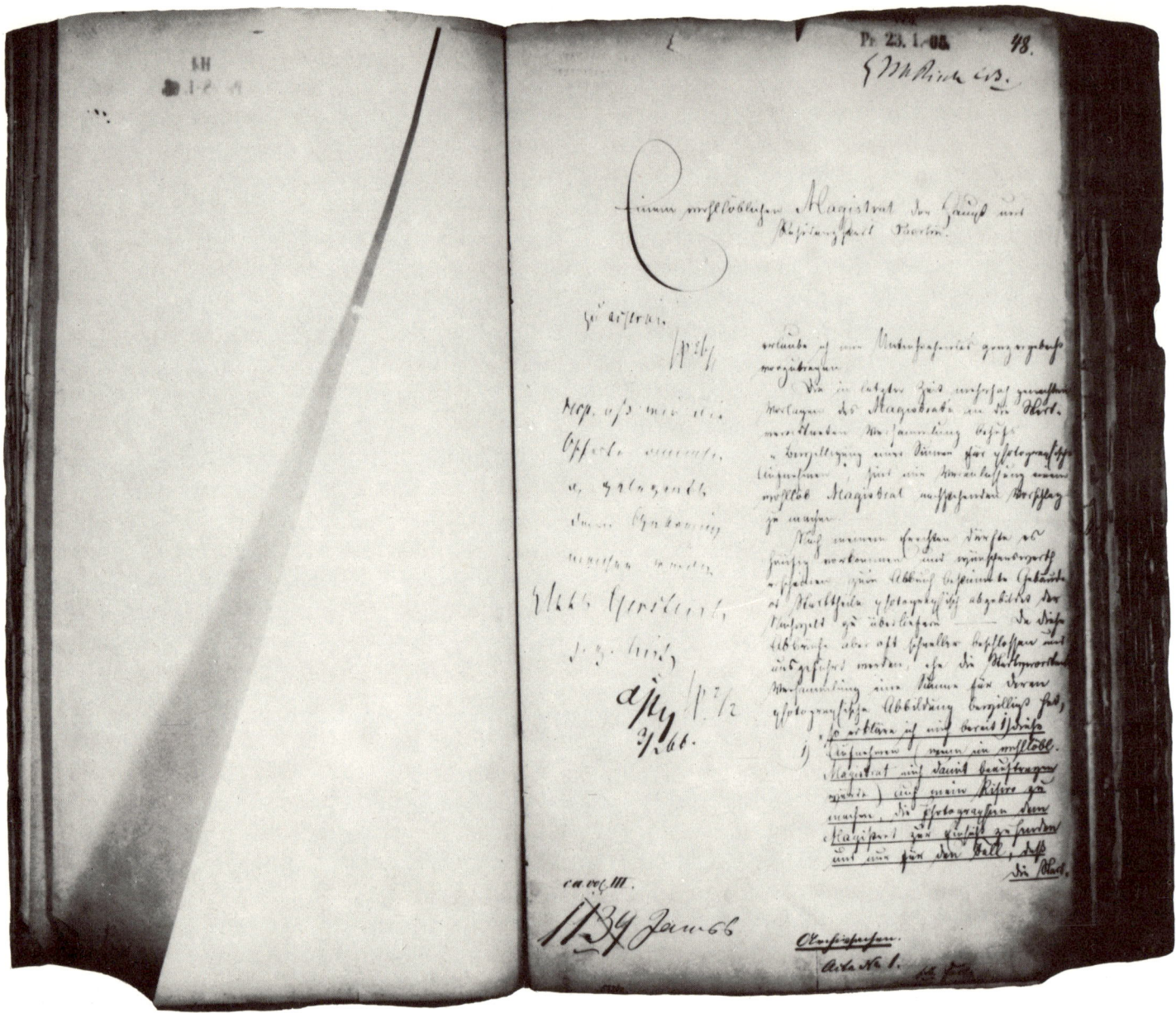

Einem wohllöblichen Magistrat der Haupt- und Residenzstadt Berlin
erlaube ich mir Untenstehender ganz ergebenst vorzutragen.

Die in letzter Zeit mehrfach gemachten Vorlagen des Magistrats an die Stadtverordnetenversammlung behufs «Bewilligung einer Summe für photographische Aufnahmen» sind mir Veranlassung einem wohllöb. Magistrat nachstehenden Vorschlag zu machen.

Nach meinem Erachten dürfte es häufig vorkommen und wünschenswert erscheinen, zum Abbruch bestimmte Gebäude oder Stadtteile photographisch abgebildet der Nachwelt zu überliefern. Da diese Abbrüche aber oft schneller beschlossen und ausgeführt werden, ehe die Stadtverordnetenversammlung eine Summe für deren photographische Abbildung bewilligt hat,

1. so erkläre ich mich bereit, diese Aufnahmen (wenn ein wohllöbl. Magistrat mich damit beauftragen würde) auf mein Risiko zu machen, die Photographien dem Magistrat zur Einsicht zu senden und nur für den Fall, daß die Stadtverordnetenversammlung deren Ankauf bewilligte, dieselben in Rechnung zu stellen.

2. Städtische Bauten und Gebäude, städtische Anstalten und dgl. mehr bin ich ebenfalls bereit, auf Anordnung des wohllöblichen Magistrats auf meine Gefahr photographisch aufzunehmen, wenn nach Seinem Dafürhalten ein kleiner Absatz abzusehen wäre.

3. Sollten unter obigen Aufnahmen ad 1. und 2. solche vorkommen, welche in technischer Beziehung interessant wären, zum Beispiel

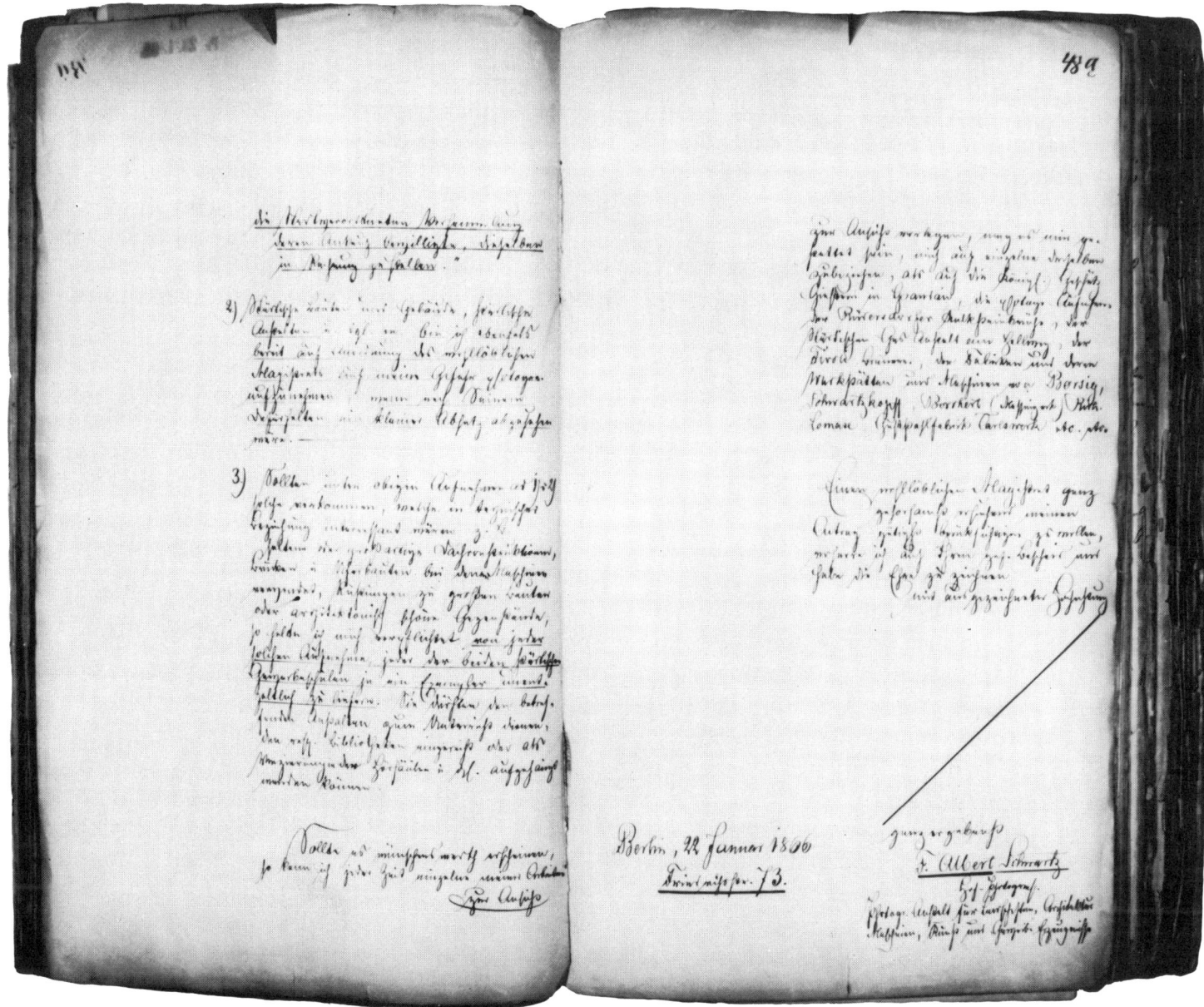

seltene oder großartige Dachkonstruktionen, Brücken und Uferbauten bei denen Maschinen verwendet, Rüstungen zu großen Bauten oder architektonisch schöne Gegenstände, so halte ich mich verpflichtet, von jeder solchen Aufnahme, jeder der beiden städtischen Gewerbeschulen je ein Exemplar unentgeltlich zu liefern. Sie dürften den betreffenden Anstalten zum Unterricht dienen, den resp. Bibliotheken eingereiht oder als Verziehrung in den Hörsälen und dgl. aufgehängt werden können.

Sollte es wünschenswert erscheinen, so kann ich jeder Zeit einzelne meiner Arbeiten zur Ansicht vorlegen, mag es mir gestattet sein, mich auf einzelne derselben zu beziehen, als auf die Königliche Geschützgießerei in Spandau, die photographischen Aufnahmen der Rüdersdorfer Kalksteinbrüche, der städtischen Gasanstalt am Hellweg, der Tivoli-Brauerei, der Fabriken und deren Werkstätten und Maschinen von Borsig, Schwartzkopff, Borchert (Messingwerk), Rich. Lomase, Gußstahlfabrik Carlswerk etc. etc.

Einem wohllöblichen Magistrat ganz gehorsamst ersuchend, meinen Antrag gütigst berücksichtigen zu wollen, erharre ich auf Ihren gef. Bescheid und habe die Ehre zu zeichnen mit ausgezeichneter Hochachtung ganz ergebenst F. Albert Schwartz, Hof-Photograph. Photographische Anstalt für Landschaften, Architektur, Maschinen, Kunst- und Gewerbe-Erzeugnisse.

Berlin, 22 Januar 1866, Friedrichstraße 73

tigkeit alter Bauten der Anonymität der neuen entgegenstellte. F. A. Schwartz ahnte jedoch nicht, daß ein mehrjähriger Disput mit den Stadtbehörden notwendig sein würde, ehe aus der ersten Idee jenes von uns bewunderte Werk der Disziplin und Ausdauer entstanden ist, das zwar von den Zeitgenossen noch unter Wert gesehen, heute aber von den Spezialisten der Berlingeschichte als der älteste authentische Bildnachweis Berlins anerkennend mit dem Begriff «Schwartz'sche Sammlung» hoch gewürdigt wird.

Bruchstückhaft beginnt in den Magistratsakten der Nachweis für den Berufsweg des F. A. Schwartz mit einem Photographen Schauer und einer Rechnung vom 5. April 1861 über 17 Thlr. und 20 Gr. für das Ablichten historischer Dokumente.[7] Ein weiterer photogeschichtlicher Hinweis folgt, daß der Urheber von Daguerreotypien, der Photograph Graff, drei Thlr. an Zinsen erhält.[8] Es handelte sich um sechs im Zerfall befindliche Daguerreotypien von 1840, die im alten Rathaus hingen und wenigstens durch Photokopien der Nachwelt erhalten bleiben sollten. 40 Thlr. wurden von den Stadtverordneten dafür genehmigt[9], zugleich aber ein Antrag des Oberbürgermeisters auf einen regelmäßigen Etat von 200 Thlr. für Aufnahmen von Abrißgebäuden oder Straßendurchbrüchen u. a. verweigert. Der Magistrat wiederholte noch zweimal seinen Wunsch nach einem Photoetat, der jedoch stets zurückgewiesen wurde. Am 30. April 1863 erhielt der Photograph H. Günther den verbindlichen Auftrag zur «Kopierung» der Daguerreotypien, schrieb aber am 20. März 1864 an den Magistrat zurück, daß es leider nicht möglich sei, «. . . alle Bilder in der wünschenswerten Weise zu vervielfältigen». Am 25. April 1865 überwies die Stadtkasse 17 Thlr. für drei gelungene Ablichtungen.

Erneut wird inhaltlich analoger Schriftwechsel zwischen Magistrat und Stadtverordneten aufgenommen, einen Jahresbetrag für Architekturphotographien freizusetzen – «unterstützt» mit einem kleinen Geschenk. Ein Album mit 16 Photographien «nicht mehr existierender Baulichkeiten» sollte einen Anfang begründen, natürlich auch die Entscheidung positiv befördern.[10] Ein zweiter Brief mehrerer Stadträte vom 24. November auf einen negativen Bescheid hin lieferte nun neue Argumente[11]: «Für die Stadt und deren Geschichte hat die Fixierung alter denkwürdiger Gebäude die höchste Bedeutung, weshalb wir auf unseren früheren Antrag zurückkommen, für diesen Zweck uns eine gewisse Summe zur Aufnahme in den Etat zur Disposition zu stellen.» In der dann folgenden Konkretisierung wird von fünf bis sechs Fällen baulicher Veränderungen pro Jahr gesprochen; jeder Aufnahmekomplex würde zehn bis 15 Thlr. kosten.

Die Stadtverordneten bedankten sich herzlich für das gestiftete Album – hinsichtlich des Antrages zeigte man fiskalische Hartleibigkeit, fügte aber mildernd hinzu, der Magistrat möge «in den geeigneten Fällen einen besonderen Antrag stellen».[12]

Die Stadträte Risch und Gerstenberg erwiderten, daß besondere Anträge sinnlos seien, weil der Abbruch der Häuser der Genehmigungsprozedur der Photographien zuvorkommen, teilweise auch die Kenntnis vom Abbruch zu spät erfolgen würde, deshalb wird «ergebenst in Erwägung dieser Umstände» der Antrag auf jährlich nur noch 100 Thlr. wiederholt.[13] Doch auch dieses auf die Hälfte reduzierte Ersuchen vom 21. Dezember 1865 wurde am 4. Januar 1866 mit der lakonischen Bemerkung, man müsse «den alten Beschluß aufrecht erhalten», abgewiesen.[14]

Erst jetzt tritt F. Albert Schwartz persönlich in Erscheinung; sein Brief vom 22. Januar 1866 [15] zeigt, wer die Feder der hartnäckigen Antragsteller geführt haben muß, und enthüllt zugleich das Programm für das später auch verwirklichte Lebenswerk. Dem abgedruckten Wortlaut wäre nur hinzuzufügen, daß der Magistrat in einem Schreiben vom 9. Februar 1866 erklärte: «Auf die Vorstellung vom 22 v. Monats erwidern wir Ihnen, daß wir Ihre Offerte wegen photographischer Aufnahmen denkwürdiger Baulichkeiten annehmen und gelegentlich davon Gebrauch machen werden.»[16] Dieses Risiko der Vor- und Eigenfinanzierung zwang nun um so mehr, den Blick für das Historische, das Aufbewahrenswerte, zu schärfen und die Vergänglichkeit des Gegenwärtigen kritischer zu fassen. Nicht zuletzt wurde die Suche nach vertretbaren Wegen zwischen «Kunst» und «Geschäft» nach dieser Absage nur noch unterstützt.

F. Albert Schwartz – im Spiegel seiner Wohnungswechsel

In bescheidenen Verhältnissen und doch nicht ganz mittellos begann F. A. Schwartz 1860 im ausgebauten Dachgeschoß des Hauses Friedrichstraße 73. Die große Dachgaube mit vielen Segmenten verrät das Atelier, in dem sich ein paar Jahre zuvor der Photograph Carl Suck eingerichtet hatte, aber 1860 nach Geburt einer Tochter in großzügigere Räumlichkeiten in die Nähe des Rosenthaler Tores verzogen war. Es ist unklar, ob F. A. Schwartz vor Erlangung der Volljährigkeit im Atelier von C. Suck mitgearbeitet hat oder nur eine sich anbietende günstige Gelegenheit zur Übernahme eines eigenen Ateliers genutzt hat. Der Vater selbst überließ ihm die Wohnung im gleichen Hause und nahm im Nebenhaus ein neues Quartier.

Aus der «Dachperspektive» entdeckte F. A. Schwartz allmählich und auf neue Weise seine Umwelt, die noch 1865 wie eine verschlafene Kleinstadt wirkte. Das über die Dächer nach allen Richtungen der Stadt erhobene Objektiv machte die Uferlosigkeit sichtbar und das Häusermeer schon damals schwer erfaßbar; einen idealeren neuen und höheren Standpunkt als den nahegelegenen Turm der Französischen Kirche konnte er nicht finden. Diese heute einmaligen Aufnahmen im «Panorama-Look» wurden wie Feldvermessungsarbeiten streng nach Himmelsrichtungen geordnet. F. A. Schwartz gewann so «seinen Überblick», der das Ganze und seine unterschiedlich gewichtigen Teile im Bild zusammenfaßte. Er vergaß dabei nicht die zu Füßen liegenden Sehenswürdigkeiten rund um den Gensdarmen-Markt – von Stehely bis zu Lutter und Wegner, von der Lotterie bis zur Seehandlung. Besonders die Aufnahmen von Stehely und der alten Reichsbank sind Unikate, die wir der noch jugendlichen Entdeckerfreudigkeit des F. A. Schwartz verdanken.

In der Friedrichstraße 73 heiratete der frischgebackene Photograph Maria Juliane Groben, und hier wurden die ersten beiden Kinder geboren, am 4. Juli 1862 die Tochter Elisabeth Hedwig Margarete und sein Sohn und späterer Nachfolger David Albert Rudolf am 4. Mai 1864. Familie und Beruf forderten mehr Raum; bereits 1867 übersiedelte man an das nördliche Ende der Friedrichstraße, in die Nr. 115, an den Rand von Berlin, dort wo noch das Oranienburger Tor stand und wo die Schwerindustrie sich vor 40 Jahren auszubreiten begonnen hatte. Auch hier wurde der «Blick vom Dach» zum ersten Vortasten in die neue Umgebung; ein Turm stand leider nicht zur Verfügung, und so wurden nur wenige beengte Bildausschnitte aus der Dachluke überliefert. Die markantesten Aufnahmen sind die oft kopierten Aufnahmen vom Oranienburger Tor, von der alten Borsig-Fabrik mit ihren bekannten Eingangskolonnaden von Johann Heinrich Strack, den alten Kasernen und dem turbulenten Marktleben in der Friedrichstraße und gleich «um die Ecke» in der Linienstaße. Die geschäftlichen Erfolge erlaubten, das Photographische Atelier nun als «Photographische Anstalt und Kunstverlag» zu bezeichnen; inzwischen darf F. A. Schwartz, den Familientraditionen treu, sich auch «Hof-Photograph Sr. K. M. d. Pr. Karl v. Preußen» titulieren.

Fünfzehn hier verbrachte Jahre waren – gemessen an den sieben verschiedenen Wohnorten – eine erstaunlich lange Zeit an dieser «Drehscheibe» zwischen der Altstadt und der expandierenden Industrie «vor den Toren». Dieses unmittelbare Eingebettetsein prägte den jungen Photographen weit mehr als ihm selbst bewußt gewesen sein mag. Maschinen, Fabriken gelangten zwangsweise vor das Objektiv der Kamera und drückten auch äußerlich im Firmenschild den Sprung in neue Sphären aus; als Spezialität wurden angeboten: Architektur und Kunst ohne Trennstrich zu Eisenbahnbauten, Industrie und Maschinen.

Die Familie hatte 1868 erneut Zuwachs erhalten und übersiedelte 1882 in eine ruhigere Gegend, in das zweistöckige Haus in der Louisenstraße 23, das quer zur Straße die Sackgasse zur Spree hin abriegelte. Auch hier hatte sein Vater David Emanuel «Quartier gemacht», der sich nun

mit 79 Jahren zur Ruhe setzte und dem Sohn eine kleine Firma, eine geräumige Wohnung und ein im Hause befindliches Atelier des Photographen Wallich überließ. F. A. Schwartz suchte erneut mit der Kamera zuerst alles Nennenswerte vor der Haustüre ab, doch war dieser Zipfel der Stadt nicht mit gleichem Leben erfüllt wie die Friedrichstraße, die auch weiterhin Symbol seiner Reklame blieb. Von hier aus unternahm er Ausflüge zum Karlsplatz, zum Humboldt-Hafen, zur Charité, zum Schiffbauerdamm und natürlich entlang der 1882 eingeweihten Stadtbahn. Ein respektables Reklameschild weist den gestiegenen Leistungsanspruch nach: «F. Albert Schwartz, Inhaber einer photographischen Anstalt für Aufnahmen von Maschinen, Architekturen, Landschaften, Kunst- und Gewerbegegenständen etc. und Photographischer Kunstverlag.»

Am 1. April 1887 zog die Familie samt Atelier erneut um. Einem Durchbruch von der Louisenstraße zur Neuen Wilhelmstraße mußte das Haus weichen; wir wissen nicht, welche Gefühle ihn und die Seinen dabei begleitet haben, aber sicher ist, daß der Umzug ihn wieder an einen Brennpunkt der Stadt brachte, an den Potsdamer Platz. Hier war Berlins erste Eisenbahn 1838 eingeweiht worden, und hier endete auch eine der lebendigsten Geschäftsstraßen, die Leipziger. In einem komfortablen vierstöckigen Eckhaus, Bellevuestraße 22, konnte er es sich bequem machen. Die Bellevuestraße galt zwar noch 1870 als «Straße ohne Zukunft», doch mit der «Entsiedelung» der Altstadt durch das wohlhabendere Bürgertum in Richtung Westen geriet Schwartz erneut an einen Dreh- und Angelpunkt zwischen den «Geschäfts- und Büroplätzen» der Altstadt und den «Schlaf- und Wohnstädten» der Bourgeoisie westlich vom einstigen «Rande von Berlin», das bis 1860 am Brandenburger und Potsdamer Tor zu Ende war. Seine gewachsene soziale Stellung kennzeichnete ein ca. zwei Meter hohes Reklameschild auf dem Dach des Miethauses, das er nur versteckt und fast verschämt aus großer Entfernung aufnimmt und auch bei einer Nahaufnahme absichtlich durch den Bildrand abschneiden läßt.

In seiner «Exlibris»-Reklame offenbarte sich ein weiterer Dualismus – neben Kamera und phototechnischem Gerät hat er einen Schinkelbau und die «Eisenbahnstele» als vergegenständlichte Symbole ausgewählt. Damit bezog F. A. Schwartz wie so oft Standpunkt, ohne sich erklären zu müssen. Der Potsdamer Platz war eine Art Schmelztiegel der werdenden Weltstadt Berlin, dem er sich, wie bisher gewohnt, zuerst von der «Dachperspektive» näherte. Der Blick fiel in die Leipziger Straße, auf die Altstadt; auf den Potsdamer und Anhalter Bahnhof; überall spürte man die neue Ära der Stadtentwicklung, und daß hier die Verbindung zur Außenwelt in einer neuen Dimension eingeleitet wurde. Der Blick nach Westen deutete die soziale Differenzierung unmißverständlich an, wohin der »Drang der besseren Gesellschaft» nach einer «angemessenen Wohngegend» einsetzte. Aus der «Vogelperspektive» konnte man die sozialen Unterschiede mit klareren Konturen im Stadtbild erfassen, als dies im Getümmel auf dem Potsdamer Platz auszumachen war. F. A. Schwartz hat vom Potsdamer Platz eine solche Fülle von Aufnahmen hinterlassen, daß die Vermutung über seine Entdeckungen an der sozialen Trennscheide eine gewisse Rechtfertigung erfährt.

Fünfzehn Jahre waren es erneut, in denen er «seßhaft» geworden war, bis ein Umbau ihn aus dem bevorzugten Standort verdrängte. Ein Hotelbau hatte Vorrang, und so mußte der Sechsundsechzigjährige ein paar Häuser weiter, in die Leipziger Straße 93, umziehen. Auch in diesem Hause war bereits ein Photoatelier vorhanden, das man nur noch nach eigenen Wünschen umgestalten mußte. Es war aber kein Neubeginn in der gewohnten Weise mehr; der kränkelnde Mann unterließ seine so typischen «Entdeckungsflüge», es gibt keine Belege mehr für das «Einwohnen», und es fehlen auch die Aufnahmen aus verstecktem Winkel, die das «eigene Nest» beobachteten. F. Albert Schwartz bezog 1903, ein Jahr später bereits, eine neue Wohnung im noch ländlichen Deutsch-Wilmersdorf (Halensee), Humboldtstraße 1, in der er 1906 auch verstarb. Am 4. Mai, dem Geburtstag seines Sohnes, erlag er langjährigen Leiden; als Todesursachen wurden durch den Arzt ein Leberleiden, Arterienverkalkung und Herzschwäche festgestellt. Das Dienstmädchen Anna Bochow meldete auf dem Amt den Tod des Hofphotographen F. A. Schwartz.

Die «Vossische Zeitung» verbreitete in der Abendausgabe des 5. Mai 1906 unter «Lokales». «Nach langem Leiden ist hier am 4. Mai der Hofphotograph F. Albert Schwartz im 71. Lebensjahre gestorben.»

Am Tage darauf beklagten die Angehörigen in einer Anzeige derselben Zeitung den schmerzlichen Verlust – unterzeichnet von Julie Schwartz, geb. Groben, Rud. Alb. Schwartz, Elsbeth Dettmann, geb. Schwartz, Käthe Schwartz, Elisabeth Schwartz, geb. Osterreich, Professor Ludwig Dettmann und Enkel. Die Beisetzung fand am 7. Mai auf dem Wilmersdorfer Gemeindefriedhof, Berliner Straße, statt.

Fragt man abschließend nach den Ursachen für die «Quecksilbrigkeit» der häufigen Verände-

rungen, so werden sowohl im Entwicklungsgang des Photographen als auch im Auf- und Umbruch seiner Stadt die Gründe für mangelnde Seßhaftigkeit zu suchen sein. Er, der oft auch wehmütig den Abbruch von Häusern und Straßen mit dem Objektiv verfolgte, wurde selbst wiederholt Opfer dieses nicht ganz schmerzlosen Aufstiegs Berlins zur Weltstadt. Verkehr und Industrie haben die alten Tore und Stadtmauern aufgebrochen; all dem folgte dann die nicht problemlose Selektion seiner Bürger nach sozialer Schichtung, deren Rangwertigkeit von der Höhe des Einkommens und Vermögens abgeleitet wurde. Die Weltstadt wuchs, indem sie in Büro- und Geschäftszentren, in Industriebezirke und in Arbeiter- oder Bürgerwohnviertel zerfiel. Daß F. A. Schwartz stärker als andere all dies erfaßte und mit großer Sorgfalt fixierte, lag an der Vielschichtigkeit von Erfahrungen

am «eigenen Leibe», an der «Weitsicht vom Dache aus», aber nicht zuletzt auch an der «Unmittelbarkeit der Straße».

Sein Milieu – zwischen Familie, Verein und Geschäft

Das Fehlen persönlicher Dokumente und spärliche Aussagen von Zeitgenossen erlauben bisher nur Ansätze einer Wertung der charakterlichen und sozialen Haltung und auch dies nur auf indirektem Wege. F. A. Schwartz wagte sich an alle «steingewordenen Zeugnisse» seiner Zeit heran, doch die Kräfte, die sie mit Leben ausfüllten, wurden distanziert beobachtet, soweit sie nicht ganz auszuklammern waren. Er photographierte die Elendsviertel und Schlösser gleichermaßen «korrekt» und erwärmte sich mit zunehmender technischer Erfahrung auch für Personen, die teilweise mehr Arabesken seiner Aufnahmen sind, ähnlich dem Stuck an den Palais der Neureichen. Erwähnt wurde bereits, daß er Personen von seinen «Architektur»-Aufnahmen anfangs sogar wegretuschierte.

F. A. Schwartz war kein Freund von Glanz und Flitter der Kaiserparaden, obwohl sein sorgsam gepflegter «Hoftitel» eine «Schwäche für die Blaublütigen» vermuten läßt. Doch hier wurde nur in Kontinuität die Tradition der Familie vom «Kammerdiener» zum «Hofadlatus» gewahrt und eine Konzession an Zeit und Leute gemacht, weil ein Titel das Geschäft äußerlich belebte. Geprägt wurden Charakter und Beruf von der Entwicklung des Kapitalismus in Preußen, der 1808 mit Reformen begonnen hatte und durch Bismarcks «Revolution von oben» sanktioniert worden war.

Vor der Tür des väterlichen Hauses wurde 1848 erbittert auf den Barrikaden gekämpft; keine Andeutung, auch nicht im Jubiläumsjahr 1898, findet sich in seinen Werken – trotz einer ansonsten geschichtsbewußten Haltung. Friedhöfe und Grabsteine wurden aufgesucht – von Kaufleuten, Fabrikanten, Refugiés und Adelsfamilien; auch Freiheitshelden von 1812/13 gehören zum erwählten Kreis – nicht so die Märzgefallenen.

Mehr als nur ein Indiz verraten die Familienbindungen, in deren Zentrum Heinrich Ferdinand Schwartz, der allseits erfolgreiche Onkel,

wirkte. Gestützt auf amtliche Angaben, kann für den Familienkreis von einer wirksamen Heiratspolitik gesprochen werden. Die beiden Brüder und «bürgerlichen Stammväter», Heinrich Ferdinand und David Emanuel, «gemeinden» zuerst all das ein, was durch zähen Fortbestand der Innungsgrenzen wirtschaftlich behindert wird. Noch 1852 entbrannte ein heftiger Streit in der Buchbinderinnung, wie man das Eindringen von fabrikmäßiger «Buchkleberei» in die handwerkliche Buchbinderei rechtskräftig abgrenzen sollte. Die Familie Schwartz meisterte diese Klippen problemlos durch Besetzung der «Außenposten» mit je einem Stammhalter. 1860 hatte man durch «freudige Transaktionen» unter einem Dach alle Papier-, Leder-, Holz- und Posamentierartikel vereint, besaß zwei Photogeschäfte, eine Buchhandlung und hatte über nicht unvermögende Schwiegersöhne Verbindungen zu verschiedenen Industrie- und Handelseinrichtungen hergestellt. Für die dritte Generation, die Kinder von F. A. Schwartz, wäre noch der bekannte Maler Prof. Ludwig Dettmann (1865–1944) als Schwiegersohn hervorzuheben.

Die Familiendynastie, verfolgt über vier Generationen, läßt keine «Mesalliance» erkennen; es wird immer wieder zwischen Kunst und Geschäft «ordentlich» eingeheiratet. Aus leibeigenen Kammerdienern entwickelten sich Geschäftsleute mit bürgerlichem Standesbewußtsein, ohne den «Drang zum Hof» ganz ablegen zu können. F. A. Schwartz war in diesem Sinne ein bürgerlich-liberaler Mann mit ausgeprägtem Hang zur Tradition sowohl im persönlichen wie im städtischen Umfeld.

Weit mehr als andere Quellen bieten die «Mitteilungen des Vereins für Geschichte Berlins» Anhaltspunkte für gesellschaftlichen Umgang und berufliche Entwicklung. Allein die kurze Liste der von F. A. Schwartz eingeführten Mitglieder kennt nur Kaufleute, wie H. Schneider, A. de la Croix, E. Nube, E. Briese usw. Im Verein fand F. A. Schwartz einen Resonanzboden für seine Arbeit und eine nicht zu unterschätzende Käuferschicht. Er hatte bereits feste Beziehungen zum Verein, als er im April 1877 Mitglied wurde. Neben seiner Hauptbeschäftigung im neuen und alten Berlin als «Chronist mit der Kamera», boten die Wanderfahrten des Vereins ein willkommenes «Zubrot». Vom Mai bis September unternahm man Tages- und Wochenendausflüge in die nähere und z. T. auch weitere Umgebung Berlins, während die kältere Jahreszeit für Stadtbesichtigungen reizvoller historischer Häuser und Winkel genutzt wurde. Zum Preise von zwei Mark konnten die Teilnehmer mit Schwartzschen Architektur- und Gruppenaufnahmen Erinnerungen auffrischen und die Zuhausegebliebenen sich eine «Vorstellung» verschaffen. Später minderte F. A. Schwartz das Limit auf 1,50 pro Stück, und auch dies war im «Engroshandel» ein stolzer Preis.

Als angesehenem Mitglied standen ihm die Monatsmitteilungen großzügig für Reklameanzeigen zur Verfügung. Einen glücklichen Spürsinn verriet er mit der Übergabe eines Photoalbums, das von weiteren Mitgliedern finanziell getragen wurde; in einer lobenden Notiz von 1886 heißt es: «Demnächst legte Herr Hofphotograph F. A. Schwartz ein von ihm zusammengestelltes und dem Verein dediciertes Album vor, welches Photographien von Orten, Gebäuden usw. enthält, nach welchen der Verein Wanderversammlungen arrangiert hat.»[17] Hundert Photos enthielt das Album als Anfang; Herr Schwartz hatte Fortsetzung der Sammlung versprochen. Er hielt die Zusage ein und eröffnete bereits 1890 einen zweiten Band, der unerklärlicherweise nach wenigen Eintragungen abbricht.

Der Verein würdigte im Januar 1888 die langjährigen Verdienste mit der «Silbernen Medaille für Förderung der Vereinszwecke». F. A. Schwartz trat mehrfach in Funktionen, so als Vorsitzender des Wanderausschusses, als Mitglied des Achtzehner-Ausschusses oder in der Kommission der Sonderausstellung 1896 «Alt-Berlin», in Erscheinung. Mehr als einmal übernahm er dank seiner «historischen Bildersammlung» die kulturelle Umrahmung bei Jahresfeiern mit Lichtbildern, vorgeführt mittels eines «Nebelbildapparates»; als Redner selbst trat er nie in Erscheinung.

F. A. Schwartz stiftete auch viele Photographien, deren sorgfältige Registratur in den «Mit-

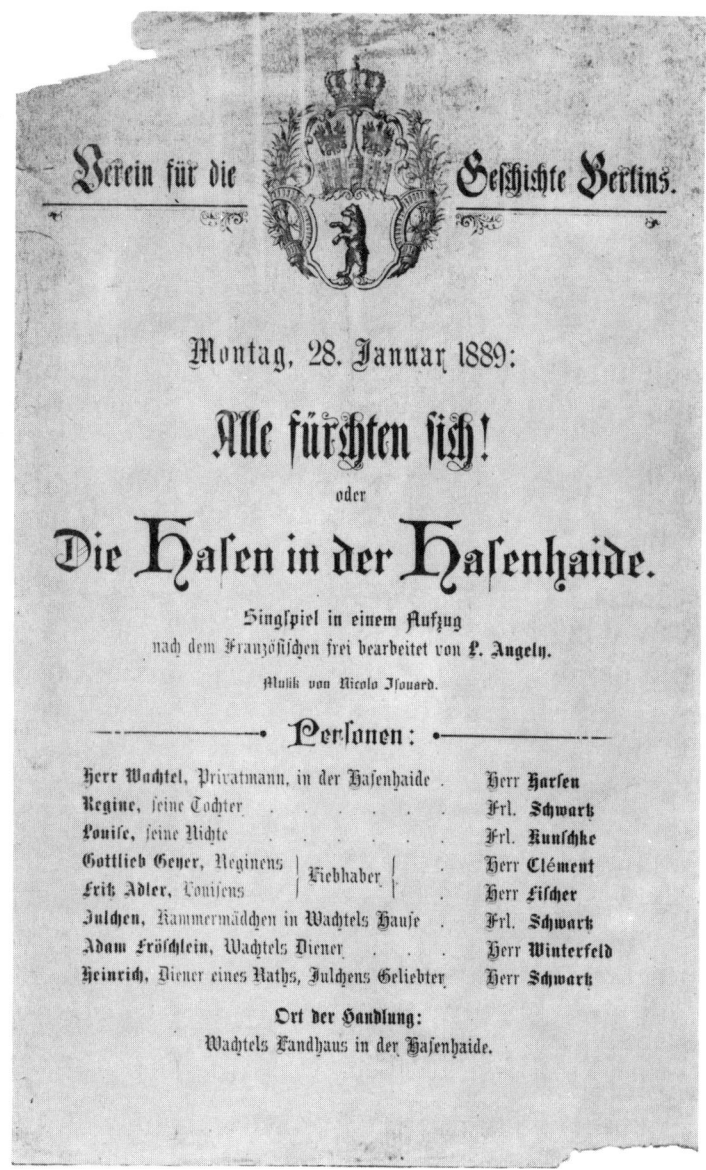

teilungen» wertvolle Hinweise zum Gesamtschaffen bieten. Seine Wanderspuren lassen sich aus den Alben bis zum Anfang der neunziger Jahre verfolgen, dann bricht der Nachweis seiner Aktivitäten mit einer Umbesetzung des Vorstandes fast zeitgleich ab. «Amateure» übernahmen in dieser Zeit mit einer inzwischen leicht handhabbaren Phototechnik seine Arbeit; als «Enthusiasten» ohne Geschäftsrücksichten waren sie F. A. Schwartz weit überlegen. Auch sein Leberleiden lockerte die Bindungen zum Verein, ohne daß diese vollständig verlorengegangen wären. Noch in den letzten Lebensjahren tauchte sein Name gelegentlich und auch im lobenden Kontext auf; um so mehr muß es verwundern, daß ein mehrfach geehrtes Mitglied nur einen spartanischen Nachruf ohne Photo erhielt. Kein Lebensabriß, keine ihm zustehende Würdigung für das verdiente Vereinsmitglied sind zu finden. Es gab viele Spannungen im Verein, doch jeder Versuch einer Interpretation muß spekulativ bleiben. Sicher ist, daß die «Schriftsteller» ihn, den Photographen, mehr als «Handwerker» für Illustrationen denn als einen schöpferischen Lichtbildner betrachteten.

Zwischen Erfolg, Mißachtung und Konkurrenz

Seit den fünfziger Jahren stürzten sich fast alle Photographen ins lukrativere Porträtgeschäft. Ein kleiner Kreis von Männern, wie Meydenbauer, Rückwardt, F. A. Schwartz, Bartels, entdeckte neue Wege auch für die Landschaftsphotographie, obwohl es bei ihnen keinen Zweifel über die kommerziellen Grenzen der Landschaftsphotographie gab. Aus den Anstrengungen der Firma F. A. Schwartz um Kunden und Auftraggeber läßt sich das Auf und Ab von Erfolg und Flauten überblicken. Größere Aufträge übergaben der Magistrat, die Königliche Bibliothek und das Märkische Museum. Alle weiteren Umsätze brachten in sporadischen Geschäften die Buchillustrationen für Verlage, das Privatinteresse von Fabrik- und Hausbesitzern und eine namenlose Schar von geschichtsbewußten Käufern; die Zufälligkeit blieb jedoch die bestimmende Größe im «Journal». Dagegen setzte F. A. Schwartz die Initiative des Eigenverlages, nachdem erste Erfahrungen bei der Veröffentlichung von Photographien in der Berliner Zeitschrift «Der Bär» zeigten, daß die gesammelten historischen Schätze, der inzwischen nach Abriß vergessenen «Altbauten», bereits zur Jugenderinnerung seiner Zeitgenossen geworden waren.

Zu einem beruflichen Höhepunkt für F. A. Schwartz, der einen Monat zuvor seinen 50. Geburtstag feiern konnte, gestaltete sich zweifelsohne die am 21. Februar 1886 eröffnete Ausstellung von «Berliner Ansichten» im Bibliothekssaal des Rathauses. Das lebhafte Echo in der Bevölkerung und auch bei Behörden veranlaßte mehrere Zeitungen, auf Fortsetzung solcher

Unternehmungen, wie sie vor allem Rückwardt und Schwartz weitgehend aus Eigeninitiative betrieben, zu drängen. Der Kultusminister ordnete die Aufnahme staatlicher Gebäude (Meßbildanstalt) an, und auch der Magistrat bot nun, nach 20 Jahren, großzügig 1500 Mark für derartige Aktivitäten an. Schwartz und Rückwardt lieferten ganze Serien und waren mit großem Abstand die Hauptaussteller dieser Photoschau.

Angeregt durch diesen Ausstellungserfolg, erschienen im Verlag F. A. Schwartz Sammelmappen zum Thema Alt-Berlin. Die erste Serie mit zehn Blatt enthielt zwei Aufnahmen der Stralauer Straße, den Blick vom Französischen Turm zum Schloß, das Voß-Palais, den Durchgang zur Neuen Wilhelmstraße, das Wrangel-Palais und das Rosenthaler Tor; die Aufnahmen stammten aus der Zeit zwischen 1865 und 1885. Ein Jahr später gab es die Fortsetzung mit dem Wassertor, dem alten Rathaus mit Gerichtslaube, der Königsmauer, dem Itzig-Palais, der Schloßapotheke, dem Kronprinzenpalais (1855), der Sommerstraße, dem Schiffbauerdamm und dem Oranienburger Tor. Diese zweite Serie griff über drei Jahrzehnte zurück.

Die Bürger Berlins, ob alteingesessen oder gerade eingebürgert, setzten der stürmischen Entwicklung ein gesundes Geschichtsbewußtsein entgegen, und dies nicht zuletzt, um aus dem Vergleich von «Alt und Neu» eine Art Maßstab für das eigene Verständnis zu finden. F. A. Schwartz konnte sich, seit die technische Umsetzung durch industrielle Fertigung Anfang der achtziger Jahre in neuer Qualität erleichtert wurde, einer größeren Nachfrage bei einigen begehrten Photos erfreuen. Auch in Buchpublikationen nutzte man einzelne Raritäten seiner Sammlungen wiederholt – wie zum Beispiel das Oranienburger Tor. Zugleich mußte F. A. Schwartz erleben, daß der Geschäfts- und Gründersinn nicht vor rücksichtsloser Benutzung seiner Klischees haltmachte. Ein Musterbeispiel für diese Form von geistigem Diebstahl lieferten u. a. A. Trinius mit seinem Buch «Die Umgebungen der Kaiserstadt Berlin» und Max Osborn in mehreren Buchpublikationen zu Berlin. So wurden im erstgenannten Fall, obwohl Schwartz den

Hauptanteil der Abbildungen bestritt, nur jene erwähnt, die aus der Sicht von A. Trinius der ideellen Anerkennung wert waren. Erst ein massiver Protest erzwang für die Nachauflagen eine Korrektur des Versäumten; ein Rezensent fragte diesbezüglich nicht zu Unrecht, warum man ausgerechnet den Mann, der mit Liebe viele Jahre hindurch die Bilder aufgenommen hat, einfach verschweigt.

Gewarnt durch diese Praktiken, doch fast schon zu spät, versuchte F. A. Schwartz der Ausplünderung seiner Arbeiten entgegenzutreten. Er signierte seine Platten mit weißerscheinenden Nummern, und alle Abzüge seit den achtziger Jahren besitzen einen Firmenaufdruck mit Jahresangabe. Alle an Verlage übergebenen Klischees wurden zurückgefordert; doch was bis dahin an Private verkauft war – oft die besten Stücke –, war unwiderruflich an Geschäftemacher verloren. Es verwundert heute besonders, daß Männer wie Brendicke, Osborn, Trinius. Riffarth u. a., die F. A. Schwartz langjährig kannten, meist nach dem Motto «im Zweifelsfalle gegen den Photographen» verfuhren. So hat Osborn zu Lebzeiten von Schwartz noch gelegentlich in seinen Arbeiten F. A. Schwartz namentlich erwähnt; nach dessen Tode, vor allem aber seit dem Ende der Firma Schwartz in den zwanziger Jahren, wurde der Urheber der vielbenutzten Photographien aus dem alten Berlin totgeschwiegen. Warum? Aus finanziellen Erwägungen allein sicher nicht, aus Unkenntnis schon gar nicht, bleibt also eine Form von Mißachtung für eine schöpferische Arbeit – die Photographie –, die seit ihrer Entdeckung bis heute nicht selten als «Handwerk» nach wie vor unterbewertet wird.

Ein Blick auf die rechtlichen Bedingungen jener Zeit unterstreicht diese Vermutung. Nach einer Entscheidung des Reichsgerichts (Band 57, S. 387)[18] waren alle Photographen Handwerker, weil in der Hauptsache «Handarbeit» vorherrscht. Damit wurde zur Jahrhundertwende für das Gewerbe «Photographie» juristisch das fixiert, was der allgemeinen Anschauung entsprach. Ein Urheberrecht für den Bereich der Photographie gab es erst seit Januar 1907; danach waren veröffentlichte Photos für zehn Jahre geschützt und unveröffentlichte bis zehn Jahre nach dem Tod des Urhebers. Zu Lebzeiten von Schwartz mußte also auf «Einvernehmen» guter Geschäftspartner oder durch mühselige und teure Gerichtsverfahren die Gegenseitigkeit der Interessen gesichert werden. Was nicht innerhalb von drei Jahren angezeigt war, verlor Anspruch auf Schadenersatz und Strafverfolgung. Dies belegt zur Genüge, welchen ungleichen Kampf F. A. Schwartz gegen den Mißbrauch seiner Photographien zu führen hatte. Gerichtsakten waren über derartige Streitigkeiten allerdings nicht aufzutreiben, doch liegt die Vermutung nahe, daß es ganz ohne Einschalten der Justiz nicht abging.

Ungeklärt muß über den Vertrieb und Besitz von Schwartzschen Bildern all das bleiben, was durch Verkauf in private Hände gegangen ist. Bislang konnten vier Festschriften (Firma Borsig, das Kaufhaus Israel, die Stern-Dampfschifffahrtsgesellschaft und das Textilunternehmen Holzapfel & Schönemann) festgestellt werden, in denen Photos der Firma Schwartz meist ohne Namensnennung zum Abdruck kamen. Doch die Einmaligkeit der «Handschrift» von F. A. Schwartz bleibt als unverwechselbares und unübersehbares Erbe allen Mißachtungen zum Trotz erhalten.

Die Landschafts- und Architekturphotographen Berlins waren, abgesehen von den in den achtziger und neunziger Jahren aufkommenden «Amateurphotographen in Wald und Flur», eine überschaubare Gruppe, die sich in Konkurrenz und Abstimmung die spärlichen Marktanteile sicherte. Jeder machte in diesem Metier alles; eine «Handschrift» ist noch nicht opportun. Dies änderte sich ohne demonstrativen Einschnitt in den achtziger Jahren, als mit preiswerten Angeboten ein größerer Kundenkreis ein Interesse über das eigene Konterfei hinaus entwickelte. Aus der Vielfalt von Auffassungen und Strömungen kristallisierten sich vor allem vier Nestoren mit unverwechselbarem Image heraus. Unter ihnen wiederum ragt A. Meydenbauer mit seinen Architektur-Meßbildern, der sog. Photogrammetrie, heraus; seine Bemühungen um eine «unverzerrte» Wiedergabe wurden mit einem selbstkonstruierten Aufnahmegerät, dem Theodoliten, belohnt. A. Meydenbauer machte mit der Meßbildanstalt und den vielzähligen, technisch-brillanten und photoästhetisch durchaus reizvollen Aufnahmen weit über die Landesgrenzen hinaus Furore.

Ohne Rangwertdiskussion folgen F. A. Schwartz und H. Rückwardt auf den «Plätzen». Schwartz spezialisierte sich auf den «abbruchreifen» oder dazu gestempelten Teil von «Alt-Berlin», während Rückwardt sich zum Photographen der zeitgenössisch-repräsentativen Innen- und Außenarchitektur entwickelte. Diese Arbeitsteilung wird besonders seit der Ausstellung von 1886 deutlich und läßt eine gewisse Absprache der beiden «Konkurrenten» erkennen. In den folgenden Jahren hat Schwartz seine Zusammenarbeit mit Abrißfirmen intensiviert und durch sorgfältiges Studium der Zeitungsannoncen lohnende Objekte aufgespürt.

Nicht zuletzt verdient im Kreis der Berliner Landschaftsphotographie Franz Goerke besondere Würdigung. An führender Stelle in der «Urania» und in der «Freien Photographischen Vereinigung zu Berlin» gelang es ihm, einen engagierten Kreis von Amateuren um sich zu scharen und besonders den heimatgeschichtlichen Aspekt in den Photoaufnahmen zum Ausdruck zu bringen.

Die Grenzen zwischen den genannten Gruppen sind fließend; einer größeren Arbeit vorbehalten bleiben müssen einige durchaus repräsentative Vertreter der Architektur- und Landschaftsphotographie, die später als die genannten «Stammväter» begannen oder keine Schule begründen konnten; dazu zählen Bartels, Rudolphy, R. Schuster, H. Günther, Wohlberedt, H. Graf, M. Missmann, Löscher und Petsch und die Mitarbeiter der «Photographischen Gesellschaft». Leider ist es heute nicht mehr möglich, abgesehen von den verdienstvollen Arbeiten von F. Hansen, Dost u. a., etwas über Landschaftsphotographen in der Zeit der Daguerreotypie auszusagen. Erst die Negativplatte und die beliebige Anzahl von Abzügen erhöhten die Überlebenschance der alten Photographien. Massen-

wirksam jedoch wurden Photographien erst mit den modernen Drucktechniken Anfang der achtziger Jahre.

Besondere Verdienste hierfür hat in Berlin die Firma Edm. Gaillard erworben, durch die auch Bilder von F. A. Schwartz in die Hände eines Kreises von ungezählten Betrachtern gelangten. F. A. Schwartz war trotz aller technischen Erfindungen in seinem Gewerbe den selbstgesetzten Maßstäben seines «Kunstverlages» treu geblieben und hat persönlich zu keiner Zeit Massenware produziert. Unklar bleibt, ob der «Geschäftsmann» Schwartz den Kompromiß durch Einschaltung anderer gesucht oder gezwungenermaßen gefunden hat; nachweislich haben mehrere Verlage Schwartz-Photos aus «zweiter Hand» in Großauflagen gedruckt – so Paul Schahl, Kluge & Morgenstern, Ludwig Walter und Wilhelm Hermes. Im größeren Umfange beteiligte sich auch die Buchhandlung Diering und Siemens als Verleger der Photos von F. A. Schwartz.

Den Erfolgen der achtziger Jahre glaubte Schwartz mit der Gewerbeausstellung 1896 im Treptower Park einen weiteren hinzufügen zu können. Gleich zweimal mit unterschiedlichem Auftrag war er vertreten: Bilder aus den letzten 40 Jahren hatte er für die Sonderausstellung Alt-Berlin gestiftet. Am Karpfenteich war – einer «Filmstadt» gleich – ein Stück Alt-Berlin vom Spandauer Tor bis zum alten Rathaus entstanden. Die Heilig-Geist-Kirche stand dem «Verein für Geschichte Berlins» als Ausstellungsgebäude zur Verfügung. Zum zweiten beteiligte sich F. A. Schwartz als «Berufsphotograph» in der Gruppe XVII mit der Ausstellungsnummer 2911 im Chemiepavillon. Das Ergebnis beider Aktivitäten war nicht ermutigend; bei der Wertung der Berufsphotographen bleibt für Schwartz lediglich die Erwähnung, während ihm in der Danksagung an die Aussteller der Heilig-Geist-Kirche selbst die Namensnennung versagt wird. Gefragt waren zu dieser Zeit technische Sensationen, oder «Kaiser- und Manöverbilder» und künstlerische Extravaganzen. Die solide inhaltliche und technische Arbeit über 40 Berufsjahre hinweg mußte unter einseitigem Jurorenblick wie blasser Durchschnitt erscheinen.

F. A. Schwartz hat in erstaunlichem Sammelfleiß mehr als 54 Städte und Gemeinden aufgesucht. Nachgewiesen werden konnten Photos aus fast allen Gegenden Deutschlands und dies, obwohl Schwartz zuerst und mit ganzem Herzen ein Photograph seiner Stadt Berlin war. Eine alphabetisch geordnete Übersicht als kleiner Einblick in ein fünfzigjähriges Berufsleben eines Wander-, Reise- und Architekturphotographen ist nicht uninteressant. Neben Berlin und seinen Vororten gehörten dazu: Angermünde, Bederkesa, Belgern b. Torgau, Belzig, Boitzenburg, Brakel, Bramstedt, Brandenburg, Braunschweig, Bremen, Burg b. Magdeburg, Calbe a. S., Eberswalde, Eisenach/Wartburg, Erfurt, Friesack, Fürstenberg a. H., Gransee, Halberstadt, Halle a. S., Havelberg, Hildesheim, Jagdschloß Stern, Kurzweil i. Böhmen, Lychen, Müncheberg, Münster i. Westf., Neuhaldensleben, Neustedt a. Harz, Nordhausen, Obermarsberg, Oderberg, Perleberg, Posen, Potsdam, Potzlow, Prenzlau, Quedlinburg, Questenberg b. Roßlau, Rheinsberg, Salzwedel, Schwedt, Schwerin, Sigmaringen, der Spreewald, Stendal, Tangermünde, Templin, Teupitz, Wiesenburg, Wedel, Wittenberg, Zehden i. d. Neumark und Zerbst. Darüber hinaus hat Schwartz eine reichhaltige Photosammlung von Schlössern und Familiensitzen des märkischen Adels über Jahre hinweg angelegt.

Es ist anzunehmen, daß Aufnahmen dieser Orte auch außerhalb von Berlin vertrieben wurden und das Vermächtnis von F. A. Schwartz noch größer als bisher vermutet ist. Eine quantitative Schätzung der Gesamtsammlung Schwartz muß versagt bleiben, insbesondere die Zahl aller Aufnahmen, aber auch die Anzahl der verkauften Abzüge sind nicht rekonstruierbar; sein Sohn hat uns lediglich für das Konvolut «Altberlin» eine feste Größe mit «weit über Tausend» hinterlassen. Obwohl mit den technischen Fortschritten der achtziger und neunziger Jahre die Möglichkeiten zu hohen Stückzahlen bei erträglichen Preisen erheblich gewachsen waren, hieß es in einer Mitteilung, daß seine Preisangebote «unerschwinglich» für den «Normalverbraucher» waren.

Technisches und Juristisches

Der Nachlaß von F. A. Schwartz mußte minutiös durchgearbeitet werden, um die handwerkliche Seite genauer fassen zu können, denn der erste Eindruck der Schwartzschen Photographien aus fünfzig Jahren schien so überzeugend von gleichbleibender Qualität, daß technische Neuheiten den Arbeitsweg des Photographen seit den fünfziger Jahren kaum verändert haben sollten?! Ganz so war es nicht, doch blieb sein Ideal zu allen Lebenszeiten gleich: Saubere, feinkonturige Aufnahmen und «malerisch» einwandfreie Abzüge auf mattem bis halbglänzendem Papier. Den Vorteil, Buchbinder, Papier- und Lederwarenhändler in der engeren Verwandtschaft zu besitzen, nutzte er für die «Abrundung» der Äußerlichkeiten; seine Photoabzüge sind meisterhaft aufgezogen, und ein durchgängig benutzter grünlicher Karton spricht als eine Art

Hausmarke für ein ausgeprägtes Firmenbewußtsein.

F. A. Schwartz hat nur zögernd den Verlockungen technischer Novitäten in den letzten Jahrzehnten nachgegeben und, wie seine Aufnahmen belegen, nicht Rollfilme oder die «modernen» kleineren Kameras benutzt; er war und blieb in vieler Hinsicht ein Photograph des «do it yourself», so wie es in seinen «Lehrjahren» von jedem Photographen gefordert war. Schwartz hat nur selten Versuche in Richtung «Augenblicksphotographie» unternommen. Dort, wo Experimente mit Blitzlicht oder elektrischem Licht gewagt wurden, wie 1889 bei Innenaufnahmen im Stadttheater Halle oder bei den Bildern des Speicherbrands in der Kaiserstraße, läßt sich die Ausnahme eindeutig nachweisen. Noch in der zweiten Hälfte der achtziger Jahre reiste Schwartz mit einer schon fast «prähistorisch» anmutenden Wanderausrüstung mit Blechkästen und Silberbadküvetten; Aufnahmen, die diese Utensilien belegen, befinden sich in seiner Sammlung. F. A. Schwartz benutzte im wesentlichen – obgleich eine geschlossene Übersicht verwendeter Glasnegative nicht zu geben ist – die Formate 12×18 und 18×24 cm; es kamen aber auch – dies jedoch seltener – Platten in der Größe 24×30 und 30×36 cm zum Einsatz. Der Nachweis läßt sich nur an einigen Zufälligkeiten erbringen, so hatte Schwartz bei einigen Abzügen vergessen, die Ränder zu beschneiden. Von diesen «Unkorrektheiten» abgesehen, hatte Schwartz für jedes Photo nach inhaltlichen und ästhetischen Gesichtspunkten die Abmessungen festgelegt. Die großen Glasnegative wurden nur bei Stadtaufnahmen verwandt, da allein der Transport der Kamera und anderen Utensilien vom Gewicht her oft ohne Karren nicht zu bewältigen war. Außerhalb der Stadt kam nur die «handliche» Kamera mit Platten 12×18 cm zur Anwendung.

Die Empfindlichkeit der Platten erforderte bei mehrtägigen Reisen noch lange Zeit, daß man wenigstens die Platten noch auf der Fahrt entwickelte und fixierte. In der Regel benutzte man seit den achtziger Jahren eine käufliche Bromsilbergelatineplatte, die nach der Belichtung in der Kamera möglichst bald in Eisenoxalat entwickelt werden mußte[19], dabei reduzierte der Entwickler das gelbe Bromsilber zu metallischem Silber, abhängig von der Intensität der Belichtung. Das so entstandene Negativ wurde in einem Salzbad fixiert und war nun gegen Licht unempfindlich geworden. Zu Hause entstanden die «positiven» Abzüge, indem man die «Negativ»-Platte auf ein Albuminpapier legte und einfach Licht durch die Platte auf das Photopapier wirken ließ; das Licht färbte entsprechend der Durchlaßfähigkeit der Schwarz-Weiß-Werte auf der Platte das darunterliegende Papier in braunvioletten Schattierungen. Dieses Prinzip war ein einfacher Kopierprozeß. Erst Ende der achtziger Jahre nutzte auch Schwartz das inzwischen verbreitete Verfahren der Vergrößerung.

Ein besonderes Ausrufezeichen für den Photographen Schwartz setzen die vielen «mißglückten» Personenaufnahmen. Die überlieferten Alben im Stadtarchiv Berlin mit Gruppenaufnahmen von Wanderfahrten lassen z. T. einen Anfänger, keineswegs den alterfahrenen Berufsphotographen, vermuten. So brillant seine Architekturaufnahmen, ob von innen oder außen, auch immer gelungen sind, so kraß fällt die Distanz zur «lebenden Materie» auf. Große Gruppen in einiger Entfernung glückten noch am besten. So hat er vielfach die Menschen in seine Architekturaufnahmen arabeskenhaft einverleibt oder hielt bei Aufnahmen von Staatsempfängen die Masse fast als quirligen Ameisenhaufen fest.

Erwähnt, aber bisher nicht aufgefunden, wurden 35 Photographien vom «Festzug der Schützen» am 12. Juli 1890 Unter den Linden, die Schwartz aus einem Fenster der Kommandantur aufgenommen hatte. Ein weiterer Nachweis für «lebendige Bilder», wie es in einem Bericht ausdrücklich heißt, bot das 25jährige Jubiläum des «Vereins für Geschichte Berlins». Bei der Generalprobe photographierte F. A. Schwartz viel «Bewegtes», und der Berichterstatter, in bestem Verhältnis zu Schwartz, stellte angesichts der vorgelegten Ergebnisse wohlwollend fest: «Diese Photographien sind in Anbetracht der Schwierigkeit der Aufnahme recht wohl ge-

lungen ...»[20] Ironie oder nicht, uns fehlen auch hier die Belege; doch waren 1890 nicht wenige Photographen technisch so weit, daß Pferderennen, fahrende Züge, Wellen u. ä. in guter Qualität wiedergegeben werden konnten. 1895 führte Max Skladanowsky z. B. im Wintergarten «laufende Bilder» mit einem Kinoapparat vor, und Otto Pritzkow eröffnete 1899 sogar das erste Lichtspieltheater Berlins. Schnellverschlüsse für Momentaufnahmen waren 1896 in verschiedenen Versionen auf der Gewerbeausstellung im Angebot; lichtstarke Objektive aus Jena ließen Belichtungen in Bruchteilen von Sekunden zu, und es gab auch eine fast perfekte Photochemie in Berlin, die mit Spitzenprodukten bereits seit den achtziger Jahren internationalen Ruf besaß. Es muß ein Rätsel bleiben, ob Traditionsbewußtsein oder Argwohn gegen Neues den Ausschlag für die «berufliche Bodenständigkeit» gab.

Die teilweise Unterbewertung von F. A. Schwartz in seiner Berufswelt ist deshalb wohl nicht zuletzt in der technisch-konservativen Haltung dieses Mannes begründet, der die sensationellen Sprünge der Phototechnik weitestgehend ignorierte. Schwartz blieb bei Erprobtem und Bewährtem, und die Photoästhetik besaß für ihn den höchsten Rang. Spektakuläre Ausstellungsstücke waren von ihm nicht zu erwarten; Preise gab es jedoch vor allem für den Wettlauf mit der Technik. Blickt man auf die 50 Berufsjahre von Schwartz zurück, dann wird die Schnellebigkeit auf dem Gebiet der Photographie besonders deutlich. Nach den großen technischen Leistungen in den Anfangsjahren wurde dank kurzer Belichtungszeiten nur noch das «lebendige Objekt» interessant; die Trockenplatten förderten die «Wanderphotographen», die schrittweise den Globus eroberten, wenigstens dort, wo ausreichend Wasser vorhanden war. Weitere technische Erfolge verführten zur Jagd nach dem «Augenblick»; was nun reizte, waren Wellen, Pferderennen und andere «Schnappschüsse». Als der handliche Rollfilm geradezu eine Schwemme von Amateuren brachte, avancierten alle aus wirtschaftlichen Bedenken bisher gemiedenen Sachgebiete im Mikro- oder Makrokosmos oder in Natur und Gesellschaft zu Vorzugsobjekten. Vom Serienbild zum Laufbild war der Schritt überschaubar geworden, und bereits in dieser Zeit schien der Photowelt nur noch das «Abbild in natürlichen Farben» erstrebenswert.

Als F. A. Schwartz 1852 noch fast unter Zunft- und Innungszwängen das Handwerk erlernen mußte, war es weit wichtiger für den «Beweis» als Photograph, daß man den «braunen Sammetrock und das Makartbukett» trug, man legte noch nicht den Akzent auf das wissenschaftlich-technische Verständnis der chemischen Prozesse. In der Meisterprüfung, die erst mit der Volljährigkeit (24 Jahre) gestattet war, hatte der Kandidat sechs Aufnahmen im Format 18×24 cm vorzulegen und mußte alle «Schönheitskorrekturen» durch Retusche beherrschen. Kenntnis einer kaufmännischen Buchführung war ebenso wie Gesetzeskunde Voraussetzung für das Erlangen eines Meisterbriefes.

Photographen durften damals als einzige Gewerbetreibende die Sonntagsruhe stören, den Angestellten mußte jeder dritte Sonntag für einen Gottesdienst freigehalten werden. Bereits 1850 wollte eine Polizeiordnung die Passanten vor dem «Werbezugriff» der Photographen schützen; es wurde insbesondere verboten, Schaukästen am Sonntag für Reklame zu benutzen, und man hatte bauliche Sicherheit betreffs Anbringung von Kästen zu garantieren. F. A. Schwartz hat, wie wir auf einigen Aufnahmen erkennen, die polizeilichen Auflagen gewissenhaft erfüllt, aber zugleich wie andere Unternehmen eine aktive Reklametätigkeit entfaltet. Neben üblichen Zeitungsannoncen benutzte die Firma Schaukästen, Dachreklame und gedruckte «Visitenkarten» im Großformat. Der Schwartzsche Werbetext verrät, daß man, je nachdem, was an Objekten oder Spezialitäten das Spektrum

des Firmenangebots bereicherte, mal der Menge und mal der Qualität den Vorzug in der Aussage gab. Die Analyse der Werbetexte zeigte kontinuierlich den «Architektur- und Kunstphotographen»; vieles andere schwoll mit dem Zeitgeschmack an und verlor sich auch wieder.

Ein Landschafts- und Architekturphotograph mußte auch damals schon wissen, daß nicht alles, was zur Aufnahme reizte, auch erlaubt war. Verboten waren alle militärischen Anlagen; auch Denkmäler, selbst Schlösser und Parkanlagen der «höchsten Geschlechter» durften nicht «abgelichtet» werden. Man durfte belebte Straßen nicht mit seinen Apparaturen blockieren und mußte polizeiliche Anordnungen strengstens befolgen; für Zuwiderhandlungen drohten immerhin 150,– Mark Strafe oder 14 Tage Arrest. Fritz Hansen faßte einmal die besondere «rechtliche Lage» des Landschaftsphotographen in dem Motto zusammen: «Photographie soviel du willst, aber laß dich nicht dabei abfassen!»[21]

Das Erbe und die Erben

Die Leistungen von F. A. Schwartz treten mit zunehmender Distanz zu seiner Zeit in ansteigender Größe hervor. Bereits im Todesjahr von Schwartz hatte sich die öffentliche Haltung zu Berlin und seiner Geschichte erheblich geändert; auch die Euphorie von «Kaiser, Glanz und Glorie» hatte einer gewissen Ernüchterung ein wenig Platz gemacht, wie wir dies einem Rückblick der «Vossischen Zeitung» vom 25. Dezember 1907 auf das Reichsgründungsjahr entnehmen konnten: Damals hätte man nur das Prächtige und Neue bewundert, das Alte und Überlieferte wurde wie ein schmutziger Fleck am Kleid mißachtet, und vom alten Rathaus sprach niemand mehr. Heute (1907) wird der einst als schmutzige Gasse verachtete Krögel förmlich kanonisiert; seinen kulturellen Gipfel erreichte die Reichsgründungszeit mit ernsthaften Überlegungen, dem Schinkelmuseum am Lustgarten ein neues Stockwerk aufzusetzen, damit es nicht weiterhin an seiner demütigen Niedrigkeit mehr leidet.[22]

Erst allmählich begriffen Zeitgenossen, was Schwartz lange vorher empfunden und photographisch festgehalten hatte. «Wir haben viele

Einbußen am Stadtbilde dem Zuge der Zeit zum Opfer gebracht. Was aus Großvaters Zeiten als gut und ehrwürdig überliefert wurde, haben wir leider unbedacht vernichtet.»[23] Diese Feststellung mußte 1910 ein «Augenzeuge» der letzten Jahrzehnte beim Betrachten der Schwartzschen Bilder treffen und fährt fort: «An die Stelle der stillen schlichten Vornehmheit dieser Fassaden sind die Riesenfronten der Warenhäuser getreten»; statt stimmungsvoller Poesie herrsche nun ein kühler Geschäftsgeist, der ganze Straßenfronten zu Riesenschaufenstern umfunktioniert hätte, und er fragt abschließend, ob Berlin dadurch schöner geworden sei.[24]

Das, was F. A. Schwartz der Zeit voraus gesammelt hatte, kam erst nach seinem Tode den Zeitgenossen zu Bewußtsein. Die Erben hatten deshalb eine besondere Aufgabe als Sachwalter zu erfüllen. Nur selten gibt es ein Zeugnis, wie das Erbe in den Händen der Nachkommenschaft «gepflegt» und «weitergegeben» wird; die folgende Rezension, die einer Postkartenedition im «Stil der Zeit» durch den Sohn und Nachfolger, Rudolf Albert Schwartz, gewidmet war, hat mit tiefem Einblick ein beredtes Zeitdokument der Nachlaßverwaltung gegeben. Wir wollen dem Rezensenten dabei beste Absichten bescheinigen, wenn wir seine ironischen Hiebe deuten: «Ben Akiba hat Unrecht gehabt. Es gibt doch etwas Neues unter der Sonne. Und dieses Neue, was ist es? Die altbewährte Firma F. Albert Schwartz (Inhaber: . . . Herr Rud. Alb. Schwartz) in Berlin hat ihre jahrzehntelang erprobten Überlieferungen verlassen und ist unter die Ansichtspostkartenverleger gegangen! Während ihre . . . aufs vorteilhafteste bekannten photographischen Ansichten von Alt-Berlin bisher als Einzelblätter zu ziemlich ansehnlichen Preisen nur für die oberen Zehntausend erhältlich waren, liefert die Firma jetzt ‹Kaviar fürs Volk›, sage und schreibe 36 vortrefflich ausgeführte Ansichtspostkarten vom alten Berlin für M 3,50! – Im Geiste erblicken wir unseren allzufrüh dahingeschiedenen unvergeßlichen Freund . . . F. Albert Schwartz, den Begründer der Firma, wieder auf Erden, wie er verwundert seine Augen auf diese neu entstandenen Postkartenblättchen richtet

und nicht ohne Wehmut seinem jetzigen rührigen Nachfolger . . . zuruft: ‹Auch Du, mein Sohn Rudi?› – Aber nicht immer zwitschern die Jungen so, wie die Alten sungen, und so hat auch Rudolf Schwartz jetzt als ein neuer Harras der kühne Springer den Sprung in dieses, dem ererbten Hause bisher fremde Gebiet der Ansichtskartenindustrie gewagt.»[25]

Wir müssen kommentarlos hinzufügen, daß der wohlmeinende Rezensent auf Drängen von Rudolf Albert Schwartz im gleichen Text antwortet, er habe sich erst «sattsehen müssen, bevor er zur Feder gegriffen habe»; er bescheinigt dem Erben, «mit den Postkarten Geschmack und feines Kunstverständnis bewiesen zu haben, und wünscht ihm «allen Einwendungen etwaiger Nörgler» zum Trotz, die «Sammlung in ähnlicher Weise fortzusetzen!»[26]

Die vom Sohn oft betonte «Fortsetzung» hielt nicht einmal dem Scheine nach stand, obwohl er als Lehrling und Geselle durch die Schule des Vaters ging und seit 1888 als «eigenständiger» Photograph an der Seite von F. A. Schwartz gewirkt hat. Dies alles war mit dem Tode des Vaters vergessen; Rudolf Schwartz arbeitete noch im Jahre 1906/07 in fieberhafter Eile alles auf, was im Verborgenen des ererbten Archivs «brachlag». Er signierte sämtliche im Besitz befindlichen Glasplatten nach inhaltlichen Erwägungen (nicht nach Alter der Aufnahmen!) und kopierte dann in massenhafter Weise. Viele der uns überlieferten Aufnahmen tragen das Jahr der Kopie «1907» im Firmenstempel. Auch die besinnliche Sorgfalt des Vaters ist dem neuen Motto – «Zeit ist Geld» – endgültig gewichen. Unter den «Nachauflagen» gibt es Vergrößerungen mit gewaltigen Ausmaßen, die jedoch die Hast beim Fixieren verraten.

Noch im Herbst 1906 konnte auch Rudolf A. Schwartz sich mit dem Titel «Hofphotograph Sr. Königl. Hoheit des Prinzen Friedrich Leopold» schmücken; eine Gemeinsamkeit in der Familientradition, die erst durch die Novemberrevolution 1918 verlorenging. Im März 1910 verlegte Rudolf A. Schwartz zum letzten Mal Atelier und Wohnung in das von der Familie erworbene Haus, Zinzendorfstraße 8 in Moabit. Die kommerzielle Verwertung konnte nun in gut eingerichteten Fachräumen weitaus besser erfolgen. Mit viel Geschäftssinn forderte er jedes benutzte Klischee zurück, um es im eigenen Hausarchiv entsprechend der Marktlage zu bewahren; mit jedem Jahr setzte sich ohne Zutun mehr «Patina» ab und ließ, den Raritäten unter den Briefmarken gleich, den Wert allein durch Warten nach oben steigen.

Rudolf A. Schwartz brachte die bereits erwähnten Postkartenalben im Eigenverlag in zwei Serien zu je 36 Bildern heraus und trat vor allem in der Weihnachtszeit mit intensiver Werbung auf. Im «Verein für Geschichte Berlins», den er im Interesse einer großen Kundschaft mit Regelmäßigkeit besuchte, trat er mit mehreren selbstgehaltenen Vorträgen über Alt-Berlin rührig in Erscheinung. Nach eigenen Aussagen beherbergte das Hausarchiv 1913 allein 2000 Bilder vom alten Berlin. Selbst der Kaiser fand inzwischen an der «Rückerinnerung» Geschmack und «geruhte Höchstderselbst» am 17. Dezember 1911 einem Lichtbildervortrag zu historischen Stätten Berlins «beizuwohnen». Einen erheblichen Teil des Konvoluts hatte R. A. Schwartz beigesteuert und wurde für diese und weitere Aktivitäten Anfang 1913 mit der «Bronzenen Verdienstmedaille» des Vereins geehrt. Es sollte der letzte «Glanzpunkt» im Familienalbum werden.

Der mit «Pauken und Trompeten» im Sommer 1914 eingeleitete Weltkrieg wich sehr schnell den blutigen Materialschlachten, bis er endgültig im Stellungskrieg erstarrte; auch der «bunte Rock» paßte sich rasch mit der «feldgrauen» Uniform dem Alltag von Bombentrichtern an. In dieser Zeit verlieren sich auch die Spuren der Familie Schwartz. Erst nachdem die Novemberrevolution den «Hoftitel» und anderes beseitigt hatte, taucht «Herr» Rudolf Schwartz in wenigen schriftlichen Belegen noch einmal auf, bevor er kurz darauf, noch nicht siebenundfünfzigjährig, verstirbt. Ein sehr bescheidener Nachlaß wird von der Witwe dem «Verein für Geschichte Berlins» durch den Rechtsanwalt Nicolaus, Potsdamer Straße 3, übergeben.

Die Witwe Elisabeth Schwartz verwaltet, bevor sie Mitte der zwanziger Jahre ihrem Mann in den Tod folgt, den Schwartzschen Besitz. Danach bleibt vieles nur im Reich der Vermutungen, denn die Ehe des Rudolf A. Schwartz hinterließ keine direkten Erben. Es leben noch in der Familie Dettmann die Schwester, der Schwager und deren Kinder Hans (1891 geb.) und Ilse (1893 geb.). Der Popularität von Prof. Ludwig Dettmann verdanken wir einen Nachruf in der «Deutschen Allgemeinen Zeitung» vom 23. November 1944; alle weiteren Spuren der Familie Schwartz fehlen, bis auf einen Hinweis, als ein aus dem Geschäft der Firma F. Albert Schwartz stammendes Vorzeigealbum Ende der vierziger Jahre an das Märkische Museum verkauft wurde. Es ist anzunehmen, daß diese Transaktion von einem Familienmitglied vorgenommen wurde, denn der Hauptbestand der Glasplatten ging erst einige Jahre später in private Hand Richtung München. Auch diese Aktion, ihr Umfang und die Umstände nebst Beteiligten waren aus verschiedenen Gründen nicht mit Sicherheit zu klären. Bleibt also ein nicht unerhebliches Defizit, allein für das Gesamterbe Schwartz', das aufzuarbeiten eine noch immer lohnende Arbeit bleibt.

Blick vom Atelier (Friedrichstraße 73) zum
Turm der Französischen Kirche und in die
Jägerstraße. (1865)

Blick in die Friedrichstraße in Richtung
Leipziger Straße. (1865) An der übernächsten
Ecke wird das Haus mit Photoatelier des Onkels
H. F. Schwartz (Friedrichstraße 185) sichtbar.

Die Friedrichstraße in nördlicher Richtung zu den Linden vom gleichen Standort (Friedrichstraße 73) aufgenommen. (1865) Zum Teil besteht noch die kleinstädtische Bebauung aus der Zeit des Königs Friedrich Wilhelm I.

Friedrichstraße 114 bis 116. (ca. 1870) Im Hause 115 hatte F. A. Schwartz Wohnung und Atelier. Links ist noch die Borsig-Fabrik sichtbar; das Oranienburger Tor war bereits abgetragen.

Wohnung und Atelier in der Luisenstraße 23. (ca. 1885) Im Garten ist eine Anzeigenvitrine aufgestellt und am Hauseingang wird ein Firmenschild sichtbar.

Bellevuestraße mit Wrangelbrunnen. (ca. 1888) In dieser vornehmen Wohngegend bezog F. A. Schwartz seinen vorletzten Standort.

Potsdamer Platz mit Blick in die Bellevuestraße.
(ca. 1890) Im Haus neben der Apotheke (am
rechten Bildrand) wohnte Schwartz und
arbeitete auch hier erstmals zusammen mit
seinem Sohn Rudolf Albert, der inzwischen
seine Meisterprüfung als Photograph abgelegt
hatte.

Leipziger Straße mit Blick zum Potsdamer Platz. (ca. 1894) Im Hintergrund ist das Haus mit Wohnung und Atelier an einer großen eisernen Dachreklame der Firma Schwartz zu erkennen.

Karlsplatz mit Töpfers Hotel. (1886) Dieses einmalige Dokument zeigt uns, wie die Photographien durch ergänzende Texthinweise aufgearbeitet wurden. Der Bildarchivar bezeichnete ironisch die gerade installierte Abwasserleitung der Straßentoilette nach Osdorf als «Rohrpostanschluß».

Berlin im 19. Jahrhundert –
Geschichte und Zeitgeschehen

Berlin – Schauplatz
siebenhundertjähriger Geschichte

In der kurzen Form «Vom Fischerdorf zur Weltstadt» umschreibt eine auch heute noch vielfach angeführte und verbreitete Legende die Anfänge und die Entwicklung Berlins. Diese Legende hat eine kuriose Entstehungsgeschichte, die mehr als deutlich darauf hinweist, daß die Geschichte dieser Stadt in ihren Anfängen, aber auch bis weit in das 19. Jh. hinein, idealisiert als «Aufstieg zur Weltstadt» gedeutet worden ist. Adolph Streckfuß, ein Kämpfer auf den Barrikaden von 1848, legte dem Lektor sein auch heute noch stark verbreitetes und vielgelesenes Werk «500 Jahre Berliner Geschichte» vor; diesem erschien der Titel zu trocken, und so setzte er als zweite Zeile den schlagkräftigen Untertitel «Vom Fischerdorf zur Weltstadt» ein. Diese Phrase war einprägsam und umriß scheinbar den Bogen der Stadtentwicklung Berlins auf einen Blick. Streckfuß hatte darüber aber tatsächlich nicht ein einziges Wort in seinem Buch verlauten lassen. Der Untertitel verselbständigte sich und ist bis heute Bestandteil vieler Darstellungen zur Geschichte Berlins.

Die Doppelstädte Berlin und Cölln entstanden am Ende des 12. Jh. an einer schmalen Furt durch die sumpfige Spree, an der Stelle, wo sich nur fünf Kilometer entfernt die Hochplateaus des Barnim und Teltow am dichtesten in das Urstromtal der Spree hineinschoben, und boten gegen Überschwemmungen genügend trockenen Platz. Zwar war auch diese Stelle sumpfig und voller Wasserlöcher wie die gesamte Umgebung, aber die zu durchquerende Strecke war kurz. Diese Stelle war geeignet für eine Ansiedlung und als Schnittpunkt verschiedener Handelswege. Im 12. Jh. schob sich der deutsche Feudalstaat im Zuge seiner Ostkolonisation immer näher an das Territorium des polnischen Staates heran. Spandau im Westen und Köpenick im Südosten waren zu dieser Zeit die beiden Berlin-Cölln flankierenden Siedlungen. Die Furt über die Spree lag dazwischen, und im Ringen der Askanier, der Markgrafen von Meißen, und des polnischen Feudalstaates gegeneinander um den Besitz der späteren Mark Brandenburg erwies sich der Flußübergang mit dem Marktflecken als eine Schlüsselstellung.

Die Anfänge der Stadt selbst liegen im Dunkel; Cölln wird 1237 und Berlin 1244 erstmalig urkundlich erwähnt, Berlin hat etwa um 1230 sein Stadtrecht erhalten. Die archäologische Forschung brachte nach dem zweiten Weltkrieg eine Fülle bisher unbekannter Tatsachen zutage, die die ungefähren baulichen Konturen der Stadt in ihrer «Urphase» darlegten. Insbesondere die Forschungen in der Ruine der Nikolaikirche ergaben dazu neue Aufschlüsse. Danach errichteten etwa um 1200 Einwanderer aus Sachsen oder vom Niederrhein auf einem Sandhügel an der Spreefurt eine romanische Basilika. Dieser Ort war vormals eine Begräbnisstätte gewesen, an der älteste Überreste von Toten gefunden wurden. Wir können wohl mit einiger Sicherheit annehmen, daß etwa Mitte des 12. Jh. die Keimzelle der späteren Stadt als Handelsstützpunkt entstand.

Diese kleine Siedlung lag auf einem Hügel nördlich der Straße, die in west-östlicher Richtung verlief. Sie bildete zugleich die erste Straße der Stadt und ist bis heute noch als Stralauer Straße im Straßennetz verblieben. Nach Norden zweigte dann die damals wichtigste Straße für das innere Leben der Stadt, die spätere Spandauer Straße, ab. An der Gabelung zwischen Stralauer und Spandauer Straße entstand der Molkenmarkt als erster und wichtigster Handelsplatz Berlins. Cölln selbst entstand zunächst als Vorstadt, entwickelte sich aber bald zu einer politisch und ökonomisch selbständigen Einheit. Als die Askanier am Anfang des 13. Jh. in den Besitz des Territoriums und damit dieses kleinen Marktfleckens gelangten, erfolgte der weitere Ausbau der Handelsniederlassung planmäßiger. Die Furt, der spätere Mühlendamm, kam in landesherrlichen Besitz und wurde durch eine Kurie der Markgrafen, der Nikolaikirche gegenüber, gesichert. Aus ihr erwuchs später der kurfürstliche Mühlenhof und dann die Stadtvogtei.

Es ist anzunehmen, daß etwa 1270 das Gelände um die Stralauer und Spandauer Straße bebaut war. Die Ausdehnung nach Osten wurde mit der Klosterstraße, die landesherrlichen Besitz darstellte, abgeschlossen.

Nach 1270 vollzog sich eine bedeutende Stadterweiterung, bei der die sogenannte Neustadt um die Marienkirche entstand; das war bis zur Mitte des 17. Jh. die wesentlichste Erweiterung der Stadt überhaupt. Eine Verlegung der Verkehrswege ergab sich zwangsläufig; die Stralauer Straße verlor zunehmend ihre Bedeutung, demgegenüber erhielten die Spandauer und Oderberger Straße (die heutige Rathausstraße) ihren überragenden Wert als Hauptadern der Stadt. Zwischen dem Molkenmarkt und dem Neuen Markt, die die beiden wichtigsten Handelszentren der mittelalterlichen Bürgerstadt waren, entstand an der Ecke der Spandauer und Oderberger Straße das Rathaus als das politische Zentrum städtischer Macht und Freiheit. Eine Stadtmauer umgrenzte bereits im 13. Jh. Berlin, und die Stadt wurde durch mannigfaltige, auch natürliche Hindernisse vor Überfällen und Raubzügen gesichert; das kleine Gemeinwesen mit etwa 6000 Einwohnern blühte auf. Trotz landesherrlicher Bevormundung – in der Klosterstraße wurde der erste feudale Sitz errichtet und zahlreiche Lehen als Frey-Häuser, d. h. als steuerfreier Besitz an treue Dienstmannen vergeben – konnte Berlin sich zu einem bedeutenden Handelszentrum der Mark Brandenburg entwickeln. Auch wenn in der Folgezeit verheerende Stadtbrände und Pestepidemien immer wieder die Aufstiegsphasen unterbrachen, so war in der Gesamtsicht ein stetiger Aufschwung der freien Bürgerkommune zu verzeichnen.

Berlin bildete auch das Haupt eines märkischen Städtebundes, war die wichtigste Stadt der Mittelmark und Mitglied der Hanse, organisierte den Kampf gegen Strauchritter und konnte zahlreiche Privilegien und Rechte erhandeln und erkaufen. Berlin behauptete sich in den zahlreichen Auseinandersetzungen, es konnte für eine gewisse Zeit sogar seine Macht vergrößern. Dabei waren für das Aufblühen der Stadt vor allem das Entstehen eines starken Bürgertums sowie die Beziehungen zum Umland von Bedeutung. Diese Beziehungen waren es, die der Stadt Reichtum und Rückhalt verschafften und das Symbol der städtischen Freiheiten, den Roland am Molkenmarkt, zu einem Wahrzeichen Berlins werden ließen.

Dabei befand sich die Stadt in einem immerwährenden Abwehrkampf gegen landesherrliche Willkür und den Raubadel der Mark Brandenburg. Zahlreiche Versuche, der Stadt ihre Freiheiten zu rauben und sich den Reichtum anzueignen, sind in Chroniken verzeichnet. Im 14. Jh. kam Berlin für kurze Zeit unter direkte landesherrliche Regierung, als erste Bürgerstadt des damaligen Heiligen Römischen Reiches überhaupt.

Mit der Belehnung des Burggrafen von Hohenzollern, der dann als Kurfürst Friedrich I. in die Geschichte eingegangen ist, änderte sich die Lage Berlins nachhaltig. Er und vor allem sein Sohn Friedrich II. vernichteten die städtische Selbständigkeit, raubten der Stadt die erworbenen Privilegien und versuchten aus ihr eine Stadt zu

machen, die landesherrlicher Gewalt direkt unterstand. Die Berliner verweigerten Friedrich II. 1442 den Zutritt zur Stadt, die daraufhin von Landsknechten gestürmt wurde. Als Zeichen der Unterwerfung und zur Unterdrückung der Stadt begann dieser Kurfürst auf dem nördlichen Teil Cöllns mit dem Bau einer Zwingburg. Das Wappentier, der Bär, erhielt auf den Siegeln ein Halsband und den Adler auf dem Rücken. 1448 kam es zum Aufstand der Berliner gegen das hohenzollernsche Willkürregiment; Berlin verlor endgültig seine politische Freiheit und bekam von nun an die ganze Brutalität und Härte hohenzollernscher Gewaltpolitik zu spüren. Der «immerwährende Rat», das bürgerliche Selbstverwaltungsorgan von Berlin, wurde vernichtet, die Stadt verlor alle Privilegien, der Roland, das Symbol städtischer Freiheiten, wurde von kurfürstlichen Knechten zerschlagen und der Legende nach in die Spree geworfen. Der Kurfürst nahm alle Rechte an sich, insbesondere jene, die hohe Geldeinnahmen versprachen. Die Stadt verlor die Kontrolle über ihre Straßen, die nun landesherrlicher Gewalt unterstanden, und der Besitz der Stadt, die Feldmark, kam in kurfürstliches Eigentum. Die Gewalt über die Straßen bekam Berlin erst am Ende des 19. Jh. zurück.

Bis zum Jahre 1918 behielten die Hohenzollern das Recht, das Haupt der städtischen Verwaltung zu bestätigen, d. h. der Magistrat war der politischen Kontrolle und fiskalischen Ausbeutung durch den Landesherren unterworfen. Berlin war damit als Bürgerkommune vernichtet; 1469 sandte die Stadt zum letzten Male Vertreter zum Hansetag. Die Stadt sank fast auf den Status einer Ackerbürgerstadt hinab. Seit 1496 war Berlin zwar eine Residenz der Hohenzollern, aber das war über weite Strecken der Geschichte mehr von Belastungen als von Vorteilen geprägt. Dies drückte sich u. a. darin aus, daß sich das Territorium der Stadt seit jener Zeit kaum vergrößerte und die Einwohnerzahl mehr als 200 Jahre lang zwischen 10 000 und 12 000 konstant blieb. Besonders einschneidende Auswirkungen bewirkte der Verlust der Umlandbeziehungen, dessen sichtbarer Ausdruck im Niedergang von Handel und Handwerk bestand.

Mit der Ausbildung des Absolutismus begann am Beginn des 17. Jh. der langsame Ausbau der Stadt zum Verwaltungszentrum des nunmehr absolutistischen Brandenburg-Preußens; dieser Prozeß wurde jedoch durch den Dreißigjährigen Krieg nachhaltig unterbrochen. Die Bevölkerungszahl entsprach 1648 etwa der von 1448. Mit dem Ende des Dreißigjährigen Krieges setzte der Ausbau zum Verwaltungszentrum neu ein, Berlin wurde zur ersten Verwaltungsstadt des brandenburgisch-preußischen Staates. Unter den Architekten Memhard und später Nehring erfolgte die erste Phase eines großangelegten Umbaus der Stadt zu einem Sitz absolutistischer Herrscher. Bereits die Niederlage von 1448 hatte eine Verlagerung der Zentren der Stadt zur Folge. Die Klosterstraße und das Gebiet um das Schloß waren eindeutig zu neuen Mittelpunkten der Stadt geworden. Damit begannen für Berlin Veränderungen, die die Stadt zwar stetig vergrößerten, sie aber tiefer in die Abhängigkeit vom Hof und der Hofhaltung hineinzogen. Der Osten Berlins, die eigentliche mittelalterliche Stadt, verlor weitgehend ihre zentrale Bedeutung; ihre wirtschaftliche Entwicklung stagnierte, und das mittelalterliche Erscheinungsbild veränderte sich kaum. Sie wurde nicht in großangelegte Umbauvorhaben zur Residenz einbezogen, und ihre Bebauung blieb im wesentlichen in den vorhandenen Straßenzügen des Mittelalters bis weit ins 19. Jh. hinein erhalten, ehe der gewaltsame Durchbruch der späteren Kaiser-Wilhelm-Straße (der heutigen Karl-Liebknecht-Straße) die «Zeit der Spitzhacke» einleitete. Damit hatte sich aber auch sehr viel Wertvolles erhalten, was nach den achtziger Jahren des 19. Jh. rücksichtslos und gewaltsam vernichtet wurde, so als wollte man zum Ende des 19. Jh. jede Spur der Erinnerung an die ehemalige freie Bürgerkommune vernichten. Das Symbol der städtischen Freiheit, die Gerichtslaube des Rathauses in der Spandauer Straße, verschenkte der Magistrat z. B. an Kaiser Wilhelm I.

Die folgende Entwicklung Berlins als Königliche Residenz- und Hauptstadt Brandenburg-Preußens schuf westlich des Schlosses neue Stadtteile und -viertel, die von hervorragenden Architekten errichtet wurden. Zu den bereits genannten kam Andreas Schlüter, der mit seinen großartigen Projekten eine herausragende Meisterschaft bewies und wesentlich das Bild der Stadt bestimmte.

Neben diesem überragenden Baumeister wären andere, weniger bekannte, zu nennen, die als Architekten und Künstler für Berlin Bedeutendes geleistet haben. Erinnert sei an Martin Grünberg, Mathias Smid, Jan de Bodt, Martin Böhme und Philipp Gerlach. Ihnen folgten in der Mitte des 18. Jh. Georg Wenceslaus von Knobelsdorff, Carl von Gontard, Georg Christian Unger sowie Vater und Sohn Boumann. Sie bevorzugten dekorative Elemente einer barocken Stadtgestaltung, die ihnen zu Unrecht den Vorwurf einer «Theaterarchitektur» eingebracht haben.

Zum Anfang des 19. Jh. begann Karl Friedrich Schinkel als Architekt zu wirken, dessen überragende Wirkung sich bis heute erhalten hat. Seinen Bauten, die an markanten Stellen auch in unseren Tagen das Stadtbild mitbestimmen, verdankt Berlin den Beinamen «Spree-Athen».

Die Stadt hatte sich bis gegen 1800 als ein Nebeneinander und Nacheinander verschiedener Teile entwickelt, die zu unterschiedlichen Zeiten errichtet worden waren. Obwohl sie historisch gewachsen war, gab es kein organisches Ganzes; der «Hof» zeigte seinerseits keine besondere Neigung, eine bauliche Einheit zu schaffen. Das

Ergebnis war dementsprechend; Mittelalterliches stand auf kurze Entfernung mit dem Modernsten zusammen, ohne daß es zusammenwachsen konnte. Darin bestand offensichtlich bis 1709 sogar eine gewisse Politik, denn die neuen Stadtteile waren stets eigene Städte geblieben, die erst 1709, als man eine «königliche» Residenz recht schnell benötigte, zu einem verwaltungsmäßigen Ganzen «per Befehl» zusammengeschlossen wurden. Damals zählte die Stadt etwa 57000 Einwohner. Berlin blieb im Nebeneinander, trotz gemeinsamer Verwaltung, bestehen, und man unterschied noch im 20. Jh. sehr fein die Berliner nach den Stadtteilen, in denen sie wohnten.

Das alte und eigentliche Berlin besaß 39 Straßen und erstreckte sich in seinen mittelalterlichen Grenzen, zu ihm gehörten als Vorstädte das sogenannte Königsviertel um den Alexanderplatz, das Spandauer Viertel oder die Sophienstadt und die Stralauer Vorstadt. Cölln an der Spree zählte 25 Straßen, zu ihm gehörten Neukölln am Wasser und die Köpenicker Vorstadt. In diesem Stadtteil lagen das Schloß und zahlreiche Einrichtungen des Hofes; er war gleichzeitig der Wohnsitz vieler Hofbeamten. Als dritte selbständige Stadt, aber eher als Stadtteil, kam der Friedrichswerder (1662) hinzu, der 19 Straßen besaß und westlich der Spree gegenüber dem alten Cölln angelegt worden war. Die Dorotheenstadt (1674) oder Neustadt, nördlich der Linden gelegen, besaß sechs Straßen. Als größte Anlage war die seit 1688 in Etappen angelegte Friedrichstadt ausgebaut worden, die südlich der Straße Unter den Linden lag und 23 Straßen zählte. Berlin konnte noch 1860 in gut drei Stunden umwandert werden.

Zusammen besaß Berlin am Anfang des 19. Jh. 6725 Häuser, deren Wert bei der Feuerversicherung mit 20 440 650 Thlr. notiert war. 1802 wohnten 177 029 Einwohner in dieser Stadt, von denen aber 25 280 zum Militär gehörten. Jährlich zahlte Berlin etwa 500 000 Thlr. Akzise. Diese geringen Angaben machen deutlich, daß die Residenz- und Militärstadt in vollständiger Abhängigkeit von den Wünschen und Bedürfnissen des Hofes stand. Das Bürgertum war an vergleichbaren Städten gemessen schwach entwickelt. Zwar gab es zahlreiche Manufakturen, die aber größtenteils auf die Bedürfnisse des Militärstaates und die Luxusansprüche des Adels ausgerichtet waren.

Der preußische Hof konnte trotz vielfältiger Bemühungen die Entfaltung kapitalistischer Kräfte auf die Dauer nicht verhindern. Die bürgerlichen Elemente führten einen mühevollen Kampf gegen kleinliche Schikanen und Drangsalierungen einer feudal-bürokratischen Obrigkeit. Die Niederlage in Jena und Auerstedt gab zugleich das erlösende Signal – auch in Berlin konnte sich das Neue Bahn brechen. Der Impuls war kein kraftvolles Erwachen wie in Frankreich, denn ein starkes Bürgertum existierte nicht. Die preußische Städteordnung von 1809 schuf bescheidene Voraussetzungen, auf denen das bürgerliche Berlin trotz aller Hemmnisse und Schranken langsam, aber beharrlich aufbauen konnte. Jetzt offenbaren sich die Schwächen einer heterogen gewachsenen Stadt, in die die kapitalistische Entwicklung mit weiterem Durcheinander rücksichtslos eingriff. Der Stärkere sprengte sich gewaltsam Lücken in die vorhandenen Räumlichkeiten. Ein Wald von Polizeiverboten ließ andererseits zunächst nur eine langsame Entwicklung zu. Egells, Borsig, Wöhlert u. a. m. konnten zwar außerhalb der Stadt, am Oranienburger Tor, ihre Produktionsstätten errichten, blieben aber bis in die vierziger Jahre des 19. Jh. eine Ausnahme. Das Weichbild Berlins wurde willkürlich klein gehalten und erst 1861 auf die ehemalige Feldmark erweitert, um dann auf diesem Stand ebenfalls künstlich bis 1920 gehalten zu werden.

Immer mehr Menschen, vor allem überschüssige Arbeitskräfte vom Lande, zog es nach Berlin in die Industrie. 1816 wohnten 223 000 Menschen in der Stadt; um diesen Stand zu erreichen, hatte es nahezu sechs Jahrhunderte gedauert. Nur 36 Jahre reichten aus, um die Einwohnerzahl im Jahre 1852 auf 511 000 zu verdoppeln, und wiederum nur 20 Jahre später war die Zahl von einer Million erreicht. Um 1900 waren es 2 712 190 und 1916 – 100 Jahre später – waren vier Millionen erreicht.

Der vorhandene Raum mußte in der ersten Hälfte des 19. Jh. genutzt und mehrfach genutzt werden, Produktionsstätten und Wohnungen entstanden neben- und übereinander. Eine totale Ausnutzung von Grund und Boden setzte ein; unzumutbare sanitäre Verhältnisse, verbunden mit zahlreichen Seuchen und Epidemien in einer stürmisch wachsenden Mietskasernenstadt, bestimmten den Alltag. Unzureichendes und Unzulängliches auch auf allen weiteren Gebieten des sozialen Lebens zeigten sich im Auf- und Umbruch des 19. Jh. Die Bevölkerung wuchs, die Industrie drängte vorwärts und wurde zur dominierenden Kraft. Politische Reaktion, preußischer Untertanengeist sowie das Fehlen jeder demokratischen Tradition standen dagegen. Während die reicher werdende Bourgeoisie noch auf Anteil oder Gewinn der politischen Macht drängte, regten sich bereits die Arbeiter der Eisenwerkstätten vor dem Oranienburger Tor. Die Handwerker litten unter zunehmender Verelendung, und eingewanderte Halbproletarier lebten zusammengepfercht im «Voigtland» – wie man die Mietshäuser in der Gartenstraße nannte. Bettina von Arnim hat die sozialen und politischen Verhältnisse in ihrem «Königsbuch» beschrieben.

Seit 1830 trat der traditionelle Gegensatz «Hof» und Stadt immer mehr zurück – auch wenn er im Bewußtsein vieler Berliner länger wirkte –, er differenzierte sich immer mehr und wurde zunehmend vom neuen Gegensatz Kapital und Arbeit überlagert. Dieser neue Gegensatz trat 1848 offen zutage und bestimmte das Ergebnis der Revolution in Berlin und Preußen; er wurde zunehmend entscheidend für die Entwicklung der Stadt; das Bürgertum «söhnte» sich angesichts eines sich emanzipierenden gemeinsamen Gegners, der Arbeiterschaft, mit dem Hofe aus.

Ende der fünfziger Jahre hatte die Industrie Berlin so weit durchdrungen, daß in den sechziger und siebziger Jahren die Stadt weniger eine Residenz- und Hauptstadt des Reiches, sondern eine ausgesprochen kapitalistische Industrie- und Großstadt geworden war. Einem Sturm gleich vollzog sich mit der Veränderung ihrer Funktionen auch die des Erscheinungsbildes von Berlin. Aus einer reinen Beamten- und Residenzstadt erwuchs eine Stadt der Fabriken und Kontore, der Mietskasernen und Arbeiterviertel.

Schwartz wurde Chronist der äußeren Veränderungen, deren innerstes Wesen er wohl nie richtig verstanden hat. Mit Wehmut sah er die alte Stadt schwinden, die rücksichtslos geopfert wurde. Ihre Struktur und ihre Häuser waren den neuen Aufgaben nicht gewachsen, sie mußte sich den neuen Funktionen anpassen. Das war schmerzlich, schmerzlich zumal auch deshalb, da niemand für das Alte, Wertvolle kämpfte; niemand sich mit ihm identifizierte und identifizieren wollte. Niemand dachte an Denkmalpflege im Rausch der Gründerjahre, der mit dem Geld der Kriegseroberungen kam. Brutal fielen die wertvollen alten Baulichkeiten, um einem stillosen Geschäftshaus, einer Bank oder einem Warenhaus Platz zu machen. Einer Naturkatastrophe gleich verschwand in wenigen Jahren vieles Wertvolle, was in Jahrhunderten geschaffen worden war und sie überdauert hatte. Vieles galt als alt und häßlich, als wertlos und unbedeutend. Neu und prächtig sollte alles werden und war doch oft von minderer Qualität als das Alte. Das wilhelminische Berlin mit seiner kalten Pracht entstand.

Nach der Novemberrevolution von 1918 und in Folge der von der Arbeiterklasse erkämpften Bildung von Groß-Berlin vollzog sich eine der interessantesten Phasen der Stadtgeschichte. Modernes und Zukunftsweisendes brach sich, von Krisen mehrmals geschüttelt, in den zwanziger Jahren allmählich Bahn. Doch zwölf Jahre Faschismus reichten aus, um Berlin in eine neue Zerstörungswelle zu stürzen; vor allem in den letzten fünf Jahren sank ein weiterer Teil kulturhistorischer Zeugnisse in dem von den Faschisten angezettelten Kriege in Schutt und Asche.

Die als Folge des Krieges entstandenen beiden Teile Berlins führen die Geschichte in unterschiedlicher Weise fort. Die Mehrzahl der Gebäude von historischem und kunstgeschichtlichem Rang lag in dem Teil, der seit 1949 Hauptstadt der DDR ist. Die meisten von ihnen wurden unter hohem Aufwand getreu den Prinzipien der Denkmalpflege wiederaufgebaut.

Blick von der Ecke Königstraße in die Kloster- straße. Um 1885. Die Klosterstraße war im Mittelalter die vornehmste Straße der Stadt und überwiegend im landesherrlichen Besitz. In ihr bezogen die Dienstmannen des Markgrafen ihren Sitz, standen die Frey-Häuser und die Stadthäuser der Standesherren. Das Bild umfaßt drei für die Geschichte der Stadt wichtige Kom- plexe: einmal im Vordergrund das Hohe Haus, dahinter die Kunstschule und anschließend das Graue Kloster. Das Hohe Haus, so genannt, weil hier der Landesherr zeitweise und die hohen Standespersonen wohnten. Es wurde etwa um 1316 vollendet, war ein zweistöckiger Backstein-

bau von 20×18 Metern Seitenlänge und hatte eine Höhe von 12,50 Metern. Das Erdgeschoß mit einer großen Halle von 5,30 Metern Höhe und mehreren Seitenhallen war der Mittelpunkt der Anlage. Zur Straße mit einem markanten Stufenportal versehen, machte die Anlage einen sehr vornehmen Eindruck. Hier leisteten Rat und Bürgerschaft den Eid auf den Landesherren und auch die anderen Städte und Herrschaften der Mittelmark kamen zur Eidesleistung nach Berlin; die markgräfliche Kanzlei war hier ebenfalls untergebracht. 1412 nahm der erste Hohenzoller in diesem Gebäude die Erbhuldi- gung entgegen «zu seinem Geld, nach Aus-

weisung seiner Briefe, getreu, gewähr und gehorsam zu sein, ohne alles Gefährde, als uns Gott helfe und die Heiligen». Der Kurfürst bestätigte die städtischen Freiheiten, und der Rat stiftete eine Tonne Bernauer Bier. Am 21. Oktober 1415 folgten die märkischen Stände. 1442, beim Aufstand gegen den Landesherren, stürmten die Berliner das Haus, die Geheime Kanzlei wurde erbrochen und die Urkunden verbrannt. Die kurfürstlichen Beamten wurden gefangengenommen. Doch die Berliner unter- lagen in ihrem «Upstand»; der Kurfürst begann mit dem Bau einer Zwingburg, dem späteren Schloß. Das Hohe Haus verlor seine Bedeutung,

blieb aber Burglehen und wurde im 17. Jh. barock umgestaltet und Sitz des Gouverneurs von Berlin. Seit 1705 gehörte es der bereits 1712 wieder eingegangenen Ritterakademie. Auf Befehl Friedrich Wilhelms I. entstand darin eine Wollmanufaktur für die Armee, danach entstand der Name «Lagerhaus». Seit den zwanziger Jahren des 19. Jh. war das Haus Sitz staatlicher Behörden. Auf dem weitläufigen Komplex richtete der Bildhauer Rauch sein Atelier ein. Hier entstanden die hervorragenden Standbilder der Generale der Befreiungskriege für die Straße Unter den Linden. Längere Zeit saßen hier auch das Preußische Geheime Staatsarchiv

mit der Kriegskasse, das Gewerbesteueramt, das Zollamt und andere Dienststellen. Nach dem ersten Weltkrieg zog die Rentenbank ein, bis das Gebäude 1931 an den Warenhauskonzern Wertheim verkauft wurde, der es 1932 abreißen ließ. Beim Abbruch stellte sich heraus, daß das mittelalterliche Hohe Haus noch weitgehend erhalten war. Das Portal – als letzter Rest dieses historisch wie künstlerisch wertvollen Gebäudes – steht heute im Märkischen Museum. (Das Graue Kloster wird an anderer Stelle behandelt.)

Blick in die Königstraße (heute Rathausstraße) in Richtung Alexanderplatz. Um 1878. Die Straße wird noch durch alte Bürgerbauten geprägt, bevor mit dem Bau der später dominierenden Warenhäuser begonnen wurde. Deutlich erkennbar ist noch der kleinbürgerliche Charakter. Durch zahlreiche Umbauten und Veränderungen an den Fassaden sowie durch Neubauten nach Bränden hatte die Straße ihr ursprüngliches Aussehen jedoch z. T. schon verloren. (In den hinteren Gebäudeteilen sowie im Keller blieben mittelalterliche Reste bis zur Zerstörung der Häuser überliefert.) Am Straßenende die Königskolonnaden.

Blick vom Opernplatz (heute August-Bebel-Platz) in die Straße Unter den Linden. Um 1880. Rechts die Berliner Universität, daneben der alte Marstall mit der Akademie der Künste und der Wissenschaften. Dieser Bau war nach Plänen von Nehring 1687 begonnen und 1706 vollendet worden. Dazu gehörte auch der Bau eines Observatoriums. Der Marstall unterstand den Militärbehörden, die der im Obergeschoß untergebrachten Akademie mit Schikanen – es gab z. B. im Akademieteil keine Kamine – die Stellung des preußischen Militärs zur Wissenschaft nahe brachten. 1743 brannte der

Bau ab und wurde, nachdem er fünf Jahre Ruine war, durch Boumann den Älteren bis 1752 in dem im Bild gezeigten Zustand aufgebaut.
In der Mitte das wohl bekannteste Bildwerk Rauchs, das auch als das bedeutendste Reiterstandbild des 19. Jh. bezeichnet wird. Links das Palais Kaiser Wilhelms I.

Die Rückseite der Schloßfreiheit. Um 1860. Im Vordergrund die Schloßbrücke von Schinkel mit den Figurengruppen nach Ideen Schinkels. Rechts hinter der Schloßfreiheit ist die Bebauung der Stechbahn zu erkennen und davor die Einmündung des Mühlengrabens. Im Hintergrund der Turm der Petrikirche.

Die Schloßfreiheit vom Lustgarten her gesehen; links im Bild das Berliner Schloß. Um 1895. Im ersten Haus auf der Seite zu den Linden befand sich der älteste Sitz der Photographischen Gesellschaft.

Die Stechbahn. 1863/64. Auf dem schmalen
Gelände zwischen Brüderstraße und Spreearm
fanden ursprünglich ritterliche Kampfspiele
statt, deshalb der Name «Stechbahn». Als das
Schloß nach 1697 umgebaut wurde, erhielt auch
dieser Platz eine einheitliche Bebauung nach
den Plänen von J. de Bodt. Der Komplex bestand
aus steinernen Bogenlauben für Kaufmanns-
läden mit dazugehörenden Wohnhäusern, die
zu den schönsten und reichsten Berlins
gehörten. In der Mitte, Nr. 5, das Volpische
Kaffeehaus, später Café Josty, das einst sehr
berühmt war. Der rechte Teil wurde 1864 abgetragen, der Rest 1888/89.

Die Breite Straße, vormals «Große Straße»,
führte als breiteste Straße der Stadt zum Schloß.
Um 1885. Rechts die Ritterakademie, ein Bau
aus dem Anfang des 19. Jh. Daneben das Haus
der Familie Ribbeck, 1624 erbaut und später
aufgestockt, sowie der Alte Marstall, 1669 vom
Architekten M. Smids erbaut. Beide Häuser
sind nach Kriegszerstörungen wiedererstanden
und von romantisierenden Zutaten befreit
worden. Am Ende der Straße entstand von
1897 bis 1902 der neue Marstall.

Panorama mit Blick auf den Mühlendamm,
im Vordergrund die Fischkästen an der Fischerbrücke. 1876. Nach der Anlage der Befestigung
im 17. Jh. sank der Wasserspiegel der Spree
durch die zahlreichen Festungsgräben. Auf dem
nun aus dem Wasser tretenden Gelände am
Mühlendamm entstand u. a. 1683 die Fischerbrücke (links im Bild), ein bebauter Übergang
zum Inselspeicher. Die Mühlen auf dem
Mühlendamm waren von Anfang an landesherrlicher Besitz; das Mahlrecht war eines jener
Privilegien, die die Stadt nie erwerben konnte.
Die Mühlen brannten mehrmals ab (letztmalig
1838) und wurden dann nach den Plänen von
L. Persius in Form eines mittelalterlichen
Kastells wiederaufgebaut. Der Mühlendamm

war darüber hinaus schon sehr früh mit Krambuden besetzt. König Friedrich I. ließ um 1710 an ihre Stelle flußabwärts durch Nehring Kolonnaden aus Stein errichten. Hinter ihnen bauten sich die Händler schmale Häuser. 1759 brannte der Mühlendamm ab, wurde neu errichtet und die Kolonnaden aufgestockt. Nach 1888 verschwanden sie mit den Umbau-

arbeiten. Rechts im Bild die Stadtvogtei. Im Hintergrund die Schloßkuppel.

Spreepartie mit Jungfernbrücke. Um 1885. Dieses etwas abseits liegende Stadtquartier behielt bis in die dreißiger Jahre unseres Jahrhunderts seinen unverwechselbaren Charakter; zuerst mit dem Neubau der Reichsbank und

später durch den zweiten Weltkrieg wurde auch dieser Komplex vollständig verändert. Nur die reizvolle Brücke, die Jungfernbrücke vom Ende des 17. Jh., erinnert uns an den durch Holländer geprägten Charakter dieser Gegend.

Blick von der Stadtbahnbrücke auf den Seitenarm der Spree am Kupfergraben. Um 1890. Ganz

links die Baulichkeiten des ehemaligen Pack-
hofes, darüber das Neue Museum, ein Bau des
Schinkel-Schülers August Stüler aus den Jahren
1843–1855. Daneben – erkennbar an der Erd-
geschoßhalle mit den fünf Bögen – ein Provisorium zur Unterbringung verschiedenster
Sammlungen, das beim Bau des Pergamon-
museums (1909–1930) auf dem Packhofgelände

beseitigt wurde. Im Hintergrund der Bildmitte
das Schloß mit der Kuppel. Auf der rechten
Seite des Kupfergrabens der Neubau eines
Seminargebäudes der Universität und daneben
der im zweiten Weltkrieg zerstörte Teil des
preußischen Finanzministeriums, ein Bau aus
den Jahren 1869/70 nach Entwürfen von
W. Neumann. Auf der rechten Seite weiterhin

der gediegene Bau eines Bürgerhauses (um
1750), in Erinnerung an berühmte Physiker, die
hier wohnten und arbeiteten, heute Magnus-
Haus oder auch Max-Planck-Haus genannt.
Daneben die Professorenhäuser der Berliner
Universität; im Haus Nr. 5 wohnten u. a. die Gebrüder Grimm und der Philosoph G. F. W. Hegel.

Ansicht der Burgstraße von der Langen Brücke aus. Um 1888. Ursprünglich war die Burgstraße ein Spree-Kai, ein enger Gang am Wasser. Ihren Namen erhielt sie offensichtlich vom burgähnlichen Berliner Hof der Äbte von Lehnin, der vor der Anlage des Kais direkt am Wasser lag. Die Ansicht reicht vom Neubau der Börse (hinten links) bis zum Hotel «König von Portugal» und zeigt die Gestaltung der Spreeansichten, auf die im 19. Jh. besonderer Wert gelegt wurde. Stattlich heben sich das Joachimsthalsche Gymnasium und die Kriegsakademie ab. Das Hotel «König von Portugal», ehemals ein «Frey-Haus», gehörte zu den besonderen Denkwürdigkeiten Berlins. Gotthold Ephraim Lessing verlegte den Schauplatz des ersten deutschen Lustspiels «Minna von Barnhelm» (1763) in dieses Haus, das dort «König von Spanien» heißt.

Vom Mühlengebäude spreeabwärts mit Blick
auf die Kurfürstenbrücke (heute Rathaus-
brücke). 1883. Im Vordergrund eine alte Fluß-
badeanstalt.

Nach dem Neubau des Potsdamer Bahnhofs errichtete die preußische Eisenbahnbehörde zum vierzigsten Jubiläum des Baubeginns der ersten preußischen Eisenbahn von Berlin nach Potsdam auf dem Potsdamer Platz eine Erinnerungssäule; sie war von einem Brunnen umgeben und stand nur relativ kurze Zeit. 1878. Die Säule mußte der ersten Ausfertigung der Berolina, einem Denkmal, das Berlin symbolisieren sollte, weichen. Sie entstand als Schmuck der Feststraße anläßlich des Besuches des Königs Humberts von Italien im Jahre 1889.

Im Hintergrund die Torhäuser des Potsdamer Tors, Leipziger Platz und Leipziger Straße.

Nordseits des Alexanderplatzes zwischen Alexanderstraße und Straße am Königsgraben. Um 1880. Nach einem Umbau in den achtziger Jahren wurde dieser schmucklose Häuserblock 1902 für den Neubau des Warenhauses Herman Tietz abgebrochen.

Berlins «Gleichgültige Ecke», Jägerstraße, Ecke Oberwallstraße. Um 1885. Bezogen auf

die an dieser Ecke ansässigen Geschäfte entstanden zahlreiche Berliner Redensarten, die alle den Grundtenor hatten, daß an dieser Ecke alles gleichgültig war. So verkaufte z. B. Louis Landsberger als erster in Berlin fertige Herrenkleidung – also Konfektion – und deshalb war alles «Jacke wie Hose». Im 1839 eingerichtetem Würstchenkeller von Niquet (im selben Haus) war alles «Wurscht». Das Eckhaus hatte eine besondere Bedeutung in der Geschichte Berlins, hier richtete Dr. Julius im ersten Geschoß die «Zeitungshalle» ein, die den

bisherigen Lesekonditoreien Konkurrenz machte und sie ablöste. Sie war der, in der Zeit vor der Revolution von 1848, Treffpunkt der Opposition. Den Namen «Zeitungshalle» übertrug ihr Gründer auf eine von ihm herausgegebene politische Zeitung, die die zwei ältesten Zeitungen Berlins aus dem 18. Jh. von ihrer Monopolstellung verdrängte.

Blick vom Hausvogteiplatz auf die Hausvogtei in der Oberwallstraße. Um 1885.
Mit der Errichtung der neuen Stadt Friedrichs-

werder wurde für die hier wohnenden Hofbediensteten eine eigene Vogtei mit Gericht und Gefängnis, die Hausvogtei, eingerichtet. Der Name deutet auf den Zusammenhang mit dem kurfürstlichen «Haus» hin; ihm unterstanden auch die seit 1670 wieder in Berlin lebenden Juden. Später diente sie als Gefängnis. Der Platz bezeichnet die Bastion III der Befestigungsanlage des 17. Jh. Der ausgedehnte Komplex der Hausvogtei aus dem Jahre 1756 fiel 1890/91 dem Erweiterungsbau der Reichsbank, deren Hauptbau links im Bild angeschnitten ist, zum Opfer.

Rosenthaler Tor. Um 1860.
Zu den zwischen 1795 und 1792 errichteten Berliner Toranlagen gehörte das reizvolle, die spätbarocke Gesinnung wiedergebende Rosenthaler Tor, das 1788 nach Plänen G. C. Ungers erbaut wurde. Das Photo zeigt die Stadtseite, nachdem bereits der rechte Torflügel abgetragen wurde. Die gesamte Toranlage mußte 1867 dem Verkehr weichen. Innerhalb des Tores fand am Sonntag vormittags der «Arme-Leute-Markt» von Berlin statt.

Blick vom Köllnischen Fischmarkt in Richtung Mühlendamm. 1886. Deutlich sind hier die enge mittelalterliche Bebauung und die schmalen Durchgänge durch die Stadt zu erkennen. Im Vordergrund Arbeiter bei der Verlegung der Gleise der Pferdebahn.

Blick vom Molkenmarkt in die Spandauer Straße. Um 1885.

Der Molkenmarkt, einst das Zentrum des mittelalterlichen Berlins, bezeichnet die Stelle, an der sich im 12. und 13. Jh. die Stadtgründung Berlins vollzog. Um 1885. Niederdeutsche Kaufleute ließen sich an der Furt durch die Spree nieder und gründeten eine Zwischenstelle im Fernhandel. Lange Zeit soll der Roland, das Zeichen städtischer Freiheit an diesem Platz gestanden haben, bis er 1448 durch die hohenzollernschen Kurfürsten zerstört worden sei. Seinen Namen hat der Markt von den nahegelegenen Mühlen (niederdeutsch Mollen) erhalten. Links am Bildrand der Eingang zur Straße am Krögel, daneben das Palais des Grafen Otto von Schwerin. Der Graf von Schwerin, Gesandter Friedrich Wilhelms I., ließ in den Jahren 1698–1704 das heute noch stehende Haus zu seinem Alterssitz ausbauen.

Es ist im Stil des beginnenden 18. Jh. errichtet und diente lange Zeit als Kriminalgericht, später dann als Wohn- und Geschäftshaus. Daneben Molkenmarkt 1/2, ein Teil des alten Polizeipräsidiums mit Polizeigefängnis und Stadtvogtei, der aus dem alten Mühlenhof des 16. Jh. hervorgegangen ist. Seit 1797 diente der umfangreiche und ständig erweiterte Komplex in seiner grauen Unförmigkeit als oberste Polizeibehörde Berlins. Insbesondere durch die Stadtvogtei im Hof des Polizeipräsidiums war der Name Molkenmarkt gleichbedeutend mit «Gefängnis». Auf dem 3. Hof der Stadtvogtei befand sich die Stelle, wo zum Tode verurteilte Verbrecher hingerichtet und begraben wurden. In dieser Stadtvogtei saß Fritz Reuter vom 31. 10. bis 31. 12. 1833 und vom 18. 6. bis 20. 6. 1839; er schrieb darüber in seinem Roman «Ut mine Festungstid».

Blick von der Friedrichsgracht in die Petristraße. Um 1880. Die kleinen und schmalen Häuser wurden im Volksmund Handtücher genannt.

Die Fischerbrücke stellte eine Verbindung
zwischen dem Mühlendamm und der Fischerstraße her. Um 1885. Die Häuser standen auf
der Brücke; sie wurden 1888 abgetragen.

Häuser in der Friedrichsgracht Nr. 7 bis 10. Um 1888. Einst eine der schönsten Uferstraßen des alten Berlin mit historisch wertvollen Häusern des 17. und 18. Jh. wurde auch diese Straße zuerst ein Opfer der Bauspekulation und dann des zweiten Weltkrieges. Auf einigen Teilstücken hielten sich bis zum zweiten Weltkrieg traditionsreiche alte Häuser. In der Friedrichsgracht Nr. 8 bestand die älteste Nagelschmiede Berlins. Nr. 9 dokumentierte einen typischen Bau aus der Zeit vom Ende des 17. Jh. mit Drei-Fenster-Front und einer unmittelbar auf den Bürgersteig einmündenden Flurtreppe.

Hof des Nicolai-Hauses in der Brüderstraße 13. Um 1890.

Brüderstraße 13. Um 1885. Im Mittelpunkt des Bildes steht die breite Front des Hauses Brüderstraße 13, das nach Kriegszerstörungen liebevoll restauriert heute das Institut für Denkmalpflege

der DDR beherbergt. Das Haus ist eng mit der Kultur- und Geistesgeschichte Berlins verbunden. Tafeln erinnern an berühmte Bewohner und Gäste. Das Gebäude mit seiner schönen geschnitzten Holztreppe aus der Zeit um 1710 enthält zahlreiche Erinnerungen an diese. Zwei Namen sollten für viele stehen. Da wäre einerseits der Buchhändler und Verleger Nicolai, Freund Lessings und Moses Mendelssohns zu nennen; seine mehrbändige Beschreibung Berlins vom Ende des 18. Jh. zählt noch heute zu den meistzitierten Berlinbüchern. Zum anderen lebte hier von 1811–1813 Theodor Körner, der Sänger der Befreiungskriege, der als Lützower Jäger in einem Gefecht bei Gadebusch fiel. Heute steht das Nicolai-Haus in völlig veränderter Umgebung, Spekulation und Kriegszerstörungen haben den Charakter der Brüderstraße verändert; das Haus ist ein Kleinod unter den wenigen noch erhaltenen Bürgerbauten.

Am Krögel. Um 1880. Dieses bekannte Bild fehlte kaum in einem Buch über das alte Berlin. Es zeigt den Krögel, eigentlich Kröuwel. Das war eine platzartige Ausbuchtung der Spree und «up dem Kröuwel» wurden die Schiffe entladen. Neben der Bucht lagen die Kaufmannsspeicher und das «Kophus», ein Kaufhaus, das der Aus-lage der Waren und ihrer Bereitstellung zu den Markttagen Platz bot.

Später war hier auch die erste öffentliche Bade-stube Berlins, und es war Brauch, bei Hochzeits-feiern zuerst ins Krögelbad zu gehen. An einem später entstandenen Zwischenbau hing Berlins bekannteste Sonnenuhr, die beim Abbruch 1934 verlorenging. Auf ihr stand: «Mors certa, hora incerta»; aus dem Spruch, daß der Tod gewiß, die Stunde aber ungewiß sei, machte der Berliner Witz seine Übersetzung: «Todsicher geht die Uhr unjenau.» Wilhelm Raabe ließ in der «Krögelgasse» seinen zum «Hungerpastor bestimmten Wilhelm Unwirrsch» aufwachsen.

Heute steht auf dem Gelände ein Teil des Ministeriums für Kultur.

Hof am Krögel; am Quergebäude zwischen den Fenstern die Sonnenuhr. Um 1880.

Die Königsmauer. Um 1880. Dieser Stadtteil, der beim Durchbruch der Kaiser-Wilhelm-Straße abgerissen wurde, gehörte zum verrufensten Teil der Stadt. Hier lebten die Prostituierten und die sozial Deklassierten. Der Abbruch des Viertels wurde als Wohltat gepriesen, ohne daß damit die sozialen

Probleme gelöst wurden. Auf dem Gelände entstanden die beiden Zentralmarkthallen am Alexanderplatz. Die Königsmauer zog sich von der Spandauer Straße zur Königstraße hin und an ihr lag der Kleine Jüdenhof. Zille hat dieses Motiv nachweislich dreimal in seinen Zeichnungen verwandt. Dazu hat er offensichtlich

dieses bekannte und mehrfach publizierte Bild von Schwartz als Vorbild benutzt.

Der Kleine Jüdenhof zwischen der Königsmauer und der Klosterstraße kurz vor seinem Abbruch. 1886. Der Kleine Jüdenhof entstand 1354, als nach längerer Abwesenheit wieder Juden Wohnung in Berlin nehmen durften. Sie standen außerhalb des Rechts und lebten eingezwängt in einer Art Ghetto.

Der Große Jüdenhof, bereits am Ende des 13. Jh. als verschließbares Wohnquartier der Berliner jüdischer Herkunft eingerichtet. 1899.

Dieser Hof war Schauplatz grausiger antisemitischer Szenen, wie zum Beispiel die grauenvolle Hinrichtung des Finanziers der hohenzollerschen Kurfürsten Lippold 1573. Auch das Schutzedikt für die Juden vom 21. Mai 1671 änderte an der Rechtsstellung dieser Bevölkerungsgruppe zunächst wenig. Sie konnte am Ende des 17. Jh. allerdings die bewachten Höfe verlassen und an anderen Orten der Stadt Grundbesitz erwerben. Erst die Stein-Hardenbergschen Reformen brachten ihnen die juristische Gleichstellung, ohne daß damit der latente Antisemitismus beseitigt wurde.

Das Haus hinter der Akazie war der Wohnsitz des Beauftragten des Kurfürsten, der nach dem Schutzedikt die Aufsicht über die Juden besaß. Die Akazie im Hof, die heute noch steht, soll der Ort gewesen sein, an dem nach der Legende die Juden vor ihrer Vertreibung aus der Stadt im Jahre 1573 ihre Schätze vergraben haben sollen.

Hofansicht Petristraße 15. Um 1885. Im 17. Jh. entstanden, gibt das heute ebenfalls nicht mehr stehende Haus mit der Galerie, die in einer Zeit, als man noch keine Korridore kannte, die Verbindung zwischen den einzelnen Wohnräumen

herstellte, einen Einblick in vergangene Wohn-
verhältnisse.

Hof Klosterstraße 87, Firma Fetschow & Sohn.
Um 1885. Dieser Komplex, Burglehen bis 1772,
und Freihaus bis 1769, hatte in seiner Geschichte
auch die Namen «Zu den drei Linden» und «Die
alte Kanzlei». Es war auf dem Stadtbesitz der
Bischofe von Lebus aufgerichtet worden. 1547
schenkte der Bischof Georg seinem Mundkoch
Neumann einen Teil des Grundstücks zum
Hausbau. 1556 kam es in Besitz des kurfürstlichen Feldmarschalls und Rats Joachim von
Röbel, dessen Epitaph in der Marienkirche

erhalten ist. Nach oftmaligem Besitzwechsel
erhielt es 1724 der Reichsgraf von Sparr. 1785
richtete der Kaufmann Heinrich Friedrich
Fetschow hier das bekannte Altberliner Bank-
und Speditionshaus Fetschow & Sohn ein, das
ein besonders frühes Beispiel kapitalistischer
Tätigkeit des sonst schwach entwickelten
Berliner Bürgertums war. Deutlich ist trotz aller
Umbauten der schöngegliederte Hof mit dem
massiven Treppenturm aus der Renaissance
zu erkennen, der in der Höhe des 1. Stockwerks
das Wappen der Familie Röbel aus dem Jahre
1579 trug. Das Quergebäude stammt aus dem
Jahre 1573. Das Haus fiel 1908.

Spandauer Straße 68, Wohnhaus Moses
Mendelssohns, des überragenden jüdischen
Philosophen und Menschenfreundes. Um 1885.
Nach seiner Hochzeit 1763 bezog er dieses Haus.
Vor ihm wohnten hier kurzzeitig der Dichter
Ramler und Lessing, der hier sein bekanntes
Theaterstück «Die Juden» schrieb, sowie der
Buchhändler Nicolai. Mendelssohn bewohnte
die Zimmer im Oberstock des Hauses als Proku-
rist und Teilhaber einer in den unteren Räumen
tätigen Seidenfirma. Er starb in diesem Haus
1786. Das Haus selbst fiel 1886 einem Straßen-
durchbruch zum Opfer.

Palais Ephraim. Um 1890. Um 1765 ließ sich der Münzpächter Veitel Heine Ephraim am Mühlendamm ein Palais errichten, das wohl das schönste Berliner Bürgerhaus gewesen ist. Für diesen Bau verwandte der Baumeister die Säulen und Balkongitter des Brühlschen Palais in Dresden. Friedrich II. sah in dem Grafen Brühl seinen persönlichen Gegner. Da er seiner nicht habhaft werden konnte, ließ er durch seine Soldaten den Besitz des Grafen zerstören und eignete sich das bewegliche Gut, u. a. das kostbare Porzellan an. Einerseits als Dank an einen Geschäftsmann und andererseits um den Grafen Brühl zu beleidigen, schenkte Friedrich II. Teile des Palais dem «Münzjuden» Veitel Heine Ephraim. Ephraim hatte Friedrich II. durch das Prägen schlechter Münzen («Ephraimiten») bei der Finanzierung des Siebenjährigen Krieges «geholfen»; den Bankier traf dafür der Zorn der Bürger – verschont blieb der eigentliche Auftraggeber, Nutznießer und Schuldige, Friedrich II. Nach 1800 wurde der Bau aufgestockt und zwischen 1892 und 1895, nachdem er ursprünglich abgerissen werden sollte, erweitert und als Dienstgebäude für verschiedene städtische Einrichtungen genutzt. Nach 1935 fiel er dem geplanten Umbau des Mühlendamms zum Opfer. Die Balkongitter befinden sich heute am Schloß Charlottenburg, die geborgenen, aber durch Kriegseinwirkungen dezimierten und reduzierten Architekturteile harren in Berlin-West ihrer Wiederverwendung.

Das Ermeler Haus, Breite Straße 11, ist wohl das bekannteste Berliner Bürgerhaus. Um 1880. Vermutlich wurde es bereits am Ende des 17. Jh.

an Stelle kleinerer Wohnhäuser errichtet. Aktenmäßig belegt ist die Tatsache, daß Andreas Schlüter kurzzeitig im Erdgeschoß gewohnt hat. 1724 durchgreifend renoviert, gelangte es 1760 in den Besitz des Heereslieferanten für Sattel- und Zaumzeug, Peter Damm. Dieser ließ das Haus im Stil des Rokoko umgestalten. Es zählte zu den am prächtigsten eingerichteten Bürger- häusern Berlins, u. a. hat der Maler K. F. Fech- helm hier sein ganzes Können entfaltet. Am Ende des 18. Jh. bezog der Tabaklieferant Neumann das Haus und richtete im Hof eine

Fabrik zur Tabakverarbeitung ein. Neumann ließ offensichtlich auch das Haus in der hier abgebildeten Form umbauen. 1824 erst kaufte Wilhelm Ermeler, ebenfalls Tabakfabrikant und -händler den gesamten Komplex und gab dem Haus seinen Namen. Es blieb bis 1914 im Besitz der Familie. Die Erben verkauften es für eine Million Reichsmark an die Stadt. In ihm befand sich bis 1932 eine der Berliner Wohn- kultur gewidmete Sonderabteilung des Märki- schen Museums. 1966 wurde es mit hohem Kostenaufwand und großer Mühe an das

Märkische Ufer 15 versetzt. Seine erhaltene Inneneinrichtung gibt den reizvollen Rahmen für die heute in ihm untergebrachten Gast- räume.

Spandauer Straße 26–29, Ecke Königstraße mit dem Stammhaus des Warenhauskonzerns N. Israel in der Spandauer Straße 28. Um 1880. 1815, kurz nachdem der bisherige «Schutzjude» Nathan Israel Berliner Bürger geworden war, eröffnete er in der Jüdenstraße 18 ein Kurz- warengeschäft. 1830 verlegte er es an den

Molkenmarkt 2 und kaufte dann das Haus Spandauer Straße 28; aus dieser «Urzelle» entwickelte sich später der große Berliner Warenhauskonzern. In den achtziger Jahren erfolgte der erste Umbau, und um 1900 nahm der Warenhausbau von N. Israel den gesamten Block zwischen Königstraße, Spandauer und Probststraße ein. Weitere Warenhäuser des Konzerns entstanden an anderen Stellen der Stadt. Im Hintergrund die Türme der Nikolaikirche.

Palais Danckelmann oder Fürstenhaus. Um 1885. Der brandenburgische Staatsmann, Eberhard von Danckelmann, von 1695 bis zu seinem Sturz leitender Minister, ließ sich auf der vom Kurfürsten Friedrich Wilhelm (später als Großer Kurfürst bezeichnet), neu angelegten Stadt, dem Friedrichswerder, ein Palais errichten. Es lag in der Kurstraße (spätere Nummer 52 und 53), einer Straße nahe dem kurfürstlichen Schloß, die überwiegend von kurfürstlichen Hofbeamten bewohnt waren. Als Architekt bestimmte der Kurfürst J. A. Nehring, der dieses Palais von 1689 bis 1690 erbaute. Ursprünglich bestand es nur aus dem Mittelteil,

einem Portal in der Mitte und ohne Attikabekrönung. Danckelmann, teilweise Gegner der Politik des späteren Königs Friedrich I., fiel einer Intrige zum Opfer; er wandte sich insbesondere gegen den Erwerb der Königswürde für das Haus Hohenzollern. Sein Palais wurde 1698 vom Staat eingezogen und als Wohnung für vornehme und fürstliche Gäste des Hofs bestimmt. Hier wohnten bei ihren Besuchen in Berlin Prinz Eugen von Savoyen, Fürst Menschikow, der Herzog von Marlborough u. v. a. m. Danckelmann, zwar später in Gnade wieder aufgenommen, erhielt seinen Besitz nicht zurück. Unter Friedrich II. diente das Haus als

Sitz der General-Kriegs-Canzlei (auch Kriegs-Collegium bezeichnet). 1741 baute Knobelsdorff es um, dabei bekam es die verlängerte Fassade und die Figurengruppen auf dem Dach. 1823 kam das Haus durch Tausch in den Besitz der Stadt Berlin, die es zunächst für Amtswohnungen nutzte. Kurze Zeit war dann die Gewerbeschule hier untergebracht, an der Friedrich Wöhler, der Entdecker der Harnstoffsynthese, wirkte. Bis 1875 diente es dem Friedrich-Werderschen-Gymnasium und zuletzt bot es der 130. Gemeindeschule Raum. 1885 als wertlos bezeichnet, fiel der Renaissancebau dem Neubau des «Werderhauses» zum Opfer.

Heiligegeiststraße 38. Um 1880. (links im Bild) galt als ein besonderes Berliner Wahrzeichen. In der Fassade befand sich eine Art Medusenhaupt, das offensichtlich aus der Zeit der Renaissance stammte und dessen ursprüngliche Bedeutung verlorengegangen war. Aus diesem Grund wob sich eine Legende um diesen «Neidkopf»: König Friedrich Wilhelm I. habe einen armen Goldschmied, den er fleißig bei der Arbeit fand, mit Aufträgen versehen; die Frau des gegenüberliegenden reichen Goldschmieds hätte darauf vor Wut und Neid dem armen Goldschmied täglich die Zunge herausgesteckt. Daraufhin hätte der König, als er

dies erfuhr, den stattlichen Neubau ausführen und ihn mit dem «Neidkopf» verzieren lassen. Die Geschichte ist Legende, offensichtlich ließ der Besitzer, Juwelier Lieberkühn, beim Neubau des Hauses im Jahre 1719 diesen Kopf aus dem Vorgängerbau übernehmen und ihn sichtbar anbringen. Das Haus fiel dem zweiten Weltkrieg zum Opfer, der Neidkopf befindet sich heute im Märkischen Museum.

Französische Straße 40/41. «Fondation Archard», 1863. Die Geschichte der zusammengehörigen Grundstücke Französische Straße 40/41 und ehemalige Markgrafenstraße 53 läßt sich bis zum Ende des 17. Jh. zurückverfolgen. Sie waren immer im Besitz von Angehörigen der Französischen Colonie. Das Grundstück der Französischen Straße wurde in die von Friedrich II. befohlene Monumentalisierung des Gensdarmen-Marktes einbezogen. Die Besitzerin war die Witwe des Predigers der französischen Kirche Anton Archard, der 1772 starb. Beim Tode der «Witwe Archard, geb. von Harquelin», am 21. Januar 1784, hinterließ diese

das Haus einer von ihr gemachten «milden Stiftung». Die Französische Colonie verwaltete die beiden Häuser und benutzte sie bis 1809 als «Coloniegebäude». Danach dienten sie als Wohnhaus. Das nach Plänen von G. C. Unger erbaute Gebäude wurde vom 18. April 1863 an abgerissen. Es folgte ein Neubau, der nach Kriegszerstörungen in reduzierter Form erhalten ist.

Villa Kamecke, später Loge «Royal York» in der ehemaligen Dorotheenstraße 21. Um 1875. 1711/12 erbaute Andreas Schlüter für den Minister Kamecke dieses Landhaus. Es war die

letzte Arbeit Schlüters und zugleich eine seiner reizvollsten. Seit 1780 im Besitz der Loge Royal York, die den Bau von 1880 bis 1883 durch eine Reihe von Neubauten erweitern ließ, ohne aber die Villa selbst im Äußeren anzutasten. Ein Teil der beim Luftangriff im November 1943 nicht zerstörten Skulpturen wird in den Staatlichen Museen aufbewahrt.

Villa Herzog, Sommerstraße 5. 1882/83. Im Stile einer vorstädtischen Villa errichtete Eduard Titz dem Kaufhausbesitzer Rudolf Herzog in den fünfziger Jahren des 19. Jh. am damaligen Rande Berlins ein Wohnhaus, das sich eben-

bürtig in die besten Leistungen des Berliner Wohnungsbaus einordnete. Der in Sandstein gefaßte Erker gab dem Haus ein monumentales Gepräge, das Ausdruck des sich entfaltenden Berliner Bürgertums war. Das Wohnhaus wurde 1883 beim Reichstagsneubau abgerissen.

Das Pringsheimsche Wohnhaus. Um 1880. Der Rittergutsbesitzer Richard Pringsheim, von den Berlinern ironisch der «schmalspurige» Pringsheim genannt, einerseits, da er sein Vermögen durch die Anlage von Schmalspurbahnen erworben hatte, und andererseits um ihn vom «breitspurigen» Kommerzienrat Hugo Pringsheim zu unterscheiden, ließ sich in den Jahren 1872–1874 von den Architekten Ebe &

Benda in der Wilhelmstraße 67 ein Wohnhaus errichten. Durch die farbige Gestaltung der Fassade aus den verschiedenartigsten Baustoffen gehörte es zu den Sehenswürdigkeiten Berlins. Das Erdgeschoß war aus getöntem Sandstein hergestellt, das Hauptgeschoß mit roten Fliesen verkleidet, Erker, Fensterrahmen und Gesims bestanden aus farbigen Terracotten, Der Fries, eine Arbeit des Malers A. von Werner,

bestand aus venezianischen Glasmosaiken. Das Haus wurde noch vor 1914 abgetragen.

Palais Itzig, Burgstraße 26/27. 1857/58. P. Gerlach erbaute 1718 dieses Palais für den General Montargues, 1728 erwarb es der Baron Vernezobre de Laurieux. Dieser, ein in Frankreich zu großem Vermögen gekommener Offizier, wurde bekannt durch seine Weigerung, seine Töchter auf Befehl Friedrich Wilhelms I. zu verheiraten. Das Palais erwarb 1737 der Bankier und «Schutzjude» Daniel Itzig, der mit Veitel Heine Ephraim als Bankier und Münzpächter Friedrichs II. in die Geschichte eingegangen ist. Den Namen Itzig benutzten Antisemisten aller Schattierungen in diesen und späteren Jahren als Synonym ihres blinden Hasses und rassistischen Wahns. Die Familie Itzig fügte später ein H vor den Namen; einige spielten in der Geistes- und Architekturgeschichte Berlins eine überragende Rolle. 1858 fiel das Palais beim Neubau der Börse. Dieses Photo ist das einzige Dokument von diesem reizvollen Bau.

Altes Gartenhäuschen – Albrechtstraße 10. Um 1880. Dieser kleine unscheinbare Bau – hier als Kontor einer Holzhandlung genutzt – ist als Spukhäuschen in den Volksmund eingegangen. Um 1706 vom Schloßbaumeister Eosander von Göthe gebaut, um den großangelegten Park des Grafen Wartenberg zu schmücken, diente er dem König Friedrich I. als Treffpunkt mit seiner Favoritin, der Gräfin Wartenberg. Angeblich sollen hier auch die spiritistischen Sitzungen für den König in Szene gesetzt worden sein und der «Goldmacher» Dominico Caetana – fama est – hatte hier seine großen Auftritte, die dem okkulten Hang dieses Königs nachkamen.

Später kam der Garten in den Besitz Ephraims und dann der Familie Voß. Das kleine Gartenhäuschen blieb, bis es in den zwanziger Jahren verfiel.

Palais Voß. Um die Gunst des preußischen Königs Friedrich Wilhelm I. zu gewinnen, ließ der Wirkliche Geheime Rat und Etatsdirektor Freiherr von Marschall in der Wilhelmstraße 78 dieses Palais erbauen. Um 1870. Philipp Gerlach fertigte 1735 den Entwurf an, und der Bau konnte noch im Jahre 1736 beendet werden. Dieser Bau stellt den bekanntesten Privatbau Gerlachs dar. Das Palais gehörte nacheinander dem Staats-

minister Carl Wilhelm Grafen Finck von Finckenstein und dem Minister Voß. Zu den Bewohnern des teilweise vermieteten Gebäudes gehörten 1810 auch Ludwig Achim von Arnim und Bettina von Arnim. Zuletzt unbewohnt, fiel das Gebäude 1872 der Spitzhacke zum Opfer. Über das Grundstück wurde eine Straße geführt, die zur Erinnerung an dieses Palais den Namen Voßstraße erhielt.

Palais Strousberg, Wilhelmstraße 70. 1873. Unmittelbar an der Straße Unter den Linden, gleich an den Anfang der von Adelspalais und preußischen Ministerien beherrschten

Wilhelmstraße setzte Bethel Strousberg sein Palais, so den Anspruch des durch Spekulation reich gewordenen «Geldadels» demonstrierend. Strousberg gehörte in den sechziger Jahren zu den schillerndsten Gestalten des Berliner Wirtschaftsleben. Gemeinsam mit Quistrop, Geber und Seelig beherrschte er den sich stetig steigernden Taumel von Industriegründungen, Bau- und Grundstücksspekulationen und Eisenbahnbauten. Strousberg war der bekannteste von ihnen, er tauchte über Nacht auf und wurde zum Symbol dieser Jahre. Insbesondere bei Spekulationen mit Eisenbahnanlagen tat

er sich hervor und war bald mehrfacher Millionär. Durch ihn und seinesgleichen kam in die deutsche Sprache das neue Wort: Gründer und ebenso später auch das Wort: Gründerkrach! Strousberg hatte sich 1867/68 durch A. F. W. Orth dieses Palais unter bewußter Nutzung eines älteren Adelspalais mit aller verschwenderischen Pracht einrichten lassen. Sein Palais galt als bahnbrechend für den bürgerlichen Privatpalast. Nach Strousbergs Zusammenbruch 1873 erwarb die Britische Regierung das Palais und nutzte es als Botschaft. Im Innern größtenteils verändert, im Äußeren kaum, fiel

das Haus den Bomben des zweiten Weltkrieges zum Opfer.

Die Wasserseite des Schlosses zu Berlin. Um 1885. Diese Ansicht läßt noch Rückschlüsse auf die lange Baugeschichte des im Kriege zerstörten Schlosses zu. Das Schloß entstand als Zwingburg der Hohenzollern, um den Widerstandswillen der Berliner zu brechen. Die Grundsteinlegung am 31. Juli 1443 ist gleichzusetzen mit dem Datum, an dem die Berliner Bürger ihre größte Niederlage hinnehmen mußten. Von diesem ersten Bau hatte sich der

hinter den Bäumen versteckte Turm, seines
Aussehens wegen der «grüne Hut» genannt,
erhalten. Im einzelnen zeigen sich links
Baulichkeiten aus dem großartigen Erweite-
rungsprojekt von Andreas Schlüter, die
zwischen 1699 und 1706 entstanden. Daneben
die alte Schloßkapelle aus dem 1538 begonnenen Umbau der alten Zwingburg zu einem
kurfürstlichen Hoflager unter der Leitung von
Caspar Theiß. An den «grünen Hut» schloß sich
das sogenannte Dritte Haus mit den betonten
Ecken, von Rochus von Lynar um 1580 errichtet, an. Mathias Smids baute im Verein mit

J. A. Nehring den folgenden edlen Arkadenbau,
der nach dem inneren Schloßhofe offen war.
Damit war um 1690 die bis dahin offene Front
geschlossen worden. Als letzter sichtbarer Teil
der alte Nordflügel des Schlosses, um 1685
vielleicht nach einem Plan G. Memhardts ausgebaut. Das spätere Baugeschehen um das
Schloß vollzog sich im wesentlichen in den dem
Wasser abgewandten Seiten. Den geplanten
Abbruch der alten Teile am Wasser verhinderte
der Sturz Schlüters. Um 1888 begann ein
weiterer Umbau des Schlosses zur Residenz
des letzten Hohenzollernkaisers, der – wenn

auch unwesentlich – die Wasserfront mitver-
änderte.

Die Nordseite des Schlosses zum Lustgarten
mit dem berühmten Portal IV von Andreas
Schlüter und Plastiken nach Permoser. Um 1886.
Am 1. August 1914 wurde vor ihm die Mobil-
machung öffentlich verlesen. Karl Liebknecht
rief am 9. November 1918 vom Balkon die
Republik aus. Das Portal des im letzten Kriege
zerstörten Schlosses bildet heute den Haupteingang zum Amtssitz des Staatsrates am Marx-
Engels-Platz.

Das Kaiserliche Schloß zu Berlin mit dem
Schloßplatz. Um 1880. Im Vordergrund das
Eosander-Portal, nach 1706 von Eosander von
Göthe erbaut und 1845–1852 mit einer Kuppel
von Stüler versehen, die in den Werkstätten
von August Borsig ausgeführt wurde.

Der alte Galawagensaal im Marstall wurde
beim Neubau 1896 bis 1902 von E. v. Ihne weitgehend erhalten und in ein Museum mit historischen Kutschen und Galawagen umgewandelt.
1893. Während des zweiten Weltkrieges ver-
brannten die Einrichtungen zum größten Teil.
Der Marstall konnte in reduzierter Form ohne
die alte Inneneinrichtung wiederhergestellt
werden.

Platz am Zeughaus. 1855. Im Mittelpunkt dieses kulturhistorisch wertvollen Bildes steht das Kronprinzenpalais in seinem Zustand vor dem Umbau. In den Jahren 1663/64 für den Kammerdiener Martiz errichtet, baute es der Architekt Philipp Gerlach 1732/33 unter Verwendung der alten Substanz völlig um. Es diente dem Kronprinzen Friedrich, später König Friedrich II., und allen weiteren Kronprinzen jeweils als Wohnsitz. 1857/58 erfolgte ein weiterer Umbau nach Plänen von J. H. Strack, der das Palais um ein Stockwerk erhöhte. Nach 1918 war hier eine Abteilung der Nationalgalerie untergebracht. 1945 wurde es schwer zerstört und 1968/69 in Anlehnung an das historische Vorbild wiedererrichtet.

Das Gebäude links daneben bezeichnet den Platz, an dem das erste Haus auf dem neugewonnenen Friedrichswerder errichtet wurde. Es gehörte dem Oberbaudirektor G. Memhardt, der für den Bau der Befestigung Berlins verantwortlich war. Ihm verdanken wir auch den ersten Stadtplan von Berlin. Das Memhardtsche Haus stand bis 1794 und wurde dann durch einen Neubau von Friedrich Titel verändert. Nach weiteren Umbauten – 1802 und 1873/74 – blieb es bis zu seiner Zerstörung Sitz der Kommandantur.

Torhäuser am Schloß Monbijou, von G. C. Unger für Königin Luise um 1795 erbaut. Um 1880. Das Schloß Monbijou war einst eine ausgedehnte barocke Anlage am Spreeufer. Es entstand in mehreren Bauabschnitten und hatte seinen Ursprung in einem von Eosander von Göthe 1703 für die Gräfin Wartenberg erbauten Sommerschlößchen. Nach der Zerstörung im Dezember 1943 wurden die Reste abgetragen. Die Sammlungen sind z. T. erhalten.

Gerichtslaube mit Blick in die Spandauer Straße. 1856. Rechts im Bild ein älterer Teil des Rathauses aus dem 15. Jh. mit einer später überarbeiteten Fassade. Erst beim Abbruch stellte sich heraus, daß in dem gesamten Komplex des Rathauses, das sich im Laufe der Jahrhunderte auf immer mehr Häuser in der direkten Umgebung ausgedehnt hatte, wertvolle mittelalterliche Bausubstanz steckte. Auf ihren Erhalt verzichtete man zugunsten des Neubaus an historischer Stelle.

Spandauer Straße und altes Rathaus mit Gerichtslaube. 1856. Die von F. A. Schwartz selbst auf das Jahr 1856 datierten Aufnahmen gehören mit zu den ältesten überlieferten Photographien des alten Berlin. Sie markieren gleichzeitig den Beginn der photographischen Tätigkeit Schwartz'. Das Photo zeigt die Spandauer Straße in Richtung der nicht mehr bestehenden Bischofstraße. Auf diesem Teilstück der Spandauer Straße lag auch das Landschaftshaus der Mark Brandenburg. Der vorspringende Bau der Berliner Gerichtslaube aus der zweiten Hälfte des 13. Jh. markiert das Zentrum des mittelalterlichen Berlins, als Ausdruck bürgerlicher Macht und städtischen Wohlstands. Es

war der Sitz des Rats und das Sinnbild der freien Gerichtsbarkeit der Bürgerstadt. Im Erdgeschoß stand der «Schöffenstuhl», darüber die Ratsstube. Die Gerichtslaube lag abseits von den beiden Märkten Berlins, aber inmitten der Stadtgegend, in der sich das wohlhabende Bürgertum niedergelassen hatte. Nach dem Verlust der städtischen Freiheiten sank die Bedeutung der Anlage. Zahlreiche Stadtbrände führten zu Neu- und Umbauten, doch der mittelalterliche Kern der Gerichtslaube blieb bestehen und trat beim Abbruch im 19. Jh. voll zutage. Am Anfang des 15. Jh. entstand neben ihr ein Uhrturm, der später abbrannte. In der ersten Hälfte des 16. Jh. wurde die Halle zugemauert und der Bau dann im Äußeren barock umgestaltet. Mit dem Neubau des Rathauses verfiel dieser alte Bau dem Abbruch. Es gab zahlreiche Stimmen, die für einen Erhalt eintraten, zumal die Gerichtslaube dem Neubau nicht im Wege stand. 1871 wurde sie dann aber doch abgetragen, als Geschenk der Stadt an Kaiser Wilhelm 1. gegeben und steht heute im Schloßpark zu Babelsberg.

Altes Berliner Rathaus mit der Front in der
heutigen Rathausstraße. 1856.
Die heutige Rathausstraße, früher Oderberger
und dann Königstraße, führte aus dem mittelalterlichen Berlin nach Osten zum späteren
Alexanderplatz. Rechts im Bild die Gerichtslaube und dahinter der Neubau des Rathauses
von J. A. Nehring aus dem Jahre 1693.
Im Vordergrund, direkt an der Gerichtslaube,
eine der ersten Litfaßsäulen, die erstmals im
April 1855 nach einer Idee des Berliner Buch-
druckers Ernst Litfaß aufgestellt wurden.

Rathausbauplatz. 1860.
Für den Neubau des Rathauses mußten weitere
24 Grundstücke in dem Quartier Rathausstraße, Jüdenstraße, Naglergasse und Spandauer Straße unter hohem finanziellen Aufwand
erworben werden. Sie wurden um 1860 abgebrochen. Im Hintergrund die Naglergasse.

Grundsteinlegung zum Rathausneubau am 11. Juni 1861. 1861.

Rotes Rathaus. Um 1870.

Festsaal im Rathausneubau. 1890. An der Front zur Spandauer Straße des 1869 zur Benutzung übergebenen Rathauses entstand der Festsaal des Magistrats, der eine ganz andere Baugesinnung als der Vorgängerbau widerspiegelt. Zu seiner Ausgestaltung gehörte das Gemälde von Anton von Werner «Der Berliner Kongreß». Große Teile der überladenen wilhelminischen Ausstattung sind im zweiten Weltkrieg vernichtet worden, der Bau konnte nach schweren Zerstörungen restauriert werden.

Das Köllnische Rathaus. Um 1890. Nach der Niederlage der Bürger im Jahre 1442 befahl der Kurfürst für die Stadt Kölln den Bau eines eigenen Rathauses, das bis in das 17. Jh. stand. Nach Veränderungen sollte nach 1710 dieses zum gemeinsamen Rathaus für die aus fünf Städten bestehende neue Residenzstadt ausgebaut werden. Deshalb begann nach einem Entwurf von Martin Grünberg der Umbau, der teilweise 1722 fertiggestellt wurde. Aus Sparsamkeitsgründen entfielen der weitere Ausbau des Turmes und die Freitreppe. Das Gebäude zog sich als ausgedehnter Komplex bis zum Petriplatz hin. Als Rathaus wurde es jedoch nicht genutzt; verschiedene andere Einrichtungen hatten hier ihren Sitz, so z. B. das Köllnische Gymnasium. 1890 zog das Märkische Provinzialmuseum für neun Jahre hier ein. Gegen den Protest engagierter Bürger und trotz lebhafter Debatten in der Stadtverordnetenversammlung fiel der Bau in diesen Jahren einem geschmacklosen Bürohaus des Kaufhauses Hertzog zum Opfer, in dem das deutsche Hauptquartier der Heilsarmee seinen Sitz fand.

Petriplatz mit der Rückseite des Köllnischen
Rathauses. Um 1890. An der Stelle der ehemaligen Gerichtslaube, die sich an der Rückfront
des Rathauses, der Petrikirche gegenüber,
befand, entstand wohl bereits im 17. Jh. die
Ratswaage, später Kutscherwaage genannt.

Altes Herrenhaus, Leipziger Straße 3. 1892. 1850 wurde in dem zu diesem Zeitpunkt der Familie Mendelssohn gehörenden Palais das Preußische Herrenhaus eingerichtet. Das Gebäude, einst ein vornehmer Adelssitz, entstammte der ersten Hälfte des 18. Jh. Seine dezente Fassade blieb erhalten, während auf dem Gelände des Gartens das Provisorium für das Preußische Herrenhaus nach Plänen des Architekten H. Bürde entstand. 1897/98 mußte es dem heute noch stehenden Neubau des Herrenhauses weichen. Links im Bild das Provisorium des Reichstages, die ehemalige Königlich Preußische Porzellanmanufaktur aus dem Jahre 1761 nach dem Umbau durch Fr. Hitzig 1871 und der Aufstockung in den Jahren 1874/75. In diesem Haus tagte der Deutsche Reichstag bis zum 5. Dezember 1894. Dies war der Ort der großen Auseinandersetzungen zwischen Bismarck einerseits und den Abgeordneten der Arbeiterpartei wie Bebel und Liebknecht und den Vertretern der liberalen Bourgeoisie andererseits. Rechts im Bild das Preußische Staatsministerium.

Sitzungssaal des Alten Herrenhauses in der Leipziger Straße 3 im Stil des Umbaus von 1874/75. 1892.

Abbau der Gerüste am Reichstag an der Rückfront in der Sommerstraße. 1893. Von 1884 bis 1894 nach Plänen von Wallot erbaut, gilt dieser Bau als Symbol wilhelminischer Bauauffassung. Er ist eng mit der deutschen Geschichte verbunden; erinnert sei hier nur an die großen Redeschlachten in der Zeit der Weimarer Republik, an den Brand, der von den Faschisten als Vorwand zum zügellosen Terror gelegt wurde, und an das Hissen der roten Fahne durch sowjetische Soldaten, das den Sieg über den Faschismus und das Ende einer barbarischen Gewaltherrschaft symbolisierte. Das Gebäude wurde ohne Kuppel wiederhergestellt.

Reichspräsidentenpalais, Wilhelmstraße 73. Um 1875. K. Wisend errichtete für den Landjägermeister von Schwerin in den Jahren 1734 bis 1737 im Stil französischer Adelspalais diese dreiflüglige Anlage. Der als der bedeutendste Palastbau nach Schlüter bezeichnete Komplex diente bis in die vierziger Jahre des 19. Jh. als Adelssitz und kam dann in Staatsbesitz. Unter anderem hat er von 1866 bis 1871 dem Gouverneur von Berlin und dann von 1872 bis 1918 als Sitz des Ministers des königlichen Hauses gedient. 1919 wurde hier der Dienstsitz und die Wohnung des Präsidenten der Weimarer Republik eingerichtet. Im Innern hatte sich weit-gehend die Einrichtung der Jahre 1778/79 erhalten. Ein durchgreifender Umbau des Jahres 1940 verunstaltete sie; der Reichsaußenminister des faschistischen Deutschlands fand hier die ihm seiner Meinung nach zustehenden Räumlichkeiten und ließ die wertvolle Einrichtung vernichten. Das Palais ging im Inferno des Krieges unter.

Wilhelmstraße 75/76. 1875. Der nördliche Teil der Wilhelmstraße gehörte immer zu den vornehmsten Teilen der Stadt. In der Mitte der Straße waren z. B. für die Kutschen Laufspuren aus Granit angelegt, um ein besseres Fahren zu ermöglichen. Die Wilhelmstraße 75/76 beherbergte seit 1819 das Auswärtige Amt Preußens. Zwei 1735 errichtete Palais bildeten einen zusammengehörigen Gebäudekomplex. Nr. 76 (links im Bild), ein Bau von elf Fensterachsen mit zwei Achsen unter einem gesonderten Dach, diente 1751 bis 1756 der Tänzerin Barbarina als Wohnung. Sein äußeres Bild wurde 1815 klassizistisch verändert. Von 1862 bis 1875 war das Palais Bismarcks Amtswohnung, bevor er in das benachbarte Reichskanzlerpalais umzog. Nr. 75 hat sein schlichtes, vornehmes Äußeres bewahrt. Es war ein Bau von 17 Achsen und gehörte seit 1794 der Hofbuchdruckerfamilie

Decker, deshalb auch Hofbuchdruckerei genannt. Beide Bauten wurden Opfer des zweiten Weltkrieges.

Ehemaliges Preußisches Finanzministerium am Festungsgraben. 1862/63. Nach Schleifung der Festungswerke aus der Regierungszeit des Kurfürsten Friedrich Wilhelm erhielt der königliche Kammerdiener Johann Gottlieb Donner 1751 einen Teil der ehemaligen Festungsbastion I als Bauplatz. Er ließ in der Zeit von 1751 bis 1753 von dem Königlichen Baurat Christian Friedrich Feldmann, dem Lehrer Knobelsdorffs, einen dreigeschossigen Bau mit 15 Fensterachsen, zwei Eingängen und einem von Karatyden getragenen, mit Gittern versehenen Balkon, errichten. Er nutzte das Untergeschoß als Wohnung und den Hof für einen schwung-haften Holzhandel, während die «belle étage» als herrschaftliche Stadtwohnung Adliger mit eigenem Eingang und Aufgang vermietet wurde und (nach französischer Sitte) daher den Namen «Hotel Donner» erhielt. 1787 über-nahm es der preußische Staat, der hier die königliche Finanzverwaltung einrichtete. Da die Minister zugleich in dem Dienstgebäude zu wohnen hatten, bezog 1804 bis 1809 der

bekannte Reformer Reichsfreiherr vom und zum Stein die Wohnung im ersten Geschoß. 1863 wurde das Donnersche Haus für die Zwecke des nunmehrigen Finanzministeriums neu ausgestattet und sein Äußeres stilvoll nach Plänen des Schinkel-Schülers H. Bürde verändert. Nach Zerstörungen im zweiten Weltkrieg wurde das Haus nach 1945 im Sinne des Umbaus von 1863 wiederhergestellt und dient

heute als Zentralhaus der Gesellschaft für Deutsch-Sowjetische Freundschaft. (Seite 126)

Die historische Gestalt des Neuen Marktes vor dem Durchbruch der späteren Kaiser-Wilhelm-Straße. Um 1880. Im Hintergrund die Marienkirche, die Kirche der mittelalterlichen Neustadt von Berlin.

Parochialstraße mit Blick auf die Türme der Nikolaikirche. Um 1885. Die Parochialstraße gehörte mit zu den ältesten Straßen Berlins. Deutlich erkennbar hat sie trotz einiger Bauten aus dem 19. Jh. ihr mittelalterliches Gesicht und die Straßenbreite erhalten. Sie verkam zunehmend und diente u. a. Zille als Hintergrund für seine treffenden Zeichnungen des Milieus.

Chor der Nikolaikirche und Nikolaikirchhof. 1888. Das Bild gibt einen nachhaltigen Eindruck von der Umgebung und der mittelalterlichen Enge dieses ältesten Teils Berlins, auch wenn Häuser aus dem 17. Jh. und 18. Jh. die Randbebauung bildeten. In Nr. 10 (rechts neben dem hohen Haus mit der Aufschrift «Keitels Naturalienhandlung») wohnte von 1752 bis 1755 Gotthold Ephraim Lessing. Die Häuser dieser Straße waren klein und schmal und hießen im Volksmund «Handtücher». Häuserbreiten von 3 bis 4 Metern waren keine Seltenheit. Die Bebauung wurde im zweiten Weltkrieg zerstört.

Die Nikolaikirche vor dem Umbau. Um 1870. Dieses überaus wertvolle Photodokument zeigt das älteste sakrale Bauwerk Berlins in seiner durch Jahrhunderte überlieferten Gestalt. Im zweiten Weltkrieg zerstört, ist seine Wiederherstellung in Erwägung gezogen. Durch die Zerstörung war es möglich, in der Kirche archäologische Grabungen vorzunehmen, die wesentlichen Aufschluß über die Baugeschichte der Kirche und damit der frühen Entwicklung Berlins gaben. Danach steht weitgehend fest, daß sich die ersten Ansiedler im Gebiet der Altstadt etwa um 1200 niederließen

und an dieser Stelle, einer heute nicht mehr erkennbaren Anhöhe, mit dem Bau einer Basilika begannen. Ein Vorgängerbau ließ sich nicht ermitteln, wohl aber Erdgräber der ältesten Einwohner Berlins. Insgesamt lassen sich vier Bauphasen der dem Schutzpatron der Kaufleute geweihten Kirche nachweisen: 1. die Pfeilerbasilika aus der Zeit um 1200, von der nur noch die Fundamente zu ermitteln waren; 2. der Erweiterungs- bzw. möglicher Neubau von 1264, von dem der Unterteil des heute noch stehenden Turms stammt; 3. der Bau des Chores von 1378/79; 4. der abschließende Bau von 1460,

der der Nikolaikirche ihre Gestalt gegeben hat. Die Kirche war oft gesellschaftlicher Mittelpunkt der Stadt. Propst Buchholzer führte in ihr die Reformation ein und am 2. November 1539 traten Rat und Bürgerschaft feierlich zur evangelischen Lehre über. Am 6. Juli 1806 trat in ihr der erste gewählte Berliner Magistrat zusammen. An dieser Kirche wirkten über die Grenzen Berlins und des deutschsprachigen Raumes bekannte Theologen wie z. B. Paul Gerhardt, der von 1657 bis 1666 zweiter Diakonus an St. Nikolai war und hier einen sehr großen Teil seiner Lieder schrieb. Sie sind vom Nikolaikantor Johann Krüger, ab 1680 in St. Nikolai, vertont worden. In der Liste der Pröpste von Berlin ragen Spener (1691–1705), Spalding (1764–1804) und Heinrich Grüber (nach 1945) heraus. Die Kirche war mit bedeutenden Kunstwerken versehen, die sich z. T. über die Zerstörungen des Krieges erhalten haben. 1878/79 unterzog Blankenstein die Kirche einer gründlichen Restaurierung, bei der die Turmsituation völlig verändert wurde. Man nahm damals fälschlicherweise an, daß die Kirche ursprünglich zwei Türme hatte, und errichtete nach der Abtragung des oberen Teils des historischen Turms einen Neubau mit Zwillingstürmen, die durch ihre Größe das historische Bild des damaligen Berlins entstellten und eine völlig neue Ansicht des Stadtbildes brachten. (Schwartz benutzte ein älteres Photo der Nikolaikirche und retuschierte an falscher Stelle den Rathausturm ein.)

Die alte Dorotheenstädtische Kirche. Um 1860.
Am 11. Dezember 1688 wurde die Dorotheenstädtische Kirche als erste Kirche Berlins eigens
für den evangelischen Gottesdienst errichtet.
In ihr hielten verschiedene Glaubensrichtungen,
u. a. bis zum 15. 8. 1841 die französisch Refor-
mierten und die Lutheraner, ihre Andachten ab;
1861 begann der Umbau der Kirche.

Die Dorotheenstädtische Kirche nach ihrer
vollständigen Erneuerung in den Jahren 1861 bis
1863. Um 1870. Im zweiten Weltkrieg zerstört,
wurden ihre Ruinen beseitigt. Ihr wertvollstes
Kunstwerk, das Grabmal des Grafen von der
Mark, dem Sohn Friedrich Wilhelms II., befindet
sich seitdem in den Staatlichen Museen zu
Berlin.

Der Spittelmarkt mit der Gertraudenkirche.
1868. Dieses Photo zeigt den vorstädischen
Charakter des einst vor den Toren der Stadt
gelegenen Spittelmarkts. Seinen Namen erhielt
er vom Gertraudenhospital, dessen kleine
Kirche direkt auf dem Platz lag. Es war ein
kleines Kirchlein, das 1405 erbaut und mehrfach umgebaut wurde. 1833 setzte Schinkel an
Stelle des Turmes eine Giebelvorhalle. 1881
mußte dieses Wahrzeichen Berlins dem
Verkehr weichen. Die Marktszene im Vordergrund mit Fischtrögen und Kramständen war
lange Zeit typisch für den Charakter des Platzes.

Die Waisenstraße (einst Stralauer Mauer
genannt) von der Stralauer Straße aus gesehen.
Um 1890. Sie war eine kleine schmale Straße,
die sich an der alten Stadtmauer entlang zog.
Die Rückfront der Häuser der rechten Straßenseite wurde durch die alte aus dem 13. Jh.
stammende Stadtmauer gebildet. Sie trat nach
Kriegszerstörungen eines Teils der Häuser
zutage und ist in Resten als Denkmal der mittelalterlichen Geschichte zu besichtigen. Im
Hintergrund der Chor der Klosterkirche.

Die Sophienkirche nach dem Umbau von der Sophienstraße aus gesehen. Um 1892/93. 1712 über rechteckigem Grundriß errichtet, weist sie auf die für Berlin und Potsdam typischen Predigerkirchen dieser Zeit. Wesentlich an ihnen war vor allem der städtebauliche Akzent der Türme. Die Sophienkirche erhielt 1732 bis 1734 ihren reich geschmückten Turm mit zweigeschossigem Säulenaufbau nach dem Vorbild des Münzturms von Schlüter am Berliner Schloß, der auf Grund des schlechten Baugrundes während des Baues einstürzte. Der Architekt des Turmes der Sophienkirche war Johann Friedrich Grael. Der Umbau von 1892 veränderte das Aussehen der Kirche im Äußeren nur geringfügig, und ihr Turm bereichert als einer der schönsten Barocktürme noch heute die Berliner Silhouette.

Blick in die Brüderstraße, im Hintergrund die Petrikirche. Um 1885. Die Brüderstraße, im 18. Jh. der Ort, an dem die reichsten Berliner Bürger wohnten, hatte ihren Namen von dem am anderen Ende der Straße befindlichen Dominikaner-Kloster. Das Kaufhaus Rudolf Herzog vernichtete die linke Straßenseite, rechts entstanden kleinere Verwaltungsgebäude. Was sich länger gehalten hatte, ging im zweiten Weltkrieg unter; nur das Wohnhaus Nicolais und das sogenannte Galgenhaus (rechte Straßenseite in der Mitte) konnten unter großem Aufwand wiederhergestellt werden.

Opernplatz – heute August-Bebel-Platz – mit Staatsoper und Hedwigs-Kathedrale. Um 1880. Das Opernhaus, von G. W. Knobelsdorff erbaut und 1742 eröffnet, gehörte zu den ersten Bauten Friedrichs II. zum repräsentativen Ausbau der Hohenzollernresidenz. Weitere bereits geplante Vorhaben, z. B. eines neuen Königsschlosses, wurden nicht realisiert. 1843 abgebrannt, entstand es im Äußeren nach Plänen K. F. Langhans' mit wenig veränderter Ansicht neu. In der wilhelminischen Zeit galt der Bau als alt und häßlich und sein Abbruch wurde erwogen. Die Unzulänglichkeit des Baues für die Anforderungen des modernen Theaters führten nach 1927 zu einem Umbau, der als wenig glücklich anzusehen war. Nach Kriegszerstörungen erfolgte eine Wiederherstellung im Geiste Knobelsdorffs unter Einbeziehung modernster Bühnentechnik. Im Hintergrund die Hedwigskirche, später als Sitz des katholischen Bischofs von Berlin zur Kathedrale erhoben. Auch sie ist nach Kriegseinwirkungen wieder erstanden. Unser Bild zeigt noch die alte Dachform ohne Kupferbedeckung. Es war die erste katholische Kirche nach der Reformation in Berlin.

Neue Synagoge in der Oranienburger Straße. Um 1866. 1866 wurde in Gegenwart König Wilhelms I. und Bismarcks dieses zweite offiziell anerkannte jüdische Bethaus in Berlin

eingeweiht. Es ist in den Jahren 1859 bis 1866 von den Schinkel-Schülern Eduard Knobloch und Friedrich August Stüler erbaut worden. Seine Inneneinrichtung galt als besonders kostbar, und die Synagoge war der besondere Stolz des aufwärtsstrebenden liberalen Bürgertums jüdischer Herkunft. Die Synagoge war Symbol des großen Anteils jüdischer Bürger Berlins an dem geistig-kulturellen Klima der Stadt sowie an der Industrie und dem Bankwesen Berlins.

Hier herrschte der gemäßigt-liberale Ritus der Kulthandlungen vor und demonstrierte in Abgrenzung zum orthodoxen Ritus in Osteuropa, daß Berlin zu einem Zentrum von bürgerlich aufstrebenden Kräften innerhalb des Judentums in Mitteleuropa geworden war. In diesen Jahren verlagerte sich vom Rhein, aber auch aus Prag, das Zentrum dieser Kräfte nach Berlin. Am 20. Januar 1933 richtete die jüdische Gemeinde Berlins in Nebengebäuden

ein Museum ein, in dem am 30. Januar 1933 der geniale Physiker Albert Einstein konzertierte. In der «Reichskristallnacht» vom 8. November 1938 verwüsteten die Faschisten die Synagoge. Ihre Zerstörung dokumentierte eine neue Welle der faschistischen Ausrottungspolitik gegenüber den jüdischen Bewohnern Europas; das Bild der brennenden Berliner Synagoge wird wohl für immer Symbol der faschistischen Vernichtungspolitik sein.

Blick auf die «alte» Börse, die Ruinen des Camposanto und den «alten» Dom. Juli 1887. An der Stelle der «alten» Börse stand das von G. Memhardt 1650 erbaute Lusthaus, in dem bereits 1652 eine Tapetenmanufaktur untergebracht war und das seit 1738 die Börse der Berliner Kaufmannschaft beherbergte. Bereits vorher gab es «Morgensprachen» der Berliner Kaufleute, die auf dem Mühlendamm abgehalten wurden. Baufällig geworden fiel das Lusthaus 1797, und in den Jahren 1801 bis zur Einweihung 1805 entstand nach den Plänen des Baurats H. Becherers dieses Gebäude für die

Börse. Die Einrichtung verschiedener Innenräume – besonders des Börsensaals – übernahm G. Schadow. Nach Fertigstellung des Neubaus 1864 zog die Börse in die Burgstraße, und das alte Gebäude diente bis 1878 der Bergakademie. Anschließend bekam das Orientalische Seminar der Berliner Universität hier seinen Sitz und 1893 wich es dem Neubau des Domes.

Rechts daneben die Ruinen des Camposanto, jener 1845 begonnenen Anlage zur Umbauung des Domes, die seit der Revolution von 1848 eingestellt war. Dahinter der «alte» Dom aus

dem Jahre 1747. Die Geschichte des Dombaues in Berlin spiegelt das sich ständig steigernde Bedürfnis der Hohenzollern nach Repräsentation der Macht wider. 1469 wurde in der Erasmuskapelle des Berliner Schlosses ein Domstift eingerichtet, das 1536 in den Dominikanerkonvent am Schloßplatz umzog. Kurfürst Joachim II. löste kurzerhand diesen Konvent auf und bestimmte Kloster und Kirche zum Sitz des Domstifts. Er diente seit 1545 als Begräbnisstätte der Hohenzollern. Im Laufe der Jahre folgte ein Umbau dem anderen, letztmalig im Jahre 1717/18. Eine wiederum notwendig

gewordene bauliche Reparatur nahm man zum Anlaß, ihn 1747 abzubrechen. Ursache war wohl dabei, daß der Zugang der Stadt nach Westen – zum Friedrichswerder – nur über Umwege möglich war und der Hauptausgang der Stadt in diesen Jahren über die Schleusenbrücke und die Kurstraße durch den gotischen Dom beengt wurde. Zur gleichen Zeit begann man nach den Plänen von J. Boumann einen Neubau auf dem Lustgarten zu errichten, der erstmals die später wieder auf den Türmen am Gensdarmen-Markt und am Waisenhaus in Potsdam auftauchende bevorzugte Tambourkuppel aufwies.

1817 baute K. F. Schinkel den Dom im Innern um und ließ dabei Gedanken einfließen, die er bei dem Bau der Nikolaikirche in Potsdam dann zur vollen Wirkung brachte. Der Umbau des Domes wurde als unbefriedigend angesehen und deshalb begannen neue Überlegungen entsprechend den Vorstellungen des Königs Friedrich Wilhelm IV. Die Pläne, den bestehenden Dom zur Abendmahlskirche umzubauen, legten L. Persius und F. A. Stüler mit einem Entwurf für eine fünfschiffige Basilika vor, die von einem Camposanto umschlossen werden sollte. 1845 begann der Bau der in die Spree

hineinreichenden Bauteile. Nach der Revolution von 1848 blieben aber die Bauarbeiten liegen und der Bau stand als Ruine bis 1893. Ein Wettbewerb des Jahres 1868 zum Bau eines neuen Doms blieb ergebnislos. 1888 wurden neue Aktivitäten entfaltet und ein neuer Dom projektiert.

Das Innere des alten Domes in der Form des Umbaus durch Schinkel. 1892/93.

Der Neubau des Berliner Doms, 1894 bis 1904
nach Entwürfen von J. Raschdorf im wilhelminischen Stil in Anlehnung an den Petersdom
in Rom errichtet. Um 1910. Seine bebaute Grund-
fläche war größer als die des Kölner Doms.
Nach Kriegszerstörungen wird er gegenwärtig
in leicht veränderter äußerer Gestaltung
restauriert.

Vorstadtszene am Kottbuser Ufer. 1891.

Friedrichstraße 108–113 zwischen Johannis-
und Oranienburger Straße. 1885/86. Trotz
zunehmenden Verkehrs und des durchaus
städtischen Charakters im Nordteil der Friedrichstraße hielt sich auch hier bis 1886 ein
Wochenmarkt, der gemeinsam mit den unterschiedlichen Verkehrsmitteln dieser Wohngegend einen reizvollen bürgerlichen Anstrich
vermittelt.

Der Leipziger Platz mit Pferdestraßenbahn
und Pferdeomnibus. 1890. In der Bildmitte im
Hintergrund die alte Admiralität.

Blick vom Belle-Alliance-Platz zum Blücher-
platz. Um 1880. Nach der Erweiterung der
Halleschen Torbrücke fiel auch das Hallesche
Tor. An seiner Stelle errichtete J. H. Strack 1879
zwei Torgebäude, die städtebaulich eine Teilung
der Platzanlage ergaben. Angelehnt an das Torgebäude noch kleine Vorstadthäuser, die aber
zunehmend von Mietskasernen verdrängt werden. Eines der beiden am Halleschen Tor in
Garnison stehenden Garde-Grenadier-
Regimenter marschiert auf und zeigt in Uniform
und Musik die «Glanzseiten» des preußisch-
deutschen Militarismus, der das öffentliche
Leben Berlins in diesen Jahren mitbestimmte.

Wochenmarkt auf dem Belle-Alliance-Platz
mit vorbeiziehendem Militär. 1887.

Die Straße Unter den Linden beim Staats-
empfang des Königs Humbert von Italien. 1889.
In der wilhelminischen Zeit sollte die Straße
Unter den Linden die «Via triumphalis» des
deutschen Kaiserreiches sein; ein Anspruch,
der ihr in keiner Weise bekam. Sie wurde teilweise von pompösen Geschäftshäusern
verändert und während des zweiten Weltkrieges stark zerstört; einige historische Baulichkeiten sind unter großem Kostenaufwand
restauriert worden. Rechts im Bild die Universität, dahinter das alte Akademiegebäude
und in der Mitte das Reiterstandbild Friedrichs II.

Der Festschmuck auf dem Potsdamer Platz anläßlich des Besuchs König Humberts von Italien. 1889. Im Vordergrund die Staatskarosse, dahinter die zunächst in Gips hergestellte Figur der Berolina, einer Idealfigur, die die Stadt Berlin symbolisieren sollte. Sie entstand nach einem Entwurf von E. Hundrieser. Später wurde die 7,50 m hohe Figur in Kupfer getrieben und auf dem Alexanderplatz aufgestellt. Obwohl sie kein Kunstwerk war und auf Protest stieß, wurde sie später von den Berlinern als zur Stadt gehörig betrachtet. 1944 verschwand sie in den Schmelzöfen der faschistischen Rüstungsindustrie.

Empfang der Königin von Holland durch die
städtischen Behörden auf dem Pariser Platz.
1901.

Blick auf die Menschenmenge auf dem Potsdamer Platz und der Königgrätzer Straße
anläßlich der Ankunft Kaiser Franz Josephs II.
von Österreich. 4. Mai 1900.

«Ehrenpforte» zum Empfang Kaiser Franz
Josephs II. auf dem Pariser Platz. 4. Mai 1900.
F. A. Schwartz und sein Sohn waren auch gleich-
zeitig als Photographen tätig. Dieses Bild wurde
vom Dach eines Torhauses des Brandenburger
Tores aus aufgenommen (vermutlich vom Sohn).

Die gleiche Szene vom zweiten Photographen
auf der rechten Tribüne aufgenommen (vermutlich F. A. Schwartz). 4. Mai 1900.

Fabriken, Comptoire und Manufakturen

Allen «Königs-», «Kaiser-» und «Reichs»-Legenden zum Trotz verdankt Berlin der Industrie und Maschinerie in erster Linie seinen Aufstieg zur Weltstadt. Die Industrie ist die Anwendung der Naturgesetze im künstlichen Rahmen, und sie hat, um mit einem Vergleich von Marx zu sprechen, auch Berlin und seine Bürger in einem so starken Maße verändert, wie die geologischen Revolutionen in der Vorzeit die Gestalt der Erdoberfläche umgewälzt haben. Das 19. Jh. wurde für Berlin die Zeit des Auf- und Umbruchs. Am Ende des Jahrhunderts dominierten Firmen der Eisen- und Stahlindustrie und des Maschinenbaus mit über 100 Fabriken und fast 30000 Arbeitern. 1799 hatte diese gewaltige Umwälzung fast unbemerkt mit nur einer Dampfmaschine begonnen. Ein erster Impuls der Schwerindustrie ging 1804 von der Königlichen Eisengießerei in der Invalidenstraße aus, doch blieb dieses Unternehmen ein Kind des überlebten Merkantilismus.

Schüchtern setzte sich die industrielle Entwicklung mit der ersten in Berlin 1815 gebauten Dampfmaschine von Freund bis zum Jahre 1834 fort, als man drei Maschinenfabriken mit 72 Arbeitern zählte. Inzwischen hatten der Techniker Hummel mehrere Maschinen für das Textilgewerbe konstruiert und August Hamann Dreh- und Werkzeugmaschinen hergestellt, die eine gewisse Eigenständigkeit der Berliner Industrieentwicklung andeuteten. Die Blüte der Schwerindustrie setzte etwa Mitte der vierziger Jahre ein, als schon elf Fabriken 1000 Arbeiter beschäftigten, 1861 waren es bereits 5300 Arbeiter in 67 Betrieben. Eisenbahnbau, Kohle- und Eisenproduktion sowie die Herstellung von Maschinen aller Art hatten bereits vor der «Reichsgründung» Berlin in einen Strudel hineingezogen, der schon äußerlich mit der «Spitzhacke» die Stadt in 50 Jahren mehr verändert hat, als dies jemals vorher in der Geschichte Berlins geschehen war.

Am Ende dieser Entwicklung stand eine Millionenstadt, die, zentrifugalen Kräften gleich, die Industriezentren wie Siemensstadt, Borsigwalde, Schwartzkopff bei Wildau, Kabelwerke Oberspree, Spindlersfeld vor die Stadttore verbannte und als «Verbindungsglieder» zur «City» die Mietskasernenviertel erstehen ließ.

Die Anfänge der handmaschinellen Industrie selbst reichen mehr als ein Jahrhundert bis zur Wende vom 17. zum 18. Jh. zurück, als Protestanten aus Schlesien, der Pfalz, Holland und Refugiés ihre Erfahrungen in der Seiden-, Leinen- und Gobelinherstellung an die Spree mitbrachten und mit einer Vielzahl von Manufakturgründungen einen erheblichen Einbruch in das Berliner Zunftwesen verursachten. Allen voran brachte die Textilindustrie im 18. Jh. einen deutlichen Aufschwung und verringerte den absoluten Rückstand Berlins zu anderen Großstädten Europas. Rund 50 bisher unbekannte Gewerbezweige erblühten an der Spree, wie die Wollstrumpfstrickerei, die Seidenstrumpfwirkerei, die Batistweberei, die Gobelintechnik, die Gold- und Silberfadenweberei («leonische Ware») und vieles andere mehr. Die preußischen Könige förderten für den Militärstaat und den Eigenbedarf einträgliche Manufakturen, wie die Seidenwarenherstellung, eine Wollmanufaktur im Lagerhaus in der Klosterstaße oder die Porzellanmanufaktur in der Leipziger Straße. Der preußische Merkantilismus folgte einem Ausspruch Friedrichs II., der meinte, man müsse der Industrie nur in den Sattel helfen, reiten würde sie schon allein. Diese Wirtschaftspolitik mußte angesichts der sich seit 1740 in England entfaltenden industriellen Revolution vorhersehbar in einigen Jahrzehnten zugrunde gehen. Zollgesetze errichteten einen künstlichen Damm, der zeitweilig das Schlimmste abhalten konnte, ohne jedoch das «Jena und Auerstedt» für die Berliner Wirtschaft zu verhindern. Die preußischen Reformen von 1808 bis 1813 waren das notwendige Zugeständnis an die moderne bürgerliche Entwicklung. Und wieder waren es Kräfte von außen, englische Ingenieure und Unternehmer wie die Brüder Cockerill, Perks u. a., die Schritt für Schritt den technisch-industriellen Rückstand überwinden halfen. Engländer bauten in Berlin die erste Gasanstalt, das erste Wasserwerk, führten die ersten Dampfmaschinen und Lokomotiven ein, und in englischer Hand befand sich auch die erste Dampfschiffahrtskonzession.

Die Anfänge der Maschinerie und Industrie warfen ihre dunklen Schatten vor allem auf die Beschäftigten vieler

Handwerksbetriebe. Um 1800 war noch jeder achte Berliner im Textilgewerbe tätig; 50 Jahre später fand nur jeder 36. einen Arbeitsplatz in seinem Textilberuf, viele mußten als un- bzw. angelernte Arbeiter, schlecht bezahlt, in andere Zweige umschwenken oder in andere Gegenden auswandern. Die Geschichte der Berliner Industrie im engeren Sinne datiert mit den zwanziger/dreißiger Jahren und begann mit Unterstützung aus Sachsen, Schlesien und Nordrhein-Westfalen, den am weitesten entwickelten Gebieten Deutschlands; die Statussymbole der Berliner Wirtschaft sind mit solchen «Einwanderern» wie Borsig, Egells, Siemens, Heckmann, Schwartzkopff, Spindler und Ravené verbunden. In diesen zwei Jahrzehnten wurde der internationale Druck der industriellen Entwicklung auch für die einheimische Entwicklung immer unerträglicher, dem entgegen nun ein «patriotischer Gründersinn» seinen eigenen Anspruch geltend machte. Von der Geschichtsforschung noch nicht durchsichtig geklärt sind die phänomenalen Erfolge des Unternehmens Borsig. Der 1804 geborene A. Borsig kam als neunzehnjähriger Zimmergeselle aus Breslau nach Berlin, arbeitete zehn Jahre bei Egells als Maschinenbaumeister und gründete mit 33 Jahren eine respektable eigene Fabrik. Bei aller Sparsamkeit eines fleißigen Angestellten darf man fragen, wo die 100 000 Thlr. für die großangelegte Eisengießerei und Maschinenbauanstalt herkamen, denn Borsig hatte Geld genug, um nach Betriebseröffnung erst noch ein paar Jahre zu experimentieren. Die Spur führt zweifelsfrei über Beuth zu staatlich gelenkten und geförderten Geld- und Kreditinstituten dieser Zeit. In weniger als zehn Jahren übernahm A. Borsig neben dem Lokomotivbau auch die Produktion von Schiffen, Dampfmaschinen, Baumaschinen, kaufte Kohlefelder und Hochöfen in Schlesien, ein Walz- und Hammerwerk. Kurz vor seinem Tode feierten die Stadt und die Belegschaft 1854 das Jubiläum der 500. Lokomotive.

Ein weiteres Großunternehmen der Schwerindustrie begründete 1821 der sieben Jahre zuvor aus Westfalen eingewanderte F. A. Egells in der Chausseestraße, der «Schmiede des Vulkans». Weitere Unternehmungen von Fr. A. Pflug, von J. Pintsch 1843 und sechs Jahre später von C. Beermann bestätigten endgültig Berlins neue Rolle als Zentrum der Eisenindustrie und des Maschinenbaus. 1852 folgte ein weiteres Großunternehmen der Metallverarbeitung in der Chausseestraße 11, die Maschinenbau-Anstalt von Schwartzkopff, die 1900 in ein großflächiges Unternehmen in Wildau einzog.

Die Chemieindustrie kann nicht auf vergleichbare Sensationen verweisen, obwohl auch hier Namen mit Weltruf wie Schering, Spindler, Riedel und Kahlbaum zu verzeichnen sind. Hans Spindler eröffnete 1832 in der Burgstraße ein Wasch- und Färbereigeschäft, dem sich alsbald

eine Dampffärberei in größeren Werkstätten in der Wallstraße anschloß. Dank französischer Erfahrung besaß auch Berlin seit 1854 eine Trockenreinigung. Die Unterkünfte hielten mit dem Wachstum des Unternehmens nicht mehr Schritt, so entstand 1873 das zentrale Werk mit 40 Dampfkesseln in Spindlersfeld, mit 53 Filialen in Berlin und 1000 Annahmestellen in Deutschland. 2000 Angestellte gehörten zum Gesamtbetrieb.

Die Wiege der Chemie, darauf sind die späteren Konzerne besonders stolz, stand in berühmten Apotheken Berlins. Der spätere Pharmaziekonzern J. D. Riedel begann seine Laufbahn in der «Rose'schen Apotheke» und Schering in der «Grünen Apotheke» in der Chausseestraße. Schering konzentrierte sich seit 1854 auf Photochemikalien und schloß einige Jahre später mit Kahlbaum einen Vertrag über Herstellung von Spirituosen und anderen Essenzen. Die «Gerüche» und die Größe des Unternehmens zwangen auch diese Branche an die Peripherie Berlins, nach Grünau; hier wurde von Schnaps bis zu Pillen alles für und gegen das Wohlsein produziert.

Bei der chemischen Industrie zeigte sich in besonderer Weise die enge Beziehung von Industrie und Wissenschaften. Kaum eines der größeren Unternehmen verzichtete auf eigene Forschungsinstitute und Labors, die den Hochschulen selbst sehr bald den Rang abliefen. Die im wesentlichen auf Geisteswissenschaften orientierten Bildungseinrichtungen durchlebten mehrere Metamorphosen, um den naturwissenschaftlichen und technischen Bedürfnissen der sprunghaften Industrieentwicklung gerecht zu werden. So folgten Bildung und Wissenschaft weniger der Einsicht kluger Männer an der Spitze Preußens als der sie herausfordernden ökonomischen Notwendigkeit. Ein Paradebeispiel wechselseitiger Befruchtung von Industrie und Wissenschaft zeigt sich im folgenden Wirtschaftszweig.

Und wieder ein «Einwanderer», Werner Siemens – 1838 aus dem Hannoverschen kommend –, schuf die Ansätze für den bedeutenden Berliner Industriezweig, die Elektroindustrie. 1847 nennt eine Betriebsgeschichte zum 50. Jubiläum als das Geburtsdatum; der Leutnant Siemens und sein Techniker Halske eröffneten die Telegraphenbau-Anstalt am Anhalter Bahnhof, zogen bald in bessere Werkstätten in die Markgrafenstraße, bis letztlich die Innenstadt auch diesem Unternehmen zu eng wurde und die Siemensstadt erst nach mehrjähriger Erfahrung der wissenschaftlich-technischen Expansion dieses Industriezweiges Rechnung trug. Auf dem Dach der alten Sternwarte in der Dorotheenstraße hatte Siemens den ersten elektrischen Telegraphen installiert. Wissenschaftliche und technische Probleme jagten einander: Ober- und unterirdische Leitungen, Isolierungen, Modellierung und Transformation der Impulse; zwischenzeitlich kam die

Nachricht von der amerikanischen Erfindung des Telephons, und zusammen mit Siemens' Erfindung des Elektromotors begann das eigentliche Zeitalter dieser Industrie. Schlag auf Schlag folgten Sensationen: 1879 erste elektrische Bahn, im gleichen Jahre erste elektrische Beleuchtung in der Kaisergalerie, 1880 erstes Elektrizitätswerk in Wannsee, von 1880 bis 1882 können mehrere Bahnhöfe elektrisch versorgt werden, 1880/81 erste elektrische Straßenbahn in Lichterfelde, und 1896 fährt die erste öffentliche «Elektrische» regelmäßig zum Ausstellungsgelände nach Treptow. In diesem Jahr wird auch der Grundstein zum Bau der elektrischen Hoch- und Untergrundbahn gelegt. 1903 findet mit der Fusion der Siemens- mit den Schuckertwerken dieses Imperium seinen vorläufigen Abschluß.

Die englischen Erfahrungen aus der Elektroindustrie führte Emil Rathenau in Berlin ein. Er erwarb 1881 das Patent für die Herstellung der Edisonschen Glühlampe und gründete 1883 die «Deutsche Edison-Gesellschaft für angewandte Elektrizität», die man vier Jahre später in «Allgemeine-Elektrizitäts-Gesellschaft» umbenannte. Nach mehreren Standorten hatte sich das junge Unternehmen am Gartenplatz in der Ackerstraße eingerichtet; als auch dies zu eng wurde, entstand in Oberschöneweide ein größerer Komplex mit dem Kabelwerk Oberspree als Herzstück.

Berlins Osramlampe, deren Weltruf durch einen Glühfaden, bestehend aus einer Osmium-Wolfram-Legierung, eingeleitet wurde, setzte einen weiteren Glanzpunkt der Geschichte dieses Industriezweiges. Siegmund Bergmann komplettierte in den achtziger Jahren des 19. Jh. als Dritter die Reihe der Pioniere der Elektroindustrie.

Die Leichtindustrie war auch in der zweiten Hälfte des vorigen Jahrhunderts ein dominierender Pfeiler der Wirtschaft geblieben. An die Stelle der zurückgehenden Handarbeit im Textilgewerbe trat die Maschinenarbeit mit neuen Zweigen und neuen Produkten. 1873 hatte Berlin vier Teppichfabriken, eine Velvet- und eine Gobelinfabrik, zwei Betriebe für Plüsch- und Yorkshirewaren und verschiedene Unternehmen für Trikotagen-, Strickwaren- und Garnherstellung. Die Konkurrenz verschlang zunehmend die Kleinen und brachte bei ständig steigendem Produktionsumsatz eine absolut und prozentual drastische Verringerung der Arbeitskräfte. Um 1800 war – wie schon erwähnt – etwa jeder achte, 1900 nur noch jeder 124. Berliner in der Textilbranche tätig. Obwohl die insgesamt expandierende Wirtschaft die meisten Arbeitskräfte wieder aufsaugen konnte, blieb bei vielen hochspezialisierten Fachkräften ein Ausbluten von Handwerkserfahrungen und eine materielle Verelendung als sichtbares Zeichen dieser Entwicklung zurück.

Ähnlich verlief der Prozeß im Bereich der Schuh- und Lederfabrikation. Eine stürmische Industrie begrub kleinere und mittlere Unternehmen unter sich; wenige retteten sich auf den Reparatur- oder Dienstleistungssektor. Erfolgreiche Firmen aus dieser Zeit sind Stiller (1867), Jacoby (1872), Leiser (1897) und Salamander (1904). In der Bekleidungsindustrie fanden die Gebrüder Mannheimer (1836) die Lösung in der konfektionsmäßigen Herstellung von Mänteln; D. Levin folgte diesem Trend (1840) mit modellgerechter Damenoberbekleidung. Der große Konkurrent Paris war durch die Belagerung 1870/71 ausgefallen, dies verschaffte der Berliner Textilindustrie zusätzliche Aufträge und Gewinne. Um den Hausvogteiplatz, den Neuen Markt und in der Neuen Friedrichstraße setzte sich die Textilindustrie fest und brachte es 1896 auf 200 Millionen Mark Umsatz.

Anzufügen bliebe noch, was an Zweigen und Branchen darüber hinaus in Berlin einen Namen hatte: Nähmaschinenbau, Feinmechanik, Porzellanwaren, Möbel- und Hausratherstellung, Brauereien und ein breitgefächertes Druckerei- und Verlagswesen, dessen Produktionsprogramm von der Papierherstellung bis zum fertigen Buch oder zur Zeitung reichte. Zum Ende des 19. Jh. gesellten sich noch die Automobilindustrie und das bekannte Bremsen-Werk von Knorr dazu.

Ein Gewerbezweig besonderer Art mit hohem Personalbestand wuchs mit den steigenden sanitären Anforderungen sprunghaft. Die städtischen Werke, zu denen nach und nach Be- und Entwässerung, Gasversorgung, Stadtreinigung u. a. gehörten, waren teils aus unrentablen Privatunternehmen, teils aus planmäßig geförderten öffentlichen Anstalten entstanden. Kaum waren die großen Kanalisationsvorhaben abgeschlossen, da traten bereits mit den notwendigen Stadtverkehrseinrichtungen neue Riesenprojekte hinzu. So verzahnten sich Industrieentwicklung und Stadterweiterung mit zwangsläufigen Verkehrslösungen. Die veränderte Infrastruktur zog ihrerseits erhebliche Umschichtungen im Handwerk und Handel nach sich. Nur didaktische Überlegungen haben uns zu einer gegliederten Darstellung der einzelnen Wirtschafts- und Sozialbereiche veranlaßt; die industrielle Entwicklung ist nicht von Handwerks-, Handels-, Verkehrs-, Kultur- und Wissenschaftsentwicklung zu trennen und schon gar nicht ohne Blick für die Wechselwirkung und den Zusammenhang zu verstehen.

Am Anfang des 20. Jh. hatten Industrie und Kommune mit der letzten großen Eingemeindung von Vororten ihre fast bis heute noch gültige Größenordnung erreicht. Die weitere Entwicklung konnte nur noch die restlichen Freiräume erschließen oder durch Intensivierung vorangehen. Diese Form der «inneren Expansion», deren Grenzen selbst heute noch nicht erschöpft sind, hatte Schwartz nicht mehr erlebt, seine Aufnahmen enden an jener Zäsur.

Blick von der Spree auf die Wasserfront der Stralauer Straße. 1885. Diese Front war ein bevorzugter Standort für zahlreiche Betriebe, da sie hier in direkter Verbindung mit der Spree als Transportweg standen. Im Bild links das erste Haus der Eisengroßhandlung Jacob Ravené und Söhne, einer einst großen und bedeutenden Berliner Firma.

Wallstraße 55, ehemalige städtische Irrenanstalt. 1888. Als «Neues Hospital» errichtet, diente der Komplex von 1863 bis 1880 als städtische Irrenanstalt für Männer. Nach ihrer Verlegung nach Dalldorf zogen Fabriken und Kontore in die Baulichkeiten. Anfangs des 20. Jh. entstanden auf diesem Gelände gegenüber dem Köllnischen Park mit dem Märkischen Museum Bürobauten.

Vor dem Bau der Berliner Stadtbahn, die hier die Spree erreicht, aufgenommen, zeigt das Bild die Anlage des ehemaligen kurfürstlichen Holzplatzes an der Spree (Rückseite der Holzmarktstraße) während seiner Nutzung als Industriegelände. Um 1880. Das rechte Gebäude war ursprünglich eine Zuckersiederei von Splittgerber; später diente der Bau der Firma Schickler als Speicher.

Hof in der Neuen Jakobstraße 5. Um 1888.

Stammhaus der Firma Borsig, Chausseestraße 1. Um 1860. 1837 erwarb August Borsig eine Reihe ehemaliger Invalidengrundstücke mit einer kleinen Fabrikanlage in der damaligen Torstraße, der heutigen Wilhelm-Pieck-Straße. Die Anlage dehnte sich bald zwischen der Chausseestraße und der Borsigstraße aus und wurde zum Kern des Berliner «Feuerlandes», sogenannt nach den Schmiedeöfen der eisenverarbeitenden Industrie. 1858 errichtete J. H. Strack das Direktionsgebäude und die Kolonnaden in der Chausseestraße, den Haupteingang zum Stammbetrieb. Die Bauten von Strack, einst eine herausragende Berliner

Sehenswürdigkeit, waren ein Beispiel der frühesten Berliner Industriearchitektur. Bei der Verlagerung des Betriebes in die Randbezirke Berlins wurden sie um 1885/86 abgebrochen.

Speisesaal im Direktionsgebäude der Borsigschen Werkstätten. Um 1865. Im 1858 errichteten Direktionsgebäude befand sich der Speisesaal für Angestellte und Beamte der Firma Borsig. Die nüchterne Einrichtung wird durch einen «Ehrentempel» für den Firmengründer August Borsig mit seiner Kolossalbüste hervorgehoben. An den Wänden hängen Erinnerungsfahnen für die Firmengründung am 22. Juli 1837, das

25jährige Geschäftsjubiläum sowie der Schmuck von Jubiläumslokomotiven, die diese bei ihrer Ablieferung an die Eisenbahn trugen. Insgesamt handelt es sich um eines der frühesten Beispiele einer Betriebskantine für Angestellte und ihre Nutzung zur Pflege der Firmentradition.

Eingang zur «Aktiengesellschaft für Fabrication von Eisenbahnbedarf», Chausseestraße 11. Um 1870. 1839 gründeten F. A. Pflug und L. Zöller einen Betrieb für den Bau von Eisenbahnwaggons in der Chausseestraße. Seit dem 1. 1. 1857 zur Aktiengesellschaft umgewandelt,

beanspruchte er das gesamte Gelände zwischen Chaussee-, Tieck- und Borsigstraße und hatte in der Invalidenstraße einen direkten Zugang zum ehemaligen Stettiner Bahnhof. 1858 stellte er mit 800 Beschäftigten jährlich 1200 Eisenbahnwaggons her. 1858/59 erbauten C. Ende und H. Böckmann die Eingangssituation, ein typisches Beispiel früher Industriearchitektur, die großen Wert auf die Eingangssituation legte. Im Zuge der Industrieverlegung in den achtziger und neunziger Jahren des 19. Jh. wurde auch dieses Industriegelände aufgegeben und bebaut.

Ansicht der Eingangssituation zu der Neuen Berliner Eisengießerei von F. A. Egells. Um 1865. Bereits 1821 verlegte Egells, bisher ein im Stil eines Handwerksmeisters wirkender Techniker, Teile seiner Arbeitsräume in die Chausseestraße. 1825 kam es zur Gründung einer Eisengießerei von Woderb & Egells, die nach der Königlichen Eisengießerei (1804) als zweite in Berlin entstand. Egells erwarb für die Fabrikationsräume einen Teil der Grundstücke, die vormals dem Invalidenhaus gehörten und seit 1815 im Besitz des Tierarztes Bitter waren. Bitter hatte seine Grundstücke parzelliert und kleine Land- oder Vorstadthäuser mit Gärten

auf ihnen errichten lassen. Diese kleinen Häuser waren die Grundlage für die Baulichkeiten der ersten Berliner Industriebetriebe. Egells selbst wohnte zeitweise in dem Haus und hatte im Erdgeschoß sein Kontor. Anfang der dreißiger Jahre des 19. Jh. konnte Egells alleiniger Besitzer werden. Für die Industrialisierung Berlins hatte dieser Betrieb überragende Bedeutung, er stand am Übergang von der handwerklichen Produktion zur Fabrik.

Blick auf das zweite Hauptgebäude und einen Teil des Werksgeländes der Neuen Berliner Eisengießerei von F. A. Egells. Um 1865.

Die ehemalige Rollersche Fabrik in der Grünthalerstraße 3–4. Um 1885.

Bau des Görlitzer Bahnhofs. Um 1866. Im April 1866 begannen die Bauarbeiten am Görlitzer Bahnhof, einem Eisenbahnunternehmen B. Strousbergs. Der Bahnhof, Anfang 1868 dem Verkehr übergeben, wurde nach Zerstörungen im zweiten Weltkrieg abgetragen. Schwartz wählte als Standort einen Platz in der Curvystraße, von dem der Blick zur C. Heckmann'-

schen Fabrik hinübergeht, einem alten renommierten Unternehmen Berlins. 1890 verlagerte man dieses Werk nach Duisburg. Im Hintergrund steht noch eine der Lohmühlen. Friedrich Wilhelm I. erließ die Anordnung, daß nach einem Brand die Lohmühlen wegen der Feuergefahr vom Mühlendamm verlegt werden. Man fand im heutigen Stadtbezirk Treptow einen Berg und Platz für die Neuaufstellung.

Hof der Königlichen Porzellanmanufaktur, Leipziger Straße 4. 1871. 1761 errichtete der Kaufmann Gotzkowski in der Leipziger Straße 4 eine Porzellanmanufaktur, aus der sich ab 1763 die berühmte Königliche Porzellanmanufaktur mit ihrem Markenzeichen KPM entwickelte. Im Sommer 1871 mußte sie überhastet geräumt und nach Charlottenburg verlagert werden. Auf dem Hof errichtete Hitzig auf Weisung Bismarcks das Gebäude des provisorischen Reichstages.

Die Englische Gasanstalt am Hellweg (oder auch als am Schiffahrtsgraben gelegen bezeichnet). Um 1885. Eigentlich handelt es sich hierbei um einen Komplex von mehreren Gasanstalten. Links vorn die alte englische Gasanstalt, in den Jahren 1825/26 gebaut; sie erzeugte das erste Gas für Beleuchtungszwecke. Die englische Gesellschaft hatte einen Vertrag mit dem preu-ßischen Ministerium des Innern – nicht mit Berlin – zur alleinigen Herstellung von Gas. 1845 begann die Stadt Berlin eigene Gaswerke zu bauen, eines direkt neben das englische. 1847 lieferten dann die städtischen Werke erstmalig Gas zur Beleuchtung der Straßen Berlins. Die Berliner waren begeistert. Gleichzeitig brach aber auch ein fast achtzigjähriger Krieg zwischen der englischen Gasanstalt und den städtischen Anstalten aus, der sogar den ersten Weltkrieg überdauerte. Die Stadt Berlin konnte sich in den zwanziger Jahren unseres Jahrhunderts durchsetzen, allerdings diente das Gas da bereits nicht mehr oder kaum noch der Beleuchtung der Wohnungen, sondern hatte längst durch den Einsatz des elektrischen Stroms, dessen

technische Anwendung sowie die Verwendung für die Beleuchtung in Berlin hier seinen Ursprung nahm, einen mächtigen Konkurrenten erhalten.

Der alte Viehmarkt in der Brunnenstraße (Abriß). 1880. 1868 begann nach den Plänen des Baumeisters A. F. W. Orth auf einem ausgedehnten Gelände an der Brunnenstraße der Bau eines zentralen Viehhofes für Berlin. Erst nachdem Bethel Strousberg durch Manipulationen das Gelände an sich gebracht und auf 30 Hektar erweitert hatte, konnte er 1870 eröffnet werden. 1872 mußte Strousberg die Anlage an die «Berliner Viehmarkts-Aktiengesellschaft» verkaufen, die dann 1874 die Arbeiten beendete. Bereits 1878 begann der Neubau des späteren Zentralviehhofs im Norden von Berlin, der am 1. März 1881 eröffnet wurde.

Haupteingang zu den Artilleriewerkstätten in Spandau. 1878. 1861 begann die Verlegung der Artilleriewerkstätten aus Berlin nach Spandau und wurde mit der Betriebseröffnung 1867 abgeschlossen. Den weitangelegten

Umbau in den Jahren 1871 bis 1873 hat Schwartz im Bild festgehalten.

Geschützdreherei in den Artilleriewerkstätten. 1878.

Beamtenwohnungen bei den Artilleriewerkstätten Spandau. 1878.

Lagerplatz der Geschützdreherei in den Artilleriewerkstätten. 1878.

Blick spreeaufwärts mit dem Wasserwerk in der Stralauer Allee. Um 1870. Direktor L. Gill von der «Berlin-Waterwork's-Company» lieferte den Plan für diese erste zentrale Wasserversorgungsanlage Berlins. Sie wurde im Frühjahr 1858 in Betrieb genommen. Die Wasserwerke benutzten Oberflächenwasser der Spree zur Reinigung der Kanalisation und Grundwasser für die Hauswasserversorgung. Das Standrohr, d. h. der höchste Punkt der Anlage befand sich am Windmühlenberg in der Nähe des Prenzlauer Tores. Am Ende des 19. Jh. wurde die Anlage in der Stralauer Straße abgebrochen.

Handwerk, Handel, Banken

Handel und Handwerk besaßen bereits eine lange Geschichte, als die Industrie noch in den allerersten Anfängen steckte; und trotzdem war das, was sich als Handel und Handwerk im 20. Jh. präsentierte, das Kind der Industrie. Die revolutionären Umwälzungen, die von England und Frankreich am Ende des 18. Jh. ausgingen, haben das alte feudale Wirtschaftsgefüge im Weltmaßstab von Grund auf zerstört. Für Berlin gab es keinen dem französischen Beispiel vergleichbaren radikalen Bruch mit der feudalen Vergangenheit, und gerade deshalb waren die Reformen mit so vielen Einschränkungen verbunden, daß die unmittelbar in der Produktion beschäftigten Bauern und Handwerker diesen Umbruch schmerzlicher erleben mußten. 1807 wurde die Aufhebung der Erbuntertänigkeit, 1808 die Städteordung und 1810 die Gewerbefreiheit verkündet. Die Gilden wurden 1820 aufgehoben, aber erst 1834 brachte der Zollverein einen nationalen Markt zuwege.

Die «Preußische Gewerbeordnung» von 1845 zeigte die Inkonsequenz aller bisherigen Maßnahmen, indem sie auf Wunsch kleinbürgerlicher, konservativer Kräfte gesetzlich einen Rückfall ins Zunftwesen organisierte. Es dauerte fast 25 Jahre, bis mit der «Gewerbeordnung» der historische Irrtum beseitigt wurde.

Was die Reformen nicht vermochten, das sollten friedliche Wettbewerbe ausgleichen; Gewerbeausstellungen und Mustermessen erschienen als die erhoffte Zauberformel. 1822 fand im Gewerbehaus (Klosterstraße 38) der erste bescheidene Versuch statt; ihm folgte 1840 eine vergrößerte Schau im Freizelt am Opernplatz, das gerade nach den Krönungsfeierlichkeiten überflüssig herumstand; 1844 waren im Zeughaus Produkte aus vielen deutschen Staaten zu sehen, damit die Leistung der Berliner nicht unterging, blieb man 1849 im Krollschen Etablissement «unter sich». So reizvoll diese Ausstellungen für Sonntagsspaziergänger sein mochten, weder im nationalen und schon gar nicht im internationalen Rahmen konnten sie mit dem Gezeigten bestehen; dies bewiesen recht deutlich die Mißerfolge auf den ersten Weltausstellungen, die seit den fünfziger Jahren Gradmesser für wirtschaftliche Leistungsfähigkeit waren.

Ein Blick in die Geschichte des Handwerks läßt seinen Niedergang im 19. Jh. besser verstehen. Urkunden vom Anfang des 13. Jh. nennen vier Kooperationen: die Fleischer (Knochenhauer), Tuchmacher, Schuster und Bäcker. Eine solide Lehrzeit, feste Preise, festgeschriebene Stückzahlen, festgelegte Verkaufsbedingungen sicherten jedem Gewerk ein Auskommen und notfalls eine fürs Überleben ausreichende Unterstützung. Die Zunftschranken hemmten jedoch zugleich eine größere Entfaltung der Wirtschaft. Der katastrophale Zustand des Handwerks am Ende des Dreißigjährigen Krieges zwang den Landesherrn zur Beseitigung einiger Auswüchse im Zunftwesen: Darunter fielen Privilegien der Besitzenden wie die «Ahnenprobe», die «geschlossene Zahl der Meister» oder die z. T. entwürdigenden «Taufen der Lehrlinge»; das «Meistergeld» wurde für finanziell Schwächere erschwinglicher gemacht, ebenso eine Öffnung der «Zulassungssperren» eingeleitet.

Eine sichtbare Belebung des Handwerks setzte Ende des 17., Anfang des 18. Jh. mit einwandernden Protestanten aus Holland, Frankreich und verschiedenen deutschen Staaten ein. So mußte Berlin bereits 1688 erneut eine Reform des Zunftwesens durchführen, um mit der «Landesgewerberevision» die kantigsten Unverträglichkeiten auszugleichen. Zum anderen keimte auch im Haus der Hohenzollern der Wunsch nach einträglichen Manufakturen, wie sie der französische Merkantilismus bereits betrieb. So wirkten die feudalen Zunftgesetze fast unbeschadet neben sich entwickelnden kapitalistischen Produktionsformen. Gesetze nach innen und Zölle nach außen hielten äußerlich die sich entwickelnden Gegensätze zwischen Feudalem und Bürgerlichem zusammen. Was durch preußische Anordnungen einerseits im Keime erstickt wurde, das förderte man bei Bedarf andererseits durch qualifizierte «Einwanderer» aus Lyon, Holland, der Schweiz, Sachsen und anderen Gegenden, indem man sie durch wirtschaftliche Vorzugsangebote «umpflanzte».

Dieser Anachronismus feudaler Wirtschaftspolitik zeigte sich noch bis ins 19. Jh. hinein in den Wollmanufakturen, in denen, staatlich gefördert, zwei Arbeiter pro Webstuhl beschäftigt wurden, obwohl seit mehr als fünfzig Jahren der englische Schnellschütz vorlag.

Als Preußen bei Jena militärisch unterlag, brachte die von Napoleon verhängte Kontinentalsperre dem Berliner Gewerbe kurzzeitig eine Belebung, um so schmerzlicher mußte es nach 1814 der englischen Konkurrenz erliegen. Mit Reformen sollte die Misere, wie eingangs angedeutet, überwunden werden. Tatsächlich gelang auch einzelnen Handwerkern dank dieser Maßnahmen der Sprung zum Fabrikanten, z. B. Beermann 1855 mit der ersten Nähmaschinenfabrik. Auch fiel es einigen Gewerken nicht schwer, sich dem neuen Markt anzupassen, so den Goldschmieden und Juwelieren; Dienstleistungsgewerken wie Bäcker, Fleischer, Schlosser, Klempner und Bauleute. Andere Gewerke, die von der Produktion bislang lebten, wie Schuhmacher, Korbflechter, Weber und Tuchmacher, mußten teilweise dem Aussterben ihrer Innung zusehen. Von dieser objektiven Entwicklung des Handwerks gibt es beeindruckende Dokumentationen, so 1886, als bei der 400-Jahr-Feier der Weber und Wirker oder 1889 anläßlich des 600jährigen Jubiläums der Tuchmacher mehr Meister existierten als Lehrlinge und von den Meistern oft nur noch die Hälfte tatsächlich im Beruf steckte. In diesem Sinne waren dann auch die Jubiläen der achtziger Jahre, die in den vorangegangenen Zeiten mit glänzenden «Mottenfesten» (Tuchmacher), «Fliegen-» (Zeug- und Raschmacher) oder «Wurmfesten» (Seidenweber) den Ausdruck der Lebensfähigkeit symbolisierten, das letzte Aufbäumen dieser Gewerke.

Der Handel mußte auch Metamorphosen durchmachen, aber er wurde im 19. Jh. nicht so schmerzlich ruiniert wie das Handwerk. Berlins Handel konnte sich im Mittelalter weder mit den «Großen» wie Augsburg, Nürnberg, Straßburg u. a. vergleichen, noch ragte er innerhalb der Mark Brandenburg unter den anderen kurfürstlichen Residenzstädten heraus, lediglich im Roggenhandel nach den Küstenstädten der Hanse hatte die Stadt größere Bedeutung erlangt. Die Überlieferungen berichten überwiegend vom regen Vieh- und Fischhandel, von Bauernmärkten und intensiven Geschäften des täglichen Bedarfs. Aus dem 18. Jh. bekundet eine·Quelle, daß Luxuswaren in Berlin mit einer hohen Akzise belegt wurden, wobei unter «Luxuswaren» auch Zucker, Gewürze und Obst rangierten, wenn sie von außerhalb des Landes eingeführt wurden.

Im Parterre der Häuser lagen noch bis ins 19. Jh. hinein die Kaufläden ohne sichtbare Werbung; erst allmählich brachten einige Kaufleute für die Ortsfremden bemalte (weniger beschriftete) Schilder an. Um 1830 gab es in Berlin ca. 1100 Kaufläden; besonders konzentriert waren sie an der Stechbahn, in der Königstraße, der Gertraudenstraße und an den Kolonnaden am Mühlendamm.

Für die Versorgung mit frischen Nahrungsmitteln sorgten die Wochenmärkte, auf denen bestimmte Artikel an bestimmten Tagen zu festgelegten Preisen verkauft wurden. Neben einem allgemeinen Breitenangebot gab es teilweise Spezialisierungen: am Dönhoffplatz Fleisch, am Fischmarkt Fisch, ebenso am Alexanderplatz, der auch auf Wolle spezialisiert war, am Gensdarmen-Markt gab es Gemüse, Obst und Fisch. Zweimal im Jahr breiteten sich fast über die ganze Friedrichstraße Jahresmärkte mit Produkten aller Handwerker aus. Diese Jahrmärkte stellten auch für die Bauern der Umgebung einen Höhepunkt ihrer Handelsgeschäfte dar.

Neben Kaufläden und Wochenmärkten fristeten «Hökerweiber» als Straßenhändler mit Kleinstwarenangeboten ein kärgliches Leben. «Berühmt» wurden die Schimpfkanonaden dieser Frauen, die uns in nostalgischen Vorstellungen als «Urberliner Humor» überliefert wurden. Ein Schriftstück der städtischen Behörden aus dem 18. Jh. verurteilte die Hökerweiber, vier Pfund Wolle wöchentlich zu verspinnen, um neben einem geringen Entgelt dafür die wöchentliche Bestätigung der Straßenkonzession zu erhalten; bei Nichteinhaltung drohte der Entzug.

Als die Stadt Mitte des 19. Jh. fast die Millionengrenze erreichte, war der direkte Kontakt zwischen Erzeuger und Verbraucher nur noch mit Mühe aufrechtzuerhalten. Die Idee der Markthalle wurde geboren, doch der erste Versuch in der Karlstraße scheiterte bereits nach einem halben Jahr. Erst als die Stadtbahn und weitere Verkehrsmittel den Antransport und die Verteilung zu vernünftigen Preisen ermöglichten, wurden die Markthallen zur Konkurrenz der Wochenmärkte. 1886 eröffnete die Zentralmarkthalle am Alexanderplatz, und weitere 13 folgten bis 1893, wovon vier bis 1893 ihre Pforten wegen mangelnder Rentabilität wieder schließen mußten. Ein ungewöhnlicher «Markt» waren die Obstkähne aus dem Spreewald oder Havelland, die beliebten «Äppelkähne», die auch die Gemüse-, Heu- und Baustoffversorgung am kostengünstigsten regelten. Berlin wurde dank seiner natürlichen und künstlichen Wasserstraßen zum Zentrum des Ost-West- und Nord-Süd-Handels auf dem deutschen Binnenmarkt. Anzumerken wäre noch, daß der alte Viehhof in der Brunnenstraße und der neue in der Eldenaer Straße Berlin mit Fleisch und Wurst versorgte. 1886 wurden 100000 Rinder, 830000 Schweine und eine gewaltige Zahl an Kälbern und Schafen auf dem neuen Viehhof geschlachtet.

Im letzten Viertel des 19. Jh. vollzogen sich im Handel erhebliche Differenzierungen. Die Kaufläden für allgemeinen Bedarf von der Seife bis zur Butter mauserten sich unter dem Druck der Konkurrenz. Viele Läden brachten, um Kunden zu werben, bereits im Fenster das Angebot zur Auslage; Tafeln mit Preislisten standen vor der

Tür, und der «Eckladen» wurde zum bevorzugten Standort. Zur gleichen Zeit kam etwas Neues auf: Bereits auf das Jahr 1815 geht die Gründung des Kaufhauses N. Israel in der Spandauer Straße zurück, wo man in mehreren Etagen zu verkaufen begann. Doch das Verdienst des ersten echten Kaufhauses gebührt dem Kaufmann Gerson, der das «Universalangebot unter einem Dach» zum neuen Verkaufsprinzip machte. In den sechziger Jahren folgten Dutzende von Geschäften diesem Trend. Das Kaufhaus des 20. Jh., ein Gebäudekomplex, eine Kaufburg oder ähnliches wie Wertheim, Tietz u. a., war danach nur noch eine Frage der Ausdehnung und des Geldes.

Die Banken sind Schaltstellen des Geldes und zugleich das Barometer für Auf- oder Niedergang der Wirtschaft. Das Geld, dessen Bedeutung als allgemeines Wertäquivalent mit dem Niedergang der Antike mehr und mehr zurückging, konnte erst allmählich in der feudalen Gesellschaft wieder Fuß fassen. 1712 wird das erste große Bankgeschäft von Splittgerber und Daum in Berlin eröffnet; sie haben als wohlhabende Kaufleute, deren Angebot sich vom Zucker bis zu Stahl- und Messingwaren erstreckte, am meisten den Mangel bislang fehlender Geldinstitute verspürt. Seit 1738 diente das «Lusthaus» als Börse, bevor man 1805 in ein eigenes Haus (die alte Börse) einziehen konnte.

Trotz vielfacher Ideen und Projekte wollte es mit einer Berliner Bank nicht recht glücken. Erst in der zweiten Hälfte des 18. Jh. entstanden mit der «Seehandlungssozietät» und der «Königlichen Giro- und Lehnbanko in Berlin» lebensfähige Unternehmen. Als Bankgeld wurde das Bankopfund mit 25% im Wert zum Friedrichsdor herausgegeben. Die Bankgeschäfte erlebten 1806 auch ihre Katastrophe und konnten erst 1820 durch die Verschmelzung der Kaufmannsgilden zu einer Korporation auf eine Belebung des Geldgeschäftes hoffen. Seit diesem Jahr gab es auch wieder «Bankkassenscheine» als zweckmäßiges Umlaufmittel, die 1836 vereinheitlicht wurden.

Die Etappen, in denen sich die Aufhebung der politischen und wirtschaftlichen Zersplitterung in Deutschland vollzog, markieren mehr als in jedem anderen Bereich die Wachstumsphasen der Banken in Berlin. Aus der «Königlichen Bank» ging 1846 die «Preußische Bank» und 1875 die «Deutsche Reichsbank» hervor. Die Gründung des Norddeutschen Bundes ermöglichte bereits 1870 die Einführung eines allgemein gültigen Bankgesetzes, das seit 1875 einheitlich für das ganze Reich galt. Die Schattenseiten dieser zentralistischen Entwicklung brachen 1873 unübersehbar auf, als nach der Geldschwemme durch französische Kriegsentschädigungen die Spekulationen und die überhitzte Papiergeld-Zirkulation den Gründerkrach auslösten und die Krisenjahre einleiteten.

Das Bankwesen in Berlin war neben der «Reichsbank» noch durch andere bedeutende Institute repräsentiert. Dazu zählten die «Bank des Berliner Kassenvereins», die vor allem durch die Familie Mendelssohn ihren Ruf erhielt, die «Diskontogesellschaft», die «Deutsche Bank», die «Preußische Bodenkreditbank», die «Berliner Handelsgesellschaft» und die «Zentralbodenkredit-Aktiengesellschaft» neben einem Dutzend kleinerer Unternehmen.

Große Namen des Bankgewerbes waren neben den bereits erwähnten Fetschow und Sohn, Schickler, Delbrück, Pietsch, Gebrüder Veit, Jaquier & Securius und Gerson Bleichröder, der «Berliner Rothschild». Die meisten Firmen konzentrierten sich im sogenannten Bankenviertel, das noch bis heute auch baulich zu erkennen ist. Der Komplex erfaßte, angeführt von der «Zentrale», der Behrenstraße, die Französische und die sie kreuzenden Querstraßen. Die 1870 gegründete «Deutsche Bank» begann in der Französischen Straße, fusionierte mit anderen Unternehmen und schwoll zu einem Imperium an, dessen Gebäudeblock, durch Schwibbogen verbunden, von der Behren- zur Französischen und bis zur Mauerstraße reichte. Dieses Unternehmen führte erstmalig in Berlin und Deutschland Depositenkassen ein, womit eine bewegliche und weitverzweigte Geldwirtschaft vielen industriellen und privaten Partnern fördernd entgegenkam. Noch vor der Jahrhundertwende allerdings trat der unheilvolle Charakter dieses Bankgiganten deutlich hervor.

Hof der Rosenstraße 21. 1880. Beachtenswert
sind die jungen Bäume und die Hausberankung,
die den alten Höfen oft eine gemütliche Note
verleiht. Die Hintergebäude wurden, wie hier
für eine Tischlerei, meist für Gewerbezwecke
genutzt.

«Colonialwarenladen» – Gips-, Ecke August-
straße mit Blick in die Gipsstraße. Um 1890.
In der Berliner Mundart sprachen einst die
Berliner Kinder: «Gips gibs in der Gipsstraße bei
Frau Gips im Gipskeller, gibs da keinen Gips,
gibs überhaupt keinen Gips.» Das Bild zeigt
einen kleinbürgerlichen Stadtteil der Spandauer Vorstadt. Links im Bild ein Teil der
Bebauung aus der Zeit bis 1720, von dem sich
bis heute einiges erhalten hat.

Neue Königstraße am Eingang zum Georgen-
kirchhof. 1893. Die Georgenkirche mit dem sie
umgebenden Kirchhof war einst eine Kapelle
für Pestkranke vor der Stadt. Später zur Pfarr-
kirche der Königsstadt umgebaut, wurde der
einstige Kirchhof bebaut. Sein Name blieb im
Straßennamen erhalten. In den neunziger
Jahren des vorigen Jahrhunderts erfolgte ein
erneuter Umbau. Im Bild rechts eine typische
Straßenszene: Neugierige umlagern einen
wortgewandten Straßenhändler; die kleinen
Läden mußten trotz Spezialisierung ein breitgefächertes Angebot bieten, um wenigstens
zu überleben. Im Hintergrund eine Klempnerei.

Schuhgeschäft in der Parochialstraße. Um 1900.
Handwerker, die keinen größeren Lagerraum
benötigten, nutzten häufig die Parterre- oder
auch Souterrainräume; in den darüberliegen-
den Etagen wohnte man. Kleine, schmale
Häuser auf mittelalterlichem Grundriß, Fachwerkbauten, die nach außen verkleidet waren,
bestimmten das Charakteristische der Wohn-
quartiere. Die Straße mußte dem Neubau des
Stadthauses weichen.

Die Gärtnerei «Blümchen» in der Bendler-
straße. Um 1880.

Obstkahn aus Böhmen am Königin-Augusta-
Ufer. 1890. Ein reizvolles Bild, das allzuleicht
die Tatsache vergessen läßt, daß die Händler
nur unter großem finanziellem Aufwand ihr
Obst nach Berlin bringen konnten. Sie verkauften nicht nur ihr Obst, sondern mußten den
Kahn, dessen Rücktransport zu teuer war, ebenfalls losschlagen.

Kramladen in der Waisenstraße 31. Um 1900. Die zunehmende Industrialisierung Berlins veränderte radikal jahrhundertelang gewachsene Strukturen und ließ neue entstehen. Zu den wesentlichsten Neuerungen gehörte, daß an Stelle der bisherigen teilweisen Selbstversorgung der Einkauf aller zum Leben notwendigen Produkte in Geschäften erfolgte. Für die reichen Bevölkerungskreise entstanden die Spezialgeschäfte in der Leipziger Straße, für die ärmeren die Kramläden in ihren Wohngebieten. Da diese selten oder gar nicht photographiert wurden, sind diese Aufnahmen besonders wertvolle Zeitdokumente.

Haus Gerson. Um 1880. Obwohl von nicht einwandfreier Qualität, gehört dieses Photodokument mit zu den besonders wertvollen der Schwartzschen Sammlung. Es zeigt die Straßensituation am Werderschen Markt mit Blick in die Kurstraße (im Hintergrund der Block der Reichsbank in der Jägerstraße). Das Kaufhaus Herman Gerson wurde 1848 am Werderschen Markt eröffnet. Es war in Berlin das erste Haus, das ausschließlich für den Zweck als Kaufhaus errichtet wurde. Seine Fassade war noch vom Wohnhausbau bestimmt. Damit trat die Architekturentwicklung in Berlin in eine neue Phase, obwohl es längere Zeit dauerte, bis sich dieses

Beispiel durchsetzte. Die anderen Berliner Kaufhäuser benutzten längere Zeit umgebaute Wohnhäuser. Vom Haus Gerson aber führte ein gerader Weg zu den großen Warenhauspalästen von Wertheim, Israel, Tietz u. a. m., wie sie vor allem von Alfred Messel entworfen wurden. Das Haus der 1839 gegründeten Firma Gerson in der Formsprache des Berliner Spätklassizismus galt als eine Berliner Sehenswürdigkeit. Es wurde 1889 abgerissen.

Leipziger Straße Nr. 30 und 31 auf der Südseite zwischen der Friedrichstraße und Charlottenstraße. Um 1880. Diese zwei reizenden Berliner

Bürgerhäuser vom Ende des 18. Jh. dokumentieren die Aushöhlung der Häuser durch Geschäfte, die ihren Untergang einleiteten. In Nr. 31 befand sich seit 1829 die bekannte Berliner Gummihandlung Fonrobert, das Haus fiel 1893 der Spitzhacke zum Opfer. Nr. 30, ebenfalls durch zahlreiche Firmen genutzt, wurde bereits 1880 abgerissen. Auf beiden Grundstücken entstanden Neubauten, die am Anfang des 20. Jh. von Warenhauspalästen verdrängt wurden.

Wochenmarkt auf dem Alexanderplatz. 1886/87. Diese Märkte waren Teil des Berliner Lebens durch Jahrhunderte. Auf ihnen kauften die Berliner häufig direkt ihre Waren vom Erzeuger. Die Märkte gehörten zum Leben der Stadt, sie fielen aber der Ausdehnung Berlins zur Groß- und Weltstadt zum Opfer. Nur in den Außenbezirken blieben sie lange, fast bis heute, erhalten. In der Bildmitte links das «Haus zum Hirschen». Schinkel wohnte hier kurzzeitig. Der Volksmund nannte es das «Haus mit den 99

Schafsköpfen». Die Pointe gipfelte darin, daß mit dem aus dem Fenster blickenden Besitzer die Zahl 100 voll wäre.

Neuer Markt um 1880.

Marktszene auf dem Neuen Markt in Berlin vor seinem Umbau. Um 1880.

Wochenmarkt auf dem Gensdarmen-Markt, hinter der Französischen Kirche mit Blick auf die Französische Straße. 1886/87. Teilweise direkt vom Wagen und teilweise in Ständen vertrieben die Händler ihre Waren. In der Französischen Straße rechts der Neubau der «Fondation Archard», daneben das Haus der Berliner Handelsgesellschaft, die sich in diesen Jahren zur größten Emissionsbank Deutschlands entwickelte. Sie war 1856 in dem Vorgängerbau gegründet worden. Der Vorgängerbau entstand 1782 und war das Wohnhaus des Architekten Unger. G. Gropius und H. Schmieden bauten 1872/73 die Fassade um und erhöhten

das Gebäude um ein Stockwerk. 1889 wich es einem Neubau von A. Messel.

Wochenmarkt auf dem Karlsplatz. 1886/87. Rechts die Louisenstraße mit Blick auf die Geologische Landesanstalt am Ende der Straße. Links im Bild die Charitéstraße.

Wochenmarkt auf dem Gensdarmen-Markt. 1886/87. Blick von der Charlottenstraße auf die Markgrafenstraße. Im Hintergrund der Bildmitte, an der Ecke zur Jägerstraße die Preußische Lotteriedirektion, ein Bau K. v. Gontards aus dem Jahre 1781, als Privathaus genutzt. Seit

1791 war in ihm die Lotteriedirektion untergebracht, daneben das Wohnhaus von G. F. Boumann d. J., ein Bau der sechziger Jahre des 17. Jh. Links daneben beginnen bereits die maßlosen und das Platzbild zerstörenden Neubauten. Alle Bauten fielen dem zweiten Weltkrieg zum Opfer.

Blick über den Dönhoffplatz auf das Abgeordnetenhaus in der Leipziger Straße. 1886/87. Im Frühjahr 1849 begannen Bauarbeiten für die Häuser des preußischen Landtages. Preußen war – zumindestens dem staatsrechtlichen Anspruch nach – zum konstitutionellen Staat

geworden. Für die beiden Häuser des preußischen Landtages, die ohne Vorläufer waren, gab es zunächst keine Tagungsräume. Man behalf sich mit Provisorien, die aber sehr lange Zeit diesen Zwecken dienen mußten. Für das Abgeordnetenhaus errichtete man im Garten des ehemaligen Palais des Staatskanzlers Fürst Hardenberg am Dönhoffplatz einen Sitzungssaal und nutzte auch das Palais und sein Nachbarhaus. Dieses Provisorium diente von 1868 bis 1870 auch als Tagungsort des Zollparlaments und dann bis zum Juni 1871 für die ersten Sitzungen des neugeschaffenen Reichstages. In ihm wurde die Verfassung des Deutschen

Reiches debattiert und gegen die Stimme August Bebels, der in den Sitzungen gegen die Politik Bismarcks aufstand, angenommen. Nach einem wiederholten Umbau in den Jahren bis 1875 diente das Gebäude dann einzig dem Abgeordnetenhaus; sein Abbruch erfolgte in den neunziger Jahren des 19. Jh. Im Vordergrund Marktszenen auf dem Dönhoffplatz.

Strousberg ließ zwischen 1865 und 1868 in der Nähe der Weidendammer Brücke die erste Markthalle Berlins errichten. 1874. Trotz Unterstützung der Berliner Polizei, die alle Wochenmärkte in der Umgebung aufhob, setzte sich der

Markthallengedanke noch nicht durch; sie ging in Konkurs. 1870/71 wurde das Gebäude als Zentralstelle der Feldpost genutzt und 1874 für einen Zirkus umgebaut. In diesem Bau gastierten dann Zirkus Renz und Zirkus Schumann, zwei der bekanntesten Berliner Unternehmungen dieser Art. Max Reinhardt ließ dann hier das «Große Schauspielhaus» einrichten, in dem die Aufführungen stattfanden, die ihn weltberühmt machten. Bis 1980 diente der Bau als Varieté. Die Aufnahme zeigt den Abriß der Markthalleneinrichtung beim Beginn des Umbaus zum Zirkus.

Straßenbild am Neuen Markt vor dem Durchbruch der Kaiser-Wilhelm-Straße. Um 1880. Im Bild rechts ein neogotischer Brunnen, der lange Zeit zu den wenigen Brunnen Berlins gehörte.

Wochenmarkt auf dem Spittelmarkt. 1886/87. Mit der Fertigstellung der Zentralmarkthalle am Alexanderplatz und den ersten Markthallen für den Kleinverkauf verschwanden die Wochenmärkte zunehmend von den Berliner Straßen und Plätzen. Zwar entstand in den Markthallen ein neues und für Berlin typisches Leben, aber die gewaltsame Vertreibung dieser

Märkte zerstörte einen gewachsenen Teil des Stadtorganismus. Schwartz photographierte in den Jahren 1886/87 die bekanntesten dieser Märkte und ihr Leben und hinterließ wertvolle und einmalige Zeitdokumente des Berliner Lebens aus einem Bereich, der bisher kaum beachtet worden war.

Dorotheenstraße 7–10. 1871. Die Straße war in diesem Abschnitt einst eine stille Straße hinter der Universität und der Akademie. Ihre behagliche Ruhe endete mit dem Bau der Pferdebahn nach Charlottenburg, deren Gleise im Bild zu erkennen sind. In der Nr. 8 wohnte

bis zu seinem Tode Franz Carl Achard (1750 bis 1821), der als Begründer der Rübenzuckerindustrie Weltruhm genießt. Nr. 7 war Sitz der Industrie- und Handelskammer Berlin. Die Häuser Nr. 7 und 8 fielen dem Neubau dieser Einrichtung zum Opfer. Nr. 9, hier als Lazarett für Verwundete des Krieges 1870/71 genutzt, wurde 1871 beim Neubau der 1831 gegründeten Universitätsbibliothek abgerissen. Nr. 10, 1865 bis 1867 erbaut, enthielt Abteilungen der I. Chemischen Institute der Universität, später wurde sie als Museum für Meereskunde genutzt.

Alte Münze am Werderschen Markt. 1884. Nach dem Brand des Werderschen Rathauses im Jahre 1794 entstand an seiner Stelle der Neubau der Königlichen Münze. Am 20. 11. 1798 wurde für den Bau nach Plänen von Heinrich Gentz der Grundriß gelegt. Mit ihm erfolgte die Ablösung des bisher gültigen Barockstils, wie ihn K. v. Gontard und G. C. Unger praktiziert hatten, er war charakteristisch für den Übergang zum Klassizismus. Die Münze wurde 1871 verlegt. Der Fries von J. G. Schadow kam an den

Neubau. Das Gebäude diente danach als Polizeirevier, kam herunter und mußte 1886 dem Neubau eines Geschäftshauses weichen. Im Hintergrund links die Seitenfassade des Fürstenhauses.

Behrenstraße 61 mit einem typischen Wohn- und Geschäftshaus der sechziger Jahre des 19. Jh., das später der Friedrich-Wilhelms-Versicherungsgesellschaft gehörte und von ihr für einen Neubau geopfert wurde. Um 1885.

Links daneben das Haus von Gerson Bleichröder, als Finanzier Bismarcks und seiner Politik zeitweise der reichste Mann Berlins, auch als «Rothschild von Berlin» bezeichnet.

Neubau der Königlichen Münze in der Unterwasserstraße 2–4. 1875. F. A. Stüler, der bekannte Schinkel-Schüler, lieferte die Skizzen für diesen 1871 eingeweihten Neubau der Königlichen Münze, der in den dreißiger Jahren unseres Jahrhunderts dem Neubau der Reichsbank

weichen mußte. Der breite Fries in der Erd-
geschoßzone stammt von dem alten Münz-
gebäude. Die Entwürfe dazu lieferte Gilly, und
J. G. Schadow fertigte die Modelle für die Aus-
führung in Sandstein. Für den Neubau in der
Unterwasserstraße mußte der Fries verlängert
werden. Er stellt die Geschichte der Münz-
prägung dar und befindet sich heute am
Ministerium für Kultur der DDR am Molkenmarkt.

Die Reichsbank in der Jägerstraße – heute
Otto-Nuschke-Straße – ein Bau Fr. Hitzigs aus
den Jahren 1869 bis 1876, im zweiten Weltkrieg
zerstört. 1882.

Am Ende der Jägerstraße mit der Nebenfront
zum Gensdarmen-Markt errichtete K. Wisend
um 1735 diesen prachtvollen Bau mit stark süd-
deutschen Einflüssen als Domestikenhaus für
die königliche Hofhaltung. Um 1880. In ihm ließ
Friedrich II. 1772 die «Preußische Seehandlung»

einrichten, die ein Vorläufer der späteren Preußischen Staatsbank war. Sie hatte die Aufgabe,
den Handel zu beleben und den Absatz von
preußischen Produkten im Ausland zu erleich-
tern. Gegen den Protest der Berliner Öffentlichkeit wurde dieser reizvolle Bau 1904 abgerissen,
um dem Neubau der Preußischen Staatsbank
Platz zu machen.

Verkehr und Nachrichten

Der Verkehr zu Wasser, auf Straßen und Schienen realisierte mit dem Anwachsen von Industrie und Stadt die vielfältige Kommunikation materieller und ideeller Art zwischen verschiedenen Partnern an verschiedenen Orten. Die Verkehrswege wurden schon oft bildhaft mit den Adern des Körpers verglichen; sie sind aus den natürlichen Pfaden und Wasserwegen hervorgegangen und waren, den wachsenden Produktivkräften stets adäquat, durch künstliche Wege – Kanäle, Schienen oder befestigte Straßen – den sich stetig erweiternden Erfordernissen angepaßt worden. Die Forderungen der Industrie im 19. Jh. lauteten: Verkürzung der Transportzeiten durch Schnelligkeit, Erhöhung des Umschlags auch bei Massengütern, und das alles unter dem Aspekt der Rentabilität. Bis 1824 dauerte eine Reise von Berlin nach Magdeburg zweieinhalb Tage; Schnellposten erreichten die Stadt in sensationellen 15 Stunden.

Die Stadt forderte innerhalb ihrer Mauern neben der Geschwindigkeit eine hohe Regelmäßigkeit und eine auf individuelle Wünsche eingehende Disponibilität. Um 1900 wollten und mußten bereits zwei Millionen Berliner befördert werden, die in dem Umkreis von 15 Kilometern um das Rathaus wohnten und arbeiteten. Die Verkehrsströme mußten von allen zu allen Schwerpunkten und zu allen Tageszeiten fließen. 200 Jahre früher konnte noch jeder «bequem» zu Fuß die Stadt durchqueren; die Wagen waren den schweren Lasten vorbehalten. Das Symbol im Straßenverkehr war der uckermärkische Bauer, der mit dem Vierspänner die Feldfrüchte zum Wochenmarkt brachte und, auf dem Sattelpferde reitend, seine Fuhre lenkte.

Ein erstes Lohnfuhrunternehmen innerhalb der Stadt, 1739 gegründet, reichte für die anfallenden Transportaufgaben aus. Erst nach den napoleonischen Kriegen etablierten sich in Berlin für Personentransport die ersten 32 aus Warschau stammenden Lohn-Droschken, für die der Fahrpreis zwölf Groschen pro Stunde betrug. 1825 erhielt S. Kremser eine Konzession für Fahrten mit Torwagen, auch «Kremser» genannt, vom Brandenburger Tor ins «Grüne».

Die Straßen Berlins waren zu dieser Zeit teilweise vor Schlamm und Unrat nicht nur bei schlechtem Wetter unpassierbar. Die Überschüsse aus der Hundesteuer erlaubten 1825 die Pflasterung der ersten Bürgersteige; in den kommenden Jahrzehnten hat die Tierliebe der Berliner das Straßennetz zum größten Teil mitfinanziert.

Als 1838 zum ersten Mal eine Eisenbahn Berlin erreichte, lohnte sich auch ein öffentlicher Sammeltransport mit «Fahrplan», ein Pferdeomnibus, vom Potsdamer zum Alexanderplatz. Das folgende Jahrzehnt überschlug sich mit der Einweihung neuer Bahnhöfe und Schienenwege, aber auch das Droschkenwesen wuchs unkontrolliert – besonders in den Preisen – in die Höhe. Ein Nachweis dafür sind auch drei Patentanmeldungen für Taxameter von verärgerten Fahrgästen allein in Berlin; die «Erfinder» waren eine Frau, ein Uhrmacher und ein ordentlicher Musikprofessor. Die Firmen Heckscher und Freyberg sorgten demgegenüber um 1846 bereits auf fünf Omnibuslinien für erschwingliche Preise; 1858 wurden durch eine Polizeiverordnung geregelte Tarife verkündet.

Inzwischen rollten die Eisenbahnen zwischen Berlin und fast allen Großstädten und kündeten den «Ausspannungen» das nahe Ende an. Die großen Pferdefrachtwagen hatten bislang allein die Speditionsgeschäfte über Land abgewickelt. Das Dampfroß war jedoch auf langer Strecke schneller und kräftiger, in der Stadt aber blieb das Pferd noch Favorit. Die erste Dampfdroschke, ein lautes Ungetüm, fuhr 1862 23 Kilometer in der Stunde; doch selbst die von Wöhlert verbesserten Straßendampfwagen mußten 1882 endgültig als Straßenverkehrsmittel gestrichen werden. Ähnlich dramatisch, doch mit Erfolg auf lange Sicht, verlief die Einführung des Fahrrades in Berlin. Aus Paris 1869 eingeführt, verbreitete sich dieses «Mobil» sehr schnell, wurde jedoch 1880 für fast 20 Jahre im Stadtzentrum polizeilich verboten, weil einem Bericht des Polizeipräsidiums zufolge «Pferde scheuten» und Passanten, selbst «Schutzleute, verängstigt» wurden.

Die Pferdestraßenbahnen waren das umwälzende und aufsehenerregende Ereignis im innerstädtischen Verkehr in der zweiten Hälfte des 19. Jh. 1865 fuhr man mit der ersten Bahn des Hamburger Unternehmers Moller vom

Brandenburger Tor, und etwas später dann vom Kupfergraben bis nach Charlottenburg, für 25 Pfennige. Die großangelegte Erweiterung machte 1865 die Gründung einer Aktiengesellschaft mit 257 Omnibussen und 1089 Pferden notwendig. 1870 drang die Pferdebahn ins Zentrum der Stadt ein und eroberte sich zehn Jahre später auch die «Seele» der Geschäftswelt, die Leipziger Straße.

Zeitungen berichten aber auch von anderen Verkehrsprojekten der sich entfaltenden Großstadt. Ganze Häuserzeilen wurden zwecks Straßenerweiterung niedergelegt, und Straßendurchbrüche begradigten und verbanden großmaschig die alten Stadtteile miteinander, z. B. die Durchbrüche für die Kaiser-Wilhelm-Straße, Neue Wilhelmstaße, Taubenstraße, Französische Straße, Prinz-Albrecht-Straße und Neue Friedrichstraße. Auch Brücken und Kanalübergänge wurden erneuert oder völlig neu errichtet. 1875 erhielt Berlin versuchsweise eine fünf Kilometer lange Asphaltstraße.

Ab 1872 verband eine Ringbahn die außerhalb Berlins liegenden Eisenbahnlinien und löste die alte provisorische Verbindungsbahn ab, die an der ehemaligen Stadtmauer entlang mitten auf der Straße lag und vom Frankfurter Bahnhof über den Potsdamer und Hamburger bis zum Stettiner Bahnhof reichte. Berlins Kopfbahnhöfe erhielten monumentale Bauten, die eine regelrechte Bahnhofsarchitektur präsentierten. 1874 wurde ein weiteres Großunternehmen, der Bau der Stadtbahn, nach Plänen von Orth in Angriff genommen. Sie begann am Frankfurter Bahnhof, folgte in Höhe der Jannowitzbrücke dem Verlauf des zugeschütteten Festungsgrabens fast bis zur Friedrichstraße und endete vorerst am Lehrter Bahnhof. Bereits 1882 wurde die quer durch die Stadt führende Ost-West-Verbindung eingeweiht.

Eine weitere Sensation kündigte sich in dieser Zeit an: die Elektrifizierung der Straßenbahn. Wenn auch erst als Idee, so doch mit Aussicht auf praktischen Erfolg, schwebte den Vätern der Elektrifizierung eine schnelle Stadt- und Ringbahn vor. Die Pläne eilten inzwischen der Zeit voraus, denn als drittes Großprojekt hatte man eine Hoch- und Untergrundbahn vor Augen. Es waren kühne Vorstellungen, denn 1880 fuhr erstmalig nach vorangegangenen glücklichen Experimenten von Siemens und Halske in Lichterfelde eine öffentliche elektrische Bahn vom Karlsplatz zur Ausstellung am Neuen Tor. Die Stromführung in beiden Schienen barg für die belebte Stadt jedoch noch zu viele Gefahren, und so mußte man bei den bestehenden Möglichkeiten nach Lichterfelde ausweichen; die regelmäßige Verbindung vom Bahnhof zur Kadettenanstalt bewährte sich aufs beste. Als 1882 das entscheidende Problem dank der Oberleitungen gelöst war, erfolgte die großangelegte Elektrifizierung der Straßenbahn. 1896 fuhr die erste regelmäßige öffentliche «Elek-

trische» durch die Stadt zur Gewerbeausstellung nach Treptow; daß sie noch nicht schneller war als die Pferdekonkurrenz, lag weniger an ihrer Leistungsfähigkeit, sondern mehr an der Verstopfung der Straßen durch Menschen und Fahrzeuge.

Zeitungsschlagzeilen für die kommenden anderthalb Dezennien waren: 1892 – erster D-Zug verläßt Berlin; erster Kraftwagen von Benz; 1893 – Flugversuch von Lilienthal; 1895 – Luftschiff von Zeppelin; 1896 – Baubeginn der Berliner Hoch- und Untergrundbahn; Lilienthal verunglückt tödlich; 1898 – erster Kraftomnibus mit Akkumulatoren; erstes Automobilrennen Berlin – Potsdam; 1899 – Spreetunnel in Treptow; elektrische Droschken durch Fuhrunternehmer Thien in Betrieb genommen; erstes Motorradrennen; 1900 – elektrische Schnellbahnen von Siemens und Halske erreichen 200 km/h; 1901 – ein Wetterballon steigt mit Meteorologen bis 10000 m auf; 1902 – Eröffnung der ersten Strecke der Berliner Hoch- und Untergrundbahn; 5000. Lokomotive von Borsig; 1905 – Aufnahme des Kraftwagenverkehrs durch die «Allgemeine Omnibus-Gesellschaft».

Die bewegte «Verkehrsmasse» zeigt stolze Zahlen: 1880 wurden 47 Millionen, 1890 186 Millionen und 20 Jahre später schon 470 Millionen Fahrgäste pro Jahr im Stadtverkehr befördert. 1870 unternahm ein Berliner im Durchschnitt zwei Fahrten mit öffentlichen Verkehrsmitteln – vierzig Jahre später waren es bereits 250. Um 1900 konnte man für fünf Mark die Kraftdroschke 13 Kilometer oder die Pferdedroschke 18 Kilometer benutzen und mit der Eisenbahn sogar 100 Kilometer reisen; auf der «Elektrischen» kostete die Fahrt einen Groschen – die Hoch- und Untergrundbahn war dreimal teurer, dafür konnte man aber vom einen Ende der Stadt zum anderen gelangen. Die Berliner Verkehrslösung durch die Elektrifizierung der Stadt- und Ringbahn und eine im Bau befindliche Nord-Süd-Achse am Anfang unseres Jahrhunderts war eine Pionierleistung im Weltmaßstab.

Berlins Wasserstraßen standen dieser Entwicklung nicht nach. Der mehrfach genutzte Titel «Berlin als Hafenstadt» könnte vielen, die nicht die nüchternen Zahlen und damit das Gewicht des Wasserverkehrs kennen, als Ironie erscheinen. Die günstige Lage der Stadt an natürlichen und künstlichen Wasserläufen wurde erst mit der industriellen Entwicklung deutlich. 1875 konnten schon 64 Millionen Zentner Waren umgeschlagen und 147 Millionen Zentner durch die Stadt zwischen Elbe und Oder transportiert werden. 30 Jahre später lagen diese Angaben um das Zweieinhalbfache höher. Damit nahm Berlin nach Duisburg-Ruhrort den zweiten Rang als Binnenhafen in Deutschland ein. Vom Standort Berlin zwischen Elbe und Oder erreichte man per Kahn Hamburg in zwei Tagen und Stettin in 36 Stunden. Der Wassertransport erlaubte

Preise, die weit unter denen aller anderen Transportarten lagen. Berlin besaß mehrere z.T. auf einzelne Produkte spezialisierte Hafenanlagen, die einen schnellen Umschlag garantierten. Die größten Anlagen befanden sich am Humboldthafen und in Charlottenburg; ihnen folgten der Stralauer Anger, das Kronprinzenufer, Spandau sowie Tegel. Die Waren wurden überwiegend im Handbetrieb gelöscht, erst um die Jahrhundertwende erleichterten elektrisch betriebene Portalkräne die Arbeit.

Auf Berlins Gewässern verkehrten Personendampfer, Schleppdampfer, Zillen und andere Nutzfahrzeuge, die der Volksmund schlicht nach ihrer Ladung als «Kohlen»-, «Ziegel»- oder «Äppelkähne» bezeichnete. Die modernsten Schiffe um 1900 waren Doppelschrauben-Eildampfer für Personen- und Frachtverkehr.

Die Geschichte der Hafenstadt Berlin besitzt unter alten Zeugnissen Berichte von «Seegefechten» im 16. Jh., letztmalig 1595, zwischen Fischern aus Berlin und der Umgebung; es waren Höhepunkte von Volksbelustigungen. Nach dem Dreißigjährigen Krieg begann erst die gezielte wirtschaftliche Nutzung der Wasserstraßen für Transporte. Der Oder-Spree-Kanal, der «Neue Graben», wurde gestochen; Memhardt zwang die Spree innerhalb der Stadtmauern teilweise in ein steinernes Bett und steinerne Schleusen. In dieser Zeit gründeten eingewanderte Holländer am Schiffbauerdamm, der damals Treckschuyten-Damm hieß, in der Nähe der Dorotheenstädtischen Kirche eine Schiffswerft.

Der Baumeister Nehring setzte am Ende des 17. Jh. die Arbeit zur Befestigung der Flußläufe fort, und Berlins erste Steinbrücke, die Lange Brücke mit dem von Schlüter geschaffenen Denkmal des Kurfürsten Friedrich Wilhelm, wurde 1694 eingeweiht. Weniger Rühmliches ist vom ersten Preußenkönig zu berichten, der 1709 die teuerste Prunkjacht für 100000 Thlr erbauen ließ. Sein sparsamer Nachfolger, der «Soldatenkönig», tauschte sie später beim Zaren gegen großgewachsene Soldaten ein.

Wirtschaftliche Überlegungen führten an der Wende zum 19. Jh. zum weiteren Ausbau der vorhandenen Wasserwege, aber auch zum Bau neuer Kanäle. In den darauffolgenden 100 Jahren erhielt Berlin den neuangelegten Oder-Spree-Kanal, den Landwehr- und den Teltowkanal und dann noch den Großschiffahrtsweg Berlin – Stettin. Die Schiffahrt mit Dampf eröffnete in Berlin der Engländer Hamphry 1816 mit der «Prinzessin Charlotte» vom Schloß Bellevue aus nach Potsdam; ein Jahr später folgte mit der «Magdeburg» ein weiteres Dampfboot, das schon dreieinhalb Meilen in der Stunde bewältigte. Dem frühen Unternehmen war kein bleibender Erfolg beschieden. Zehn Jahre später versuchte sich der Badeanstaltsbesitzer Pfuel mit einem von Tür-zu-Tür-Transport; doch auch dieser Impuls währte nicht lange.

Die sechziger Jahre erst leiteten den regelmäßigen Dampfschiffahrtsbetrieb ein. Den Unternehmern Maas und Sachse, auch Badeanstaltsbesitzer, gelang ein wirtschaftlich rentabler Fährbetrieb. In und außerhalb der Stadt entstanden mehrere Anlegestellen, die dem Hang des Berliners zur Fahrt ins «Grüne» am besten Rechnung trugen. 1888 erreichte die Flußschiffahrt mit der Gründung der «Stern-Dampfergesellschaft» durch Krosikisius eine Dimension, die sich in Konkurrenz zu Straße und Schiene gewinnbringend von Jahr zu Jahr behaupten und sogar noch ausbreiten konnte.

Berlins Wasserstraßen erlebten am Anfang des 20.Jh. eine Verkehrsdichte, die nun im Gegenzug dem Landverkehr einen echten Wettbewerb lieferte. Gemessen am Frachtraum und der Personenkapazität, war die Schiffahrt in der Auslastung den anderen Verkehrsmitteln weit überlegen. Für den Materialtransport sprachen insbesondere ein fünfmal geringerer Preis. Auch der Personenverkehr zeigte gesunde Zahlen; so benutzten ca. drei Millionen Berliner die Dampfer für den Fährbetrieb oder Vergnügungsfahrten. Lediglich das Tempo behagte der pulsierenden Weltstadt mit Ausnahme der Sonntagsausflüge nicht. Der Wasserverkehr hat sich aber bis heute seine wirtschaftlichen Vorteile und erholsamen Reize erhalten.

Schnelligkeit ist demgegenüber das Hauptprinzip des Verkehrs mit Informationen. Die Beförderung von Nachrichten auf unterschiedliche Weise ist sehr viel älter als die Institutionalisierung durch die Post. Berlin besitzt keine ausdrücklichen Schriftbelege für den ältesten Nachrichtenverkehr, doch können wir bei der Enge der Stadt Boten zu Fuß und zu Pferde als eine gängige Methode der Übermittlung annehmen. Berlins Postmuseum bewahrt historische Zeugnisse aus der Antike, die das Alter der Stadt um das Doppelte überragen; aus dem eigenen Umkreis weisen Quellen Mönche als die ersten zuverlässigen «Briefträger» nach; auch andere Reisende, Kaufleute oder Schiffer, standen zur Disposition.

Die Post, von «Posten» abgeleitet, hat ihren modernen Ursprung in Frankreich. Die Fürsten auch anderer Staaten nutzten das Prinzip fester Posten und Stationen, wo man Pferde wechseln, sich erfrischen und gelegentlich auch übernachten konnte. Die manchmal durch ihren Zeitgewinn wesentliche Bedeutung einer solchen zentralisierten Informationsübermittlung für Staat und Politik brachte die Post von Anfang an in die unmittelbare Verfügungsgewalt der feudalen Obrigkeit, sie nutzte die Post weitgehend für eigene Zwecke und verstand es, Gewinne mit Zusatzgeschäften zu machen. In Preußen förderte der Postzwang erheblich die Einnahmen des Fiskus; bereits 1655 konnte man trotz der Weiträumigkeit des Landes zweimal in der Woche einen regelmäßigen Postverkehr sichern. Vier Tage nur brauchte ein Brief von Berlin nach Königsberg; für damalige Verhältnisse geradezu eine fliegende Post, da die normale Reise etwa 14 Tage dauerte.

Berlin fungierte als Drehscheibe der Verbindungen in alle Himmelsrichtungen, nach Holland, Schweden und Dänemark, Warschau und Moskau und nach Österreich. Den preußischen Beamten sagte man schon im 17. Jh. Pünktlichkeit, Sicherheit und strenge Beaufsichtigung nach. 1712 beseitigte ein Postgesetz alle tariflichen Zufälligkeiten, es wurde 1782 durch eine mustergültige Postordnung mit allen rechtlichen Erwägungen erweitert. 1823 führte Berlin erstmalig Briefkästen ein, die, wie eine Zeitung schrieb, noch streng observiert werden mußten.

Trotz aller Verdienste und Neuerungen hat die Post durch die Ungeduld der Wartenden viel Spott und Kritik oft unberechtigt erleiden müssen, denn das bekannte Bild von der «Schneckenpost» entstand noch vor der Einführung des neuen und schnellen Verkehrsmittels, der Eisenbahn. Die Dampfkraft revolutionierte geradezu das Postwesen, und noch heute erscheinen Post und Eisenbahn, wenn auch streng getrennt, als Zwillingsbrüder. Das Dampfroß brauchte weniger Ruhepausen, leistete ein Vielfaches mehr, war schneller und fuhr regelmäßiger für einen geringeren Preis.

Auch der innerstädtische Nachrichtenaustausch schwoll derart schnell an, daß 1827 eine Stadtpost mit zwei Ämtern und 60 Annahmestellen eingerichtet werden konnte. 1849 konnte eine einheitliche Portoberechnung nach Entfernung und Gewicht durchgesetzt und die öffentliche Benutzung der seit zwei Jahren funktionierenden Staatstelegraphen erlaubt werden. Ein weiteres Jahr später gab es in Berlin die ersten Briefmarken und das erste «Cours-Buch» für Post, Eisenbahn und Schiffahrt. Nach der großartigen Erfindung der Telegraphie gelang mit der Gegensprechanlage, 1854 durch Siemens und Frischen vorgestellt, ein großer Schritt vorwärts. Dadurch konnten weitere Post- und Telegraphenämter eingerichtet werden. 1865 erhielt Berlin eine weitere, in der Welt einmalige Attraktion: Die erste Rohrpostanlage zwischen dem Haupttelegraphenamt und den Bezirksämtern wurde in Betrieb

genommen. Schon zehn Jahre später verfügte sie über die stattliche Länge von 29,5 Kilometern mit 19 Stationen.

Die Einführung der Postkarte und ein einheitliches Porto in verschiedenen Ländern seit 1869/70 bereiteten 1874 die internationale Übereinkunft von 22 Staaten vor, die mit dem Namen ihres Initiators Stephan, dem «Post-Bismarck», aufs engste verbunden ist. Der Verein führte seit 1878 den Namen «Weltpostverein», der ihm inzwischen tatsächlich gebührt.

1877 kam die Nachricht von der Erfindung des Telephons aus Amerika nach Berlin. Schon die ersten Versuche im Oktober zwischen Rummelsburg und Friedrichsberg verliefen vielversprechend, so daß drei Jahre später das erste Fernsprechamt in der Französischen Straße 33 eingerichtet werden konnte. Die Berliner befreundeten sich nur zögernd mit der neuen Technik; das erste Telephonbuch enthielt nur 200 Namen und fünf öffentliche Fernsprecher. Die Gebühren betrugen immerhin 50 Pf. pro Gespräch. Aber 1885 war das Eis gebrochen – 6000 private oder amtliche Anschlüsse und weitere fünf Jahre später 15000 Apparate wurden von den Berlinern genutzt.

Mitte der achtziger Jahre besaß Berlin über hundert Post-, 54 Telegraphen- und 24 Rohrpostämter. Die rasante Entwicklung hatte selbst die kühnen Projekte H. v. Kleists überholt, der 1810 in mehreren Zeitungen den «Vorschlag» offerierte, «ausgediente Bomben mit Briefen gefüllt zu verschießen». Die Post ist zum Glück nicht auf diese «explosive» Beförderung eingegangen. Dafür hat man personell in den letzten zwei Jahrhunderten kräftig zugelegt; 1837 verfügte das Hauptpostamt in der Poststraße über je drei Briefträger und Paketausträger – 1900 konnte man 800 beamtete Briefträger vorweisen.

Anzumerken bliebe noch eine Besonderheit der Post: Alle Neubauten mußten sich den Baulichkeiten der Umgebung in Stil und Ausmaß anpassen. Diese lobenswerte Haltung hat die Postbauten nicht wie andere Protzbauten, Kaufhäuser und Palais von Neureichen, aus den Häuserzeilen herausfallen lassen und gab damit ein Beispiel sicherlich nicht nur für das vergangene Jahrhundert.

Potsdamer Bahnhof am Potsdamer Platz. 1876.
Der Potsdamer Bahnhof war der älteste Bahnhof
in Berlin, von ihm fuhr am 22. 9. 1838 der erste
Zug von Berlin nach Potsdam. Zugleich war das
die Eröffnung des Eisenbahnbetriebes in Preußen überhaupt. 1870 bis 1872 zu einem Pracht-
bau umgestaltet, wurde der Bahnhof ein Opfer
des zweiten Weltkrieges. Die Grünanlage links
im Bild bezeichnete den alten Friedhof der
Dreifaltigkeitsgemeinde.

Straßenverkehr auf dem Spittelmarkt, dem
Zentrum der Berliner Konfektionsindustrie.
Um 1886.

Blick in die Halle des 1870 bis 1872 umgebauten Potsdamer Bahnhofs. 1876.

Der Frankfurter Bahnhof. 1869. Im Laufe seiner Geschichte hat der 1845 angelegte Endpunkt der Niederschlesisch-Märkischen Eisenbahn mehrere Bezeichnungen getragen. Er hieß zunächst Frankfurter Bahnhof, oder Niederschlesisch-Märkischer, dann nach der Zusammenlegung mit dem Ostbahnhof Schlesischer Bahnhof, und nach seinem Wiederaufbau 1945 Ostbahnhof. Unser Bild zeigt ihn nach dem ersten, 1869 fertiggestellten Umbau. Die Eisenkonstruktion der Halle, von der Schwartzkopffschen Maschinenbauanstalt ausgeführt, entwarf der Architekt J. W. Schwedler.

Anhalter Bahnhof. 1882. Seit 1872 wuchs auf dem Gelände einiger älterer Bahnhöfe der Anhalter Bahnhof, ein wahrer Palast nach Plänen des Baurats F. H. Schwechten; ein typischer Bau im «Zeitalter der Bahnhöfe».

Die Einmündung des Festungsgrabens in die Spree gegenüber der Museumsinsel vor dem Bau der Stadtbahn. 1876/77. In der Bildmitte die Herkulesbrücke.

Der Bau des S-Bahnhofs Börse, heute Marx-Engels-Platz. 1879. Deutlich ist der Verlauf des ehemaligen Festungsgrabens, der hier Zwirngraben hieß, als Trasse für die Stadtbahn zu erkennen.

Nach dem Bau des Bahnhofs und der Zuschüttung des Festungsgrabens. 1882. Die Herkulesbrücke wurde nach der Straßenerweiterung der Burgstraße heimatlos, die Suche eines neuen Standorts war ein vieldiskutiertes Thema. Die Figur im Vordergrund – Herkules im Kampf mit dem Löwen – steht heute vor dem Märkischen Museum.

Die Königskolonnaden in der Königstraße (heute Rathausstraße) vor dem Bau der Stadtbahn. Um 1875. Die schönsten Kolonnaden waren zweifellos die in der damaligen Königstraße, die die Auffahrt zur Brücke über den Festungsgraben in Richtung auf den Alexanderplatz bildeten. Sie wurden 1777 bis 1780 nach Entwürfen von K. v. Gontard errichtet. Die Figurengruppen symbolisierten den Gewerbefleiß. Beim Bau der Stadtbahn 1884 abgetragen, «wanderten» sie nach Westen und wurden – völlig beziehungslos – 1910 im Kleistpark aufgestellt.

Bau der Stadtbahn, die – als Hochbahn aufgemauert – im Zentrum teilweise auf den alten Befestigungsanlagen aus dem 17. Jh. verläuft. 1878. Dieses gewaltige Unternehmen wurde vom Architekten H. Dircksen geleitet. Deutlich erkennbar der Wasserspiegel des Königsgrabens, hier in der Nähe des Alexanderplatzes, im Vordergrund links die Königskolonnaden.

Bau des Bahnhofs Berlin-Alexanderplatz, der 1882 dem Verkehr übergeben wurde. 1880.

Blick auf den Bahnhof Friedrichstraße von der Georgenstraße her. 1882. In den vier Bögen der Stadtbahn im Vordergrund wurde ein sehr vornehmes Lokal, «Der Franziskaner», eingerichtet, in dem sich die «Berliner auf dem Kopf rumfahren ließen». Andere Bögen dienten als Werkstätten, Lager oder Markthallen, aber auch das Trianon-Theater in der heutigen Geschwister-Scholl-Straße nutzte einen Teil der Bögen für seine Zwecke.

Die Halle des Bahnhofs Friedrichstraße, der auch als Zentralbahnhof bezeichnet wurde, mit Blick nach Osten. 1882.

Blick auf den Bahnhof Friedrichstraße von Süden, rechts im Hintergrund die Friedrichstraße. 1882.

Blick vom Norden auf den 1882 eröffneten
Bahnhof Friedrichstraße. 1882.

Die Jannowitzbrücke, der Stadtbahnhof
Jannowitzbrücke und zwei Dampferanlege-
stationen. 1902.

Baubeginn für den Stadtbahnhof Jannowitzbrücke. 1879. Der Bahnhof wurde zum Teil
direkt in der Spree gegründet. Von hier aus folgt
die Stadtbahn dann dem Verlauf des alten
Festungsgrabens. Die Aufnahme zeigt den Blick
nach Südosten, die Spree hinauf.

Blick über die Spree auf die Wasserseite der
Stralauer Straße; im Vordergrund die Lastkähne
für Baumaterial und andere Transporte. 1888.

Heuumschlag am Humboldthafen. 1881.

Blick über den Humboldthafen vor dem Bau
der Stadtbahn. 1875. Links der Lehrter Bahnhof,
nach Kriegszerstörungen abgetragen. Im
Hintergrund rechts der Hamburger Bahnhof,
1845 bis 1847 erbaut, später als Eisenbahnbau-
und Verkehrsmuseum benutzt, heute Ruine.

«Alte Post» oder Wartenbergsches Palais. Um 1888. Der geniale Baumeister Andreas Schlüter schuf an bevorzugter Stelle, gegenüber dem Schloß, am Eingang zur späteren Rathausstraße, 1703/04 dieses prächtige Adelspalais. Auftraggeber war der preußische Staatsminister Johann Kasimir von Kolbe, Reichsgraf von Wartenberg. Dieser trat 1688 in brandenburgische Dienste und erwarb die Gunst des Kurfürsten Friedrich III. Er beteiligte sich an der

Intrige gegen den Kanzler Danckelmann und erhielt 1697 die Stellung eines leitenden Ministers. Wartenberg bildete mit dem Feldmarschall Graf Wartensleben und dem Oberhofmarschall Graf Wittgenstein das sog. Dreigrafenministerium, den Kopf einer korrupten und bestechlichen Hofkamarilla. Sie nutzten die Prunksucht des Kurfürsten aus, bestärkten ihn in allen Unternehmungen, insbesondere bei der Erlangung der Königswürde für die

Hohenzollern und bereicherten sich gleichzeitig schamlos. Durch sprichwörtliche Kabalen und Rankünen zerrütteten sie die inneren Verhältnisse des Königreichs. 1711 stürzte man Wartenberg bei einer für das 18. Jh. typischen Verschwörung des Kronprinzen, des späteren Königs Friedrich Wilhelm I., und er mußte außer Landes gehen. Wartenberg war auch Inhaber des Amtes eines Erbpostmeisters. Aus diesem Grunde richtete man 1712 in seinem Palais die

Post – also das Hauptpostamt – von Berlin ein.
Es war dort bis 1816 untergebracht und zog dann
in die Spandauer Straße. Das Gebäude kam in
Privatbesitz, wurde zunächst von seinem Besit-
zer gepflegt und verkam nach dessen Tode
immer mehr. Die schöne Fassade wurde durch
Reklame verschandelt und die Räume zu
Geschäftslokalen umgebaut. 1889 kam es im
Zuge der «Verschönerung» Berlins trotz
lebhafter Proteste unter die Spitzhacke.

Hof der «Alten Post». Um 1888.

Detail eines Innenraums der «Alten Post». Um
1888. Es war bei der technischen Ausrüstung der
damaligen Zeit ein gewagtes Unternehmen,
einen Innenraum aufzunehmen. Die wenigen
erhaltenen Aufnahmen vermitteln deshalb um
so mehr einen Eindruck, wie schwer der Verlust
dieser künstlerisch wertvollen Bausubstanz
wiegt. Trotz der nicht einwandfreien Qualität

liefert das Photo ein wertvolles Dokument vom
hohen Können Schlüters und belegt die Pracht
der Deckengestaltung, der Supraporten und der
Türen.

Zu den Besonderheiten Berlins gehörte die
Anlage einer Rohrpost, deren Bau 1876 begann.
Um 1885. 1896 bestanden 49 Rohrpostbetriebs-
stellen mit der Zentrale im Haupttelegraphen-
amt in der damaligen Jägerstraße. Mit Hilfe von
Luftdruck transportierten Kapseln die eingeleg-
ten Karten oder Briefe zu den gewünschten
Betriebsstellen. Unser Bild zeigt den Bau eines
Druckkessels für die Rohrpost.

Der Oranienburger-Tor-Markt in der Linien-
straße, östlich der Friedrichstraße. 1886. Im
Hintergrund die alte Posthalterei.

Neubau des Postfuhramtes in der Oranienburger Straße, in den Jahren 1875 bis 1881 von Schwatlo errichtet. Um 1880. Nach Kriegszerstörungen wird der Bau unter komplizierten Bedingungen einer grundlegenden Restaurierung unterzogen.

Das Generalpostamt in der Leipziger Straße 15, in den Jahren 1871 bis 1874 von Schwatlo errichtet, war die Wirkungsstätte des Generalpostmeisters Stephan, des Gründers des Weltpostvereins. 1878. 1893 wurde es durch einen Erweiterungsbau mit dem Postmuseum ergänzt. Der alte Bau fiel dem zweiten Weltkrieg zum Opfer, der Erweiterungsbau dient heute noch der Post.

Gebäude der Ober-Postdirektion in der Königstraße 60 (heute Rathausstraße). An der Stelle älterer Gebäude, die ebenfalls Sitz der Ober-Postdirektion waren, entstanden in den Jahren 1874 bis 1884 Neubauten in der König-straße 60 und der Spandauer Straße 19–22. In sehr aufwendigem Stil errichtete Schwatlo das Portal in der Königstraße 60 sowie die anderen Gebäudeteile. Der Komplex wurde später durch weitere Bauten ergänzt, die fast das gesamte Straßengeviert zwischen Königstraße, Spandauer Straße, Heiligegeist- und Kleiner Poststraße einnahmen. Die aufwendigen Straßenfronten fielen dem zweiten Weltkrieg zum Opfer, die anderen Teile wichen in den sechziger Jahren der Neugestaltung des Stadtzentrums.

Kultur und Wissenschaft

Bildung, Wissenschaft und Kunst haben in Berlin schwerer Fuß gefaßt, als die Größe der Stadt dies im Vergleich zu anderen Kommunen vermuten läßt. Stellt man dieses Urteil mit der Preisfrage der Akademie von Dijon um 1750, ob «die Fortschritte der Wissenschaften und Künste zur Reinigung der Sitten beigetragen haben», in Zusammenhang, so könnte man mit dem Sieger des Wettbewerbs, Rousseau, der sie verneinte, meinen, Berlin habe diesen Rückstand als Glücksumstand zu werten.

Die Voraussetzung für die Entfaltung dieser wissenschaftlichen und künstlerischen Gebiete war hier ebensogut wie anderswo; was hemmend wirkte, lag in landesherrlichen Zielen, die mehr auf Macht und militärische Größe reflektierten. Wenn der «Soldatenkönig», Friedrich Wilhelm I., von «Statuen und Gemälden» sprach, meinte er ausschließlich großgewachsene Soldaten. Sein Nachfolger, Friedrich II., engagierte sich weit mehr und unterstützte Kultur und Wissenschaft im Interesse der eigenen Zurschaustellung. Besonders förderungswürdig erschienen ihm die Architektur, Möbelkunst und Bildhauerei, doch nicht die des eigenen Landes, sondern eine elitäre Beschränkung auf das französische Vorbild.

Dem uneigennützigen Drängen vieler Persönlichkeiten, wie Leibniz, Voß, Nicolai, Knobelsdorff, der Brüder Humboldt, Fichte, Beuth, Schinkel u. a., ist es zu verdanken, daß Berlin vor allem im letzten Jahrhundert nicht nur den Rückstand überwand, sondern sich im Weltmaßstab mit an die Spitze des geistig-kulturellen Lebens stellen konnte. Dem kulturellen «Gründungsfieber» und der vielartigen, auch oft kommerziell orientierten Sammelleidenschaft reicher Bürger verdankt die Stadt ihre Fülle an Einrichtungen und Ausstattung. Den ärmeren Volksschichten dagegen war es über Jahrhunderte hinweg nicht vergönnt, dem kargen märkischen Sandboden, der sogenannten «Streusandbüchse», mehr abzuringen als den eigenen Lebensunterhalt und die Abgaben an den Fiskus.

Verfolgt man den Lebenslauf der Stadt zurück, so sind es auch in Berlin die Schulen der mittelalterlichen Kirchen, die Hort der ersten zaghaften Beschäftigung mit Kunst und Wissenschaft waren. Zum Ende des 15. Jh. wurden urkundlich die Schulen St. Nikolai und St. Marien für Berlin und für Cölln die St.-Petri-Schule erwähnt. Bis zur Reformation bleibt das kirchliche Bildungsmonopol ungebrochen; erst mit der Säkularisierung der Kirchengüter verwaisen auch die Bildungsstätten, ohne einen gleichwertigen Nachfolger in fürstlicher oder bürgerlicher Hand zu finden.

Eine greifbare Zäsur taucht erstmals unter Friedrich Wilhelm I. mit der Verordnung des Schulzwangs für eine Elementarausbildung auf. Doch der erschreckende Zustand noch Mitte des 18. Jh. zwang «Friedrich den Großen» zu einer Reformierung der Schule. Das «Landschulreglement» von 1763 erhob Schule, Militär und Lehre zu einem einheitlichen Ganzen für die Erziehung der Heranwachsenden. Das schwächste Glied war die Schule, und so wurde hier drakonisch verordnet, daß Lehrer kein Bier und keinen Branntwein verkaufen dürfen, während der Schulstunden nicht der eigenen Hauswirtschaft und Nebengeschäften nachgehen durften, und auch das Unterrichtenlassen stellvertretend durch die Frau wurde untersagt. Dem akuten Lehrermangel half Preußens König dadurch ab, daß er die Invaliden des Siebenjährigen Krieges als «Pädagogen» einstellte. Ein Chronist bemerkte dazu treffend, es sei kein glücklicher Gedanke des Königs gewesen, doch bedeutete diese Maßnahme auch keine Verschlechterung des bestehenden Zustandes.

Im «Preußischen Landrecht» hieß es, Schulen sind Veranstaltungen des Staates, und so sah sich W. v. Humboldt, Preußens höchster Staatsbeamter im Kultusdepartement, zur Feststellung genötigt, die Schüler würden zu sehr zu Untertanen und zu wenig zu Menschen erzogen. Auch wurde allgemein Angst vor dem Anwachsen des Stoffes verbreitet, um dafür der Erziehung mit dem Stock mehr «Gewicht» zu verleihen. Erst Pädagogen wie Pestalozzi gelang es, einen neuen Geist in die Schulen zu bringen. Wie schleppend dennoch vieles verlief, beweist eine königliche Order, die den Lehrstand erst im 19. Jh. als einen von der Theologie gelösten akademischen Zweig betrachtete.

Eine weitere «Ordre» übergab das Armenschulwesen 1820 der Stadt. Berlin wurde in 14 Armenschulbezirke eingeteilt, in denen Zahl der Schulen, Räume und Klassenstärke aus ökonomischen Rücksichten festgelegt waren. Etwa die Hälfte aller Berliner Schüler kam in den Genuß dieser städtischen Schulen. Kinder, die keine vermögenden Eltern besaßen und trotzdem lernen wollten, mußten sich in überfüllten und unzumutbaren Parochialschulen mit ein paar Elementarkenntnissen begnügen. Die städtischen Schulen forderten monatlich ein Schulgeld von zehn bis zwölf Silbergroschen, die privaten Parochialschulen waren zwar billiger, aber um ein Mehrfaches unsolider. Erst 1863 konnte die Stadt die einheitliche Gemeindeschule durchsetzen und sieben Jahre später auch alle vom Schulgeld befreien. 1898 verfügte Berlin bei zwei Millionen Einwohnern über 223 Gemeindeschulen und 200 000 Schüler. Die «alten» Privatschulen gingen ein und «neue» entstanden, die nun mit umgekehrten Vorzeichen und guten Bedingungen finanzkräftigen Eltern die «Vermassung ihrer Kinder» in den Gemeindeschulen ersparten. Als Begründung für diese soziale Differenzierung wurde die Notwendigkeit der Erprobung vielseitiger pädagogischer Gedanken postuliert, dagegen verspürte man weniger differenzierte pädagogische Bedürfnisse bei der Abschaffung der Prügelstrafe und der Anhebung des Bildungsniveaus in den Elementarschulen. Ihr Hauptauftrag stand noch ganz unter dem Eindruck der Revolution von 1848 und sollte vor allem erzieherisch die Zügellosigkeit der Massen dämpfen und alle wilden Begierden eindämmen – insbesondere bei den Ärmeren.

1898 besaß Berlin 47 höhere städtische und königliche Schulen, das hieß Gymnasien, Realgymnasien, Oberrealschulen, Realschulen und höhere Mädchenschulen. Daneben verfügte die Stadt über 42 Kleinkinderbewahranstalten und 24 Fröbelsche Kindergärten. Für junge Frauen galt das «Victoria-Lyceum» als Frauenuniversität. Ihnen waren die Hochschulen noch weitgehend verschlossen; ein Berliner Jurist hatte noch Mitte des 19. Jh. öffentlich erklären dürfen, daß die Aufnahme von Frauen und Mädchen an Universitäten eine Herabwürdigung der Wissenschaften sei.

In den neunziger Jahren entwickelten sich in Berlin die Volkshochschulen für interessierte Bürger aller Klassen und Stände. Die Teilnehmer waren in der Regel um die Dreißig und trafen sich einmal in der Woche, um die Elementarkenntnisse in Rechnen und Deutsch zu vertiefen. Daneben bot die 1888 gegründete «Urania», zuerst nur als «Volkssternwarte» gedacht, mit hervorragenden Vorträgen zu naturwissenschaftlichen und technischen Problemen in allgemeinverständlicher Form einen echten Bildungszuwachs. Am Lehrter Bahnhof war 1889 ein neues Gebäude mit Sternwarte und Experimentierräumen entstanden; hier konnte man in den Makro- und Mikrokosmos blicken, und hier gelang auch die Entdeckung eines Planeten. Bei einem Ansturm von 200 000 Besuchern jährlich mußte man bereits fünf Jahre später in die Taubenstraße 48/49 umziehen. Die Teilnehmer kamen aus allen Berufs- und Altersgruppen. Die Lebensfähigkeit der Volkshochschulen und der «Urania», beide echte Kinder Berlins, hat sich in unsere Zeit hinein noch erhöht.

Die Etablierung der Wissenschaft setzte in Berlin zuerst mit einer Akademiegründung, der «Kurfürstlich-brandenburgischen Societät der Wissenschaften zu Berlin», ein, aber erst reichlich hundert Jahre später erhielt die Stadt auch eine eigene Universität. Gemessen an den Wünschen und Forderungen der ersten Preußenkönige, war diese Reihenfolge der Stiftungen gar nicht so paradox, denn es genügten Akademiker, die dem Possenspiel des Hofes entsprachen, wenn man den Annalen des Tabakkollegiums glauben darf; dabei zählte die Akademie bedeutende und international geachtete Wissenschaftler zu ihren Mitgliedern. Dazu gehörten Andreas Schlüter (1701), Jean d'Alembert (1746), Charles Montesquieu (1746), Denis Diderot (1751), Gotthold Ephraim Lessing (1760), Leonhard Euler (1766), Georg Forster (1786), Immanuel Kant (1786), Gottfried Herder (1787), die Gebrüder Wilhelm und Alexander von Humboldt (1808 und 1800), Johann W. v. Goethe (1806) und viele andere mehr. Insbesondere im 19. Jh. erhielt die Akademie durch die namhaftesten Wissenschaftler ihren Weltruf.

1699 wurden einer königlichen Order zufolge die Akademie der Wissenschaften und die der Künste zugleich geschaffen. Die Stiftungsurkunde selbst datiert vom 11. Juli 1700. Beide teilten sich auch das Gebäude Unter den Linden, in das nach dem Umbau zum Anfang unseres Jahrhunderts die 1659 gegründete Königliche Bibliothek einzog, die bis dahin ihr Domizil in der «Kommode» am Opernplatz hatte. Unter den Künsten und Wissenschaften wurden jene besonders protegiert, die wie Architektur, Bildhauerei, Malerei und Musik dem Repräsentationsbedürfnis des Hofes entgegenkamen. Vor allem die Naturwissenschaften sowie Mathematik und anderes blieben in den Jahrzehnten des 18. Jh. mehr und mehr hinter den Leistungen der Gründungsväter wie Leibniz zurück. Erst der Druck der Französischen Revolution erzwang Reformen, in deren Kielwasser auch die Universitätsgründung in Berlin zur Wiederbelebung und Aufwertung der Wissenschaften führte. Namen wie Hegel, Schleiermacher, Fichte, Thaer und Humboldt strahlen mit Anziehungskraft weit über die Landesgrenzen hinaus. Der spät gegründeten Universität mangelt es an Tradition, doch dieser scheinbare Nachteil sollte ihr Vorzug für Lehrende und Studierende werden. Die anderswo noch immer allmächtige Theologie im Verbund mit einem mittelalterlich orientierten Senat hatte bei der Neuinstallierung nur die gleichen Rechte und Chancen wie die neueingerichteten naturwissenschaftlichen Fakultäten. Diese Gleichrangigkeit von Ungleichen wurde ein fruchtbarer Nährboden, auf dem sich Männer wie Marx, Feuerbach und ungezählte Naturwissenschaftler entfalten konnten.

Neben der Universität entstanden im 19. Jh. renommierte Hochschulen wie die Technische Hochschule in Charlottenburg, die aus der Zusammenlegung der ehemaligen Gewerbeakademie und der Bauakademie hervorging. Des weiteren entstanden eine landwirtschaftliche Hochschule in der Invalidenstraße, eine Artillerie- und Ingenieurschule in der Hardenbergstraße und eine allgemeine Kriegsakademie in der Burgstraße – ab 1882 in der Dorotheenstraße.

An Bibliotheken besaß Berlin am Ende des 19. Jh. die Königliche Bibliothek mit 800000 Bänden und 18000 Handschriften, eine 1831 gegründete Universitätsbibliothek mit 300000 Bänden und die 1578 begonnene, aber ernsthaft erst 1815 eingerichtete Magistratsbibliothek mit fast 50000 Bänden. Beachtenswert waren noch die Bibliothek des Kunstgewerbemuseums und die 1714 von Tieffenbach begründete Bibliothek des Grauen Klosters. Ein nicht zu unterschätzender Bestand befand sich in mehreren Privatbibliotheken von Lipperheide, Voß, Göritz, Mosse, Friedländer und anderen Wissenschaftlern.

Einen hervorragenden Ruf genossen in Berlin die städtischen Volksbibliotheken. 1850 gelang es F. v. Raumer, in der Kochstraße 67 lesehungrigen Berlinern mehr als nur Gesangbuch und Bibel zu «eröffnen». Fünfzig Jahre später zählte man 27 Bibliotheken mit 40000 Bänden, und jährlich wurden 400000 Leser registriert. Bei vierzehntägiger Ausleihfrist konnte man dreimal wöchentlich tauschen. Am meisten soll man sich in Gelehrtenkreisen gegen diese Einrichtung gesperrt haben, weil die Akademiker ein Überhandnehmen der Besserwisserei in Laienkreisen befürchteten.

Mehr unter kommerziellen Vorstellungen dagegen wurden die Lesehallen geboren, deren erste 1895 in der Neuen Schönhauser Straße Nr. 13 ihre Pforten öffnete. Als Dachorganisation fungierte geschäftstüchtig die «Volks-, Kaffee- und Speisehallen-Gesellschaft», die das Angebot verstärkt mit Journalen und Zeitungen und weniger mit wissenschaftlicher Literatur gestaltete.

Im wissenschaftlichen Leben Berlins haben sich Medizin und Pharmazie einen ehrenvollen Platz erworben; beide gehören wie Schwestern zu den ältesten Einrichtungen der Stadt. 1449 wird die «Berliner Rathsapotheke» von Jakob Golle erwähnt, und bereits 1278 wurden in Urkunden die Hospitäler zum «Heiligen Geist» und «St. Georg» bezeugt. Die Krankenhäuser waren Pflege- bzw. Isolierungsanstalten gegen ansteckende Seuchen; nach Kriegs-

zeiten entstanden Lazarette als Provisorien, um die Versorgung der Verletzten vorzunehmen. Die Apotheken waren im Mittelalter mehr der Alchimie als der Wissenschaft verschworen. Ihre Ausstattung glich einem Universalkramladen, wie eine Inventarliste noch aus dem 17. Jh. nachweist. Aus der Fülle des Angebots sei ein kleiner Ausschnitt herausgehoben: Spirituosen, Weine, Parfümerien, Räucherwerk, Konfekt, Marzipan, Fruchtsäfte, Gewürze, Wachs, Schießpulver, Zucker, Rosinen, Backzutaten, Tabak, Vitriol, Alaun, Gallus, Farbstoffe und das schon damals beliebte «Aqua vitae». Im mittelalterlichen Berlin erhielten drei Apotheken eine landesherrliche Konzession, von denen als älteste die o. a. «Simonsche» an der Spandauer Straße 17/Ecke Probststraße nachgewiesen ist. Als Urahnen werden dann noch die Apotheke zum «Weißen Adler» an der Schleusenbrücke, ab 1822 Friedrichstraße, Ecke Zimmerstraße, und die Apotheke am Cöllnischen Fischmarkt 2 genannt. Im 18. Jh. gab es neben einer zahlenmäßigen Erweiterung eine echte Spezialisierung der Apotheken gegenüber den alten Kramläden.

Erst im Übergang zum 19. Jh. wurden wissenschaftliche Ansprüche im engeren Sinne für den Bereich der Medizin verwirklicht. Die Krankenhäuser wurden nun als Heilanstalten und für Geburten verstärkt genutzt. Neue Forderungen an die Hygiene, an die Ausbildung der Ärzte und des Personals brachten eine engere Verbindung von Lehranstalten und Krankenhäusern. Die Ausbildung war streng und dauerte für Medizin und Pharmazie fünf bis sechs Jahre. Aus der ehemaligen Pestanstalt, der Charité, entwickelte sich ein wissenschaftliches Zentrum der medizinischen Betreuung. Weitere Heilanstalten entstanden mit dem Bethanien-Krankenhaus (1850), dem Katholischen Krankenhaus (1855), der Graefeschen Augenklinik (1857), dem Elisabeth-Kinder-Hospital (1859) und den Krankenhäusern am Friedrichshain (1874) und Am Urban (1890). Nicht vergessen werden dürfen die großen Anstalten in Buch und in Herzberge.

Die Apotheken hielten mit dieser Entwicklung dank der großen Leistungen berühmter Chemiker Schritt. Die Geburtsstunde der wissenschaftlichen Chemie und der chemischen Industrie schlug in den Apotheken. Hier verbrachten fast alle Großen ihre Lehrzeit, weil das A und O der Arzneiherstellung genaueste Kenntnis der Zusammensetzung und feinster Dosierungen ist, also wesentliche Parameter einer exakten wissenschaftlichen Arbeit. Die Apotheken wurden in dieser Zeit «entrümpelt»; dafür sprangen Drogerien in die Lücke zwischen Apotheken und Lebensmittelläden ein. Unter Berlins Apotheken, aus denen Großunternehmen oder berühmte Chemiker hervorgegangen sind, wären namentlich die «Grüne Apotheke», die «Rosen-Apotheke», die «Adler»- und die «Löwen-Apotheke» herauszuheben.

Auf dem Gebiet der technischen Wissenschaften gab es in der zweiten Hälfte des vorigen Jahrhunderts Leistungen mit Weltruf. Die Telegraphie, der Elektromotor, das Automobil, Flugkörper, Röntgenstrahlen, elektrisches Fernsehen von Nipkow, Photochemie, Waffentechnik und Maschinenbau können das Gesamtfeld nur andeuten. Auf der Berliner Sternwarte entdeckte Galle 1846 den zuvor von Leverrier errechneten Planeten Neptun.

Berlin besaß seit 1844 einen Zoologischen Garten, der 1910 mit 14 000 Tierarten die erste Stelle in der Welt einnahm. Bevor moderne Verkehrsmittel den zu weit entfernten Zoo für Ausflügler attraktiver machten, erfreute sich das Aquarium Unter den Linden großer Beliebtheit unter den Städtern. Berlin erhielt recht früh auch einen Botanischen Garten, der ursprünglich an der Potsdamer Straße lag, aber im Zuge der Westwanderung und starken Bebauung dieser Gegend verlegt werden mußte.

Die Leidenschaft des Sammelns kunstvoller und natürlich teurer Gegenstände war schon immer ein Privileg der Reichen. Unter Friedrich II. wurde die Sammelleidenschaft allgemein und, da im Gegensatz zu anderen Staaten und Städten schon im erheblichen Rückstand, besonders intensiv betrieben. Der Umfang des Zusammengetragenen machte die Unterbringung in eigenen Häusern, Museen, sehr bald unerläßlich. 1823 entstand am Lustgarten das erste Museum, später Schinkel- oder Altes Museum genannt. Es folgten mit Abstand die Nationalgalerie, das Neue Museum und das Museum für Völkerkunde. Darüber hinaus besaß Berlin an öffentlichen Museen das Kunstgewerbemuseum, das Rauch-Museum, das Museum im Dom für Abgüsse aus Olympia, die Hohenzollern-Sammlung in Schloß Monbijou, das Märkische Provinzialmuseum, das Beuth-Schinkel-Museum, ein landwirtschaftliches Museum, ein Museum für Bergbau und Hüttenwesen, das Reichspostmuseum, das Hygienemuseum in Moabit sowie eine Vielzahl privater Sammlungen.

Für die Zeit nach 1870 wirkte W. Bode bestimmend für die weitere Entwicklung des Museumswesens. Ihm verdankt Berlin insbesondere den Beginn der systematischen Aufarbeitung und Katalogisierung vieler Schätze. Industrielle und Bankiers avancierten zu Dutzenden zu Kunstliebhabern und Mäzenen; Sammeln von Raritäten, Kostbarkeiten oder Exotischem glich zunehmend dem Geschäft an der Börse mit dem positiven Effekt, daß hier die «Aktien» unablässig mit der Zeit stiegen. Wenn es des Beweises für die merkantile Denk- und Handlungsweise noch bedarf, so sei an die Verkäufe wertvoller Sammlungen nach dem ersten Weltkrieg gegen «sichere» Auslandswährung erinnert; solche unermeßlichen Verluste für die Stadt stehen mit Namen wie Hainauer, G. Jacoby oder J. Simon, um nur einige zu nennen, in Verbindung.

Den größten Schaden jedoch fügten die Faschisten mit der Aktion «entartete Kunst» dem Sammlungsbestand der Berliner Museen zu.

Leider lange Zeit unter Wert betrachtet wurden die Haus- und Heimatmuseen, die mit zunehmender Industrialisierung einer sich entwickelnden Geschichtslosigkeit entgegentraten, aber weder Kraft, Zeit noch Geld zur Verfügung hatten. Dankenswerterweise hatte das Märkische Provinzialmuseum einiges retten können, was mit dem Untergang einer kleinen Sammlung verlorengegangen wäre, doch die Fülle mobiler Zeugnisse gerade der arbeitenden Klassen hat die Zeit nicht überleben können. F. A. Schwartz hat an «Immobilien» vieles festgehalten, sonst wäre auch hier ein Teil Berliner Kulturgeschichte ins graue Dunkel der Vergessenheit gesunken.

Die Theater Berlins waren anfangs noch nicht die «Bretter, die die Welt bedeuten»; dem königlichen Wunsch zuliebe waren auch sie ganz allein auf das absolutistische Frankreich ausgerichtet. Das erste Haus, die Königliche Oper, bot dementsprechend nur französisches Schauspiel, Ballett oder Oper. Es war die Zeit des allmählichen Seßhaftwerdens der Schauspielgruppen im 18. Jh. So konnte am Gensdarmen-Markt eine zweite Bühne, das Schauspielhaus, unter Leitung des Barons von Arnim eröffnet werden. Neben einer Reihe kleinerer Bühnen folgte mit dem Komödienhaus in der Behrenstraße die siebente Theatergründung, aber ohne bleibenden Erfolg. Selbst als man der Gruppe unter Leitung von Döbbelin 1775 die Steuern erließ, war der Ruin nicht aufzuhalten. Man zog deshalb 1790 in das nun zum Königlichen Schauspielhaus ernannte Theater, um auch hier nur am Rande der Existenz zu überleben. Erst die Ära Iffland brachte bessere Zeiten; man setzte auf den Spielplan neben guten Stücken auch seichte, hausgemachte Possen, von denen ein Kritiker behauptete, die Klassiker in Weimar hätten von den Stücken und vom Geschmack des Publikums eine «Gänsehaut» bekommen.

1822 erhielt Cerf die erste Konzession für ein «Theater aller Art» – ausgenommen waren «Trauerspiele und seriöse Opern». Das Königstädtische Theater am Alexanderplatz spielte als erste Bühne ohne Verluste und regte damit eine weitere Theaterkonkurrenz an. Achtzig Jahre später besaß Berlin neben den zwei königlichen Bühnen 30 Privattheater, zwei Zirkusse und 300 Singhallen; nach der Jahrhundertwende folgte mit den Lichtspieltheatern ein weiterer Zweig mit vielen Häusern. Trotz dieser respektablen Bilanz bemerkten Kenner der Theaterwelt, daß Berlin an der Jahrhundertwende die theaterärmste Stadt gewesen sei; ihr Argument ging allein von der Durchschnittsstatistik aus, wonach sich 92 Berliner einen Theaterplatz teilen mußten (zum Vergleich: Bremen 29, Weimar 27, Paris 63, New York 31 und München 49).

Doch Qualität in Darstellung und Regie haben dem Berliner Theater einen hohen Rang gebracht. Aus der Namenliste der Bühnen heben sich auf unterschiedliche Weise das Deutsche Theater, die Kammerspiele, das Lessingtheater, das Berliner-, das Thalia-, das Residenz-, Victoria- oder Metropoltheater ab. Bekannt und beliebt waren der Wintergarten, Krolls Etablissement, die Reichshallen und das Apollotheater. Einen besonderen Rang verdienten die Volkstheater – wie das Wallner-, das Luisenthaler-, das Bernhard-Rose-, und das Neue Volkstheater – gefolgt von der Freien Volksbühne und der Neuen Freien Volksbühne, die bewußt versuchten, die Schranken um ein elitäres Publikum herum zu durchbrechen. Man bot deshalb einen einheitlichen Zwei-Mark-Preis, der es der Arbeiterschaft und anderen Werktätigen erst jetzt erlaubte, gelegentlich ins Theater zu gehen.

Bevor die Volksbühnen wirksam geworden waren, hatten private Klein- und Kleinstbühnen die Lücke im Theaterangebot «gefüllt». Ein Denkmal der Theatergeschichte verkörperte «Mutter Gräbert» mit ihrem vorstädtischen Theater im Rosenthaler Viertel bereits zu Lebzeiten. Ihre Zeit begann, als noch keine Pferdebahnen die Berliner in die weitere Umgebung verlockten, mit gut geschmierten Schmalzbroten und kühlen «Blonden»; die Vorführungen «ihrer scharfen Spielers», wie sie sagte, konnten den Appetit und die Freude ihrer Zuschauer nur noch steigern. Wenn man Zeitgenossen glauben darf, dann soll Mutter Gräbert auf die Frage nach den klassischen Stücken ein klassisches Urteil für ihr Theater gegeben haben: «Die ‹Jungfrau von Orleangs› ist een janz jutet Stück, aber keene Johanna von Montflacon is's doch nicht!»

Kaum ein Bereich der Stadt hat so augenfällig unter dem Hoch oder Tief der wirtschaftlichen Entwicklung zu leiden gehabt wie das Berliner Theater. Krisen konnten oft nur dadurch überlebt werden, daß man die Themen teilweise unter die Gürtellinie hängte. Anfangs unseres Jahrhunderts setzte Max Reinhardt mit Phantasie, schauspielerischer Durchdringung und zeitbezogener Interpretation neue Maßstäbe; er wurde zum weltbekannten Qualitätssymbol des Theaterlebens. Das Musiktheater blieb demgegenüber weit zurück, wenn auch große Dirigenten wie A. Nikisch, L. Blech, K. Much oder R. Strauss zeitweilig für Furore sorgten. Berlin besaß eine Philharmonie, eine königliche Kapelle und einen Domchor. Beliebt waren vor der Jahrhundertwende die «Bilse'schen Konzerte» ebenso wie die verschiedenen Militärkapellen und die Vielzahl kleinerer Orchester, die das Musikpanorama der Stadt abrundeten.

Einen kurzen Blick verdient auch die Zeitungs- und Verlagsstadt Berlin. Die traditionsreichsten Häuser stellten die «Vossische Buchhandlung» und «Spener & Haude» dar, die schon im 17. Jh. ihre literarischen Aktivitäten entfalteten. Verlage der zweiten Stunde folgten mit «Nicolai» und «Amelang» in der Brüderstraße 13 bzw. 11. Im 19. Jh. entwickelte sich sprunghaft ein weitverzweigtes Verlagswesen, das sich konzentriert in der Breiten Straße, der Brüderstraße und teilweise in der Friedrichstadt niederließ. Dazu gehörten Dümmler, Hirschwald, Oehmigke, Duncker-Humblot, Reimer, Mittler, Heymann, Mai, Friedländer, Paetel, Springer und Langenscheidt.

Den weltbekannten Ruf, den die Druckerei von Ernst Litfaß erwarb, verdankt sie nicht der «Schwarzen Kunst», sondern den seit 1855 aufgestellten Hunderten Kunststeinsäulen, die als Reklameanschlagflächen im Stadtbild bis heute nicht wieder verschwunden sind. Der Freund von Litfaß, der Zirkusbesitzer Renz, hatte zwar die Idee aus Paris nach Berlin mitgebracht, aber Litfaß verstand es, sie in die Tat umzusetzen.

Die letzte Etappe im Verlagswesen setzte mit der Konzernbildung in der zweiten Hälfte des 19. Jh. ein. Im sogenannten Zeitungsviertel monopolisierten drei Verlage im wesentlichen die Druckereierzeugnisse: 1867 begann Mosse, ihm folgte 1877 Ullstein, und als Dritter kam 1883 A. Scherl hinzu. In großen Baublocks wurde fast alles unter einem Dach vereinigt, was zur Produktion gehörte. Damit hatte auch dieser Zweig den Bogen zum Aufstieg Berlins durch Übergang zur Industrie und Großproduktion geschlossen.

Gymnasium zum Grauen Kloster und Klosterkirche. Um 1890. Anstelle einer Feldsteinkirche, deren Reste heute noch im Mauerwerk der Ruine nachweisbar sind, entstand zwischen 1250 und 1265 auf landesherrlichem Boden in der Klosterstraße der Neubau einer Kirche für die Franziskaner mit dazugehörigem Kloster. Das Kloster, im wesentlichen im Bau von 1470 bis 1480 überliefert, war bis in das 15. Jh. bevorzugt und für märkische Verhältnisse gut ausgestattet. Die Kirche war eines der hervorragendsten Bauwerke der märkischen Backsteinarchitektur. Nach der Reformation kam das Kloster in landesherrlichen Besitz; hier schlug Leonhard Thurneyßer zu Thurn sein Labor auf und druckte u. a. die ersten Bücher in Berlin. Seit 1574 war im Kloster das Gymnasium zum Grauen Kloster untergebracht, eine Bildungsanstalt, die viele später bekannte Personen zu Schülern und Lehrer gehabt hat. Unter anderem wirkte hier Turnvater Jahn, Bismarck verbrachte einen Teil seiner Schulzeit in diesen Räumen. Ein Schüler, Sigismund Streit, der als Kaufmann in Italien zu Reichtum gekommen war, hinterließ sein Vermögen und eine umfangreiche, wertvolle Gemäldesammlung dem Gymnasium. Das Gymnasium wurde mehrfach umgebaut und verändert, nur wenig hatte sich vom ursprünglichen Bau erhalten. Laufende Veränderungen und mißglückte Restaurierungen entstellten den Bau. Während einer stilvollen Restaurierung in den Jahren 1926 bis 1936 kam manches wieder zum Vorschein. Im April 1945 zerstört, sind nur Reste der einstigen Kirche erhalten, die gesichert sind. Die beweglichen Teile der Ausstattung blieben zum größten Teil erhalten und befinden sich heute an verschiedenen Stellen Berlins.

Großer Hörsaal im Gymnasium zum Grauen
Kloster. Um 1890. Auch hier sind zahlreiche
Veduten von Canaletto erkennbar.

Lehrerzimmer des Grauen Klosters mit einem
Teil der Kunstsammlungen des Gymnasiums
zum Grauen Kloster aus der Stiftung des Kauf-
manns Streit. Um 1890. In der Mitte ist eine
Vedute von Canaletto erkennbar.

Das alte Friedrich-Wilhelm-Gymnasium, Friedrichstraße/Ecke Kochstraße. 1886. Von 1802 bis 1805 als Schulbau errichtet, weist der Bau noch in die Tradition K. v. Gontards und G. C. Ungers. Er gehörte zu den letzten großen Bauten in der Zeit vor Schinkel und wurde 1890 für den Neubau eines Geschäftshauses (Friedrichshof) abgebrochen.

Klassenzimmer im Friedrich-Wilhelm-Gymnasium. 1886.

Aula des Friedrich-Wilhelm-Gymnasiums, in der in den fünfziger Jahren des 19. Jh. veränderten Form. 1886.

Das Friedrich-Werdersche Gymnasium. 1876. Zwischen der Dorotheenstraße und Georgenstraße wurde in den Jahren 1871 bis 1875 nach Plänen des Baurats H. Blankenstein ein regelmäßiger Komplex von zwei Gymnasien errichtet, die vollständig gleich gestaltet waren. Beide waren Ersatzbauten für aufgegebene Gebäude. Das Friedrich-Werdersche Gym-

nasium lag mit der Front zur Dorotheenstraße (hier vor dem Durchbruch der Charlottenstraße zur Eisenbahn) und das Dorotheenstädtische Gymnasium mit der Front zur Georgenstraße. Der Komplex wurde im zweiten Weltkrieg zerstört.

Ehemalige Bauakademie. Um 1865. Der nach Kriegszerstörungen abgetragene Bau der ehemaligen Bauakademie galt mit Recht als eine der reifsten Schöpfungen K. F. Schinkels. Sie war von 1832 bis 1835 nach Plänen K. F. Schinkels durch H. Bürde errichtet worden und diente Lehrzwecken. Nach der Verlegung der bereits vorher vereinigten Bau- und Gewerbeakademie nach Charlottenburg diente das Gebäude unterschiedlichen Zwecken. Einrichtungen der Universität und der Akademie hatten darin ebenso Platz wie die Preußische Meßbildanstalt und das Schinkel-Museum. Schinkel starb 1841 in seiner hier gelegenen Wohnung im Obergeschoß.

Blick vom Opernplatz auf die Universität. Um 1880. J. Boumann d. Ä. erbaute dieses stattliche Palais, möglicherweise nach Plänen G. W. Knobelsdorffs, in den Jahren 1743 bis 1766 für den jüngeren Bruder Friedrichs II., den Prinzen Heinrich. Seit 1810 dient es der Universität, die, von Wilhelm von Humboldt begründet, schon im 19. Jh. internationale wissenschaftliche Bedeutung erlangt hat. Der Bogen der hier wirkenden Gelehrten von Rang reicht von Schleiermacher, Fichte, Hegel, Koch, Virchow, Helmholtz bis zu Planck und Einstein. Das Hauptgebäude wurde nach Kriegszerstörungen wiederhergestellt und dient heute wie einst der wissenschaftlichen Forschung und Lehre.

Festsaal der Berliner Universität. Um 1895. Der einzige Raum, der sich etwa in der ursprünglichen Gestaltung des Palais des Prinzen Heinrich erhalten hatte, war der Festsaal im ersten Stock mit Fenstern zum Garten. Er wurde für feierliche Anlässe und als Senatssaal der Universität genutzt. Wie so vieles andere Wertvolle fiel auch er den Zerstörungen des zweiten Weltkrieges zum Opfer.

Polytechnikum in Charlottenburg. 1886. Die Technische Hochschule ging aus der Vereinigung der Bau- und Gewerbeakademie hervor; der Beschluß dazu wurde 1876 gefaßt.

Das Opernhaus Unter den Linden.

Blick von der Stadtbahn auf die Charité. Um 1885. 1710 als Pestkrankenhaus entstanden, erwarb sich die Charité als Stätte der Forschung und als Krankenhaus Weltruhm. Zu den berühmten Ärzten, die hier wirkten, zählten u. a. Graefe, Helmholtz, Koch, Virchow und im 20. Jh. Sauerbruch und Brugsch. Das Krankenhaus entstand als Fachwerkbau nach 1710, 1795 bis 1797 folgten die Seitenflügel und um 1800 der Mittelbau. Nach zahlreichen Neubauten erhielt dieser Bau 1817 den Namen Charité. 1897 begannen Umbauarbeiten, die die alten Baulichkeiten fast völlig beseitigten. Gegenwärtig wird die Charité umfassend rekonstruiert und durch zahlreiche modernste Bauten erweitert.

Alte Sternwarte in der Dorotheenstraße. 1885. Im Turm befand sich die älteste Sternwarte Berlins; sie wurde 1700 unter Leitung des Astronomen Gottfried Kirch begründet, um für den Königshof vor allem Kalender anzufertigen. 1835 wurde die Sternwarte in den von K. F. Schinkel errichteten Neubau am Enckeplatz verlegt und bereits 1909 zog man wiederum in die Archenhold-Sternwarte im Treptower Park um, wo sie sich noch heute befindet. Encke und Archenhold waren jeweils die ersten Direktoren in den neuen Häusern.

Domhospital in der Georgenstraße 22. 1888.

Das Krosigksche Haus in der Wallstraße 72. 1887. Baron von Krosigk war vor 1700 einer der ersten wissenschaftlichen Astronomen Berlins; er ließ u. a. seinen Sekretär Kolb eine Mondfinsternis am Kap der Guten Hoffnung beobachten.

Das Viktoria-Theater in der Münzstraße. 1881. Unter den Berliner Theaterbauten des 19. Jh. ragte dieser Bau durch seine eigenwillige innere Gestaltung heraus. Nach einem Entwurf von Carl Friedrich Langhans d. J. im Jahre 1859 von Eduard Titz erbaut, besaß er als Seltenheit zwei Zuschauerräume – einen für den Sommer und einen für den Winter; die Bühne lag zwischen beiden. Für die Berliner Theatergeschichte ist erwähnenswert, daß hier 1880 zum ersten Male in Berlin Wagners «Ring des Nibelungen» zur Aufführung kam. Der Bau wurde beim Durchbruch der Kaiser-Wilhelm-Straße 1881 abgerissen.

Lessing-Theater an der Ecke Unterbaumstraße und Friedrich-Karl-Ufer. Um 1890. Mit diesem im September 1888 vollendeten Neubau begann eine neue Etappe des Theaterbaus in Berlin. Er war nach langer Zeit wieder der erste, der auf einem ringsum freien Platz errichtet und nicht in die Straßenzeile eingebaut worden war. Das Theater fiel dem zweiten Weltkrieg zum Opfer.

Das Krollsche Etablissement entstand als Ausflugslokal 1843/44 nach Plänen von C. F. Langhans an der Westseite des damaligen Königsplatzes. Um 1890. Da das Lokal mit seinem

Garten außerhalb der Stadt lag, hatte es zunächst geringen Zuspruch. 1851 brannte der Saalbau bis auf die Umfassungswände ab und wurde nach Plänen von E. Titz um einen Theaterbau erweitert wiederaufgebaut. Danach diente er sowohl als Theater als auch für Konzerte, Feste und Ausstellungen. Im Sommer fanden Opernvorstellungen statt und im Winter die beliebten Weihnachts-Ausstellungen. 1894 pachtete eine Gesellschaft den Bau, erneuerte ihn und ließ ihn zu einem Konzerthaus umwandeln. 1895 erwarb der Brauereibesitzer Bötzow das Anwesen, der durch den Architekten K. Hochgürtel ein Bühnenhaus einbauen ließ. 1896 kam es in

Staatsbesitz und hieß von nun ab Neues Königliches Opentheater, im Volksmund aber weiter «Kroll». Nachdem der Reichstag durch die Faschisten in Brand gesteckt worden war, fanden hier die Sitzungen dieses amputierten und pervertierten «Parlaments» statt; das Gebäude wurde ein Opfer des zweiten Weltkrieges.

Wohnhaus des Gründungsrektors der Berliner Universität, Johann Gottlieb Fichte, in der Kleinen Präsidentenstraße Nr. 1. Wie viele andere

Stellen, enthielt auch dieses Haus nennenswerte Erinnerungen an die verschiedensten Seiten der Stadtentwicklung. Zum einen wohnte Fichte hier als Mieter, nach dessen Tode die Räume als Fichtemuseum genutzt wurden. Zum anderen war es Eigentum des Bankhauses Veit, einer alten Berliner Privatbank. Fünf Brüder hatten sich 1764 in Potsdam zusammengetan und das Geldgeschäft gegründet. Friedrich II. genehmigte ihre Niederlassung in Berlin. In ihrem Stammhaus residierte die Bank mehr als 100 Jahre, verlegte dann ihren Sitz und ging

in den dreißiger Jahren unseres Jahrhunderts unter. Das Gebäude mußte dem Stadtbahnbau weichen.

Der Pariser Platz – einst Carré genannt – entstand als Erweiterung der Dorotheenstadt nach 1734. 1865. Im Jahre 1737 begann der Bau der Palais' Pariser Platz 2 und 3, die nach einem einheitlichen Plan entstanden. Nr. 2 wurde später als Palais Blücher bezeichnet und behielt diese Form bis zum Umbau in den Jahren 1869 bis 1871.

Neubau des Völkerkundemuseums an der Ecke Prinz-Albrecht- und Königgrätzer Straße, 1880 bis 1886 nach einem Entwurf von Ende errichtet. 1890. Das Museum war berühmt durch seine Sammlungen, insbesondere durch die Funde bei den Ausgrabungen Schliemanns in Troja. Der Bau wurde im zweiten Weltkrieg zerstört und seine Ruine beseitigt.

Den Abschluß des Pariser Platzes auf der Südseite in Richtung auf die Straße Unter den Linden bildete lange Zeit das Reedernsche Palais. 1865. K. F. Schinkel baute für diesen Zweck das Palais Kamecke aus dem Jahre 1729 um und dieses Haus galt lange Zeit als das schönste Wohnhaus Berlins. Es mußte 1905 dem Neubau des Hotels Adlon weichen. Daneben in der Bildmitte das Arnimsche Palais, Mitte des 19. Jh. von E. Knoblauch an Stelle eines älteren Baues errichtet. 1906/07 bis auf die Fassade umgebaut und verändert, beherbergte dieser Bau die Akademie der Künste. Er wurde ein Opfer des zweiten Weltkrieges.

In den Jahren 1844 bis 1846 erbaute J. H. Strack für den Grafen Athanasius von Raczynski dieses Palais. 1876. Der Mittelteil war zur Aufnahme der Gemäldegalerie des Grafen bestimmt, während die beiden Seitenpavillons zu Künstlerwerkstätten ausgebaut waren. In ihnen wirkte u. a. Peter Cornelius, der hier eine Wohnung und ein Atelier besaß. Der ganze Komplex wurde 1884 für den Neubau des Reichstages abgebrochen.

Chamissos Gartenhaus, Friedrichstraße 235.
1885. Adalbert von Chamisso wohnte von 1822
bis 1838 in der Friedrichstraße 235, wo er auch
starb. Ein bevorzugter Aufenthaltsort in dem
sich hinter dem Hause anschließenden großen
Garten war dieses kleine von zwei Kastanien
eingerahmte Gartenhäuschen. In ihm arbeitete
Chamisso häufig, zahlreiche seiner Gedichte
sind hier entstanden. Zuletzt als Requisiten-
raum eines Lustspielhauses genutzt, wurde es
1909 abgebrochen.

Militär und Justiz

Die bissige Behauptung, Preußen sei kein Land mit einer Armee, sondern eine Armee mit einem Land drumherum, traf nicht für seine ganze Geschichte zu. Im Mittelalter verteidigten die Berliner Bürger noch selbst ihr Gemeinwesen; selbst als die Hohenzollern die Stadt unter ihre Hoheit nahmen, stellten Bürger als Fußvolk die Masse der Streitkräfte; Ritter und Knechte bildeten die Reisigen. Jedes Haus hatte einen bewaffneten Mann zu stellen, ausgenommen waren die «Frey-Häuser», die kurfürstlichen oder königlichen Beamten gehörten und von allen Kriegslasten befreit waren. Dies betraf insbesondere die Einquartierung von Soldaten seit dem Landtagsprozeß vom Juli 1653, als erstmalig in der Mark Brandenburg ein stehendes Heer errichtet wurde; Berlin wurde Garnisonsstadt.

Die Soldaten, die teilweise verheiratet waren und Kinder hatten, wurden zu Lasten der Bürger einquartiert, oder der Hausherr konnte durch reichliche Geldmittel ein Ersatzquartier besorgen, dann blieb sein Anwesen ohne Söldner. So hatten Beamte und Reiche letztendlich die Bürde auf die ärmeren Stadtbewohner abgewälzt. Eine Manöverordnung von 1624 regelte die Pflichten des Hausbesitzers. Er hatte eine Unterkunft «unter Dach und Fach mit Feuer- und Lagerstätte, frei Stroh, Luft und Licht» zu sichern. Zusätzlich mußten Steuern von allen für die Besoldung aufgebracht werden.

Am Ende des Dreißigjährigen Krieges 1648 mußte der Magistrat alle Häuser – ausgenommen die «Frey-Häuser» – auf Steuerbelastbarkeit und Quartiermöglichkeit untersuchen. Ein erschreckendes Ergebnis: Von 845 Häusern waren 156 ohne Besitzer; da 26 «Frey-Häuser» und 150 Gebäude, die von «vornehmen Leuten» bewohnt waren, aus der Belastung herausgehalten wurden, hatte der verbleibende Teil der Bürger eine doppelt schwere Last zu tragen. Aber auch innerhalb der Armee wurde nach «Rang und Würde» sorgfältig geschieden; die Soldverordnung von 1655 schrieb einem Oberst 100 Thlr., aber einem Gemeinen nur 2 Thlr. und 12 Groschen zu.

Der erste Preußenkönig vergrößerte das Heer auf 83 000 Mann und 550 Geschütze; sein Nachfolger, der «Soldatenkönig» Friedrich Wilhelm I., brachte 1730 allein für Berlin, das 58 122 Einwohner besaß, eine Garnison von 14 265 Soldaten zustande. Er gilt auch als der «Baumeister» der Kasernen. Bis 1721 wohnten nur 300 Soldaten in barackenähnlichen Kasernen; die erste und damit älteste Kaserne erhielt das Kadettencorps in der Neuen Friedrichstraße an der Stelle des ehemaligen Hetzgartens. Für die Kavallerie wurden um die Französische Kirche am Mittelmarkt Kasernen erbaut; später erhielt der Platz seinen Namen – Gensdarmen-Markt – nach dem dort stationierten Regiment. Zu den ältesten Kasernen zählen weiter die der Reitenden Artillerie am Oranienburger Tor, die Husarenkaserne in der Alexandrinenstraße 12/13, die Alexanderkaserne in der Alexanderstraße 56 und die des II. Garderegiments in der Friedrichstraße 107 und in der Karlstraße 34/35.

Der «Soldatenkönig» verwendete 86 % der Staatseinnahmen, das waren zweieinhalb Millionen Thlr., ausschließlich für militärische Zwecke. Trotzdem waren die einfachen Soldaten genötigt, sich teilweise durch Zusatzarbeit ihren Lebensunterhalt aufzubessern. Karl Friedrich Klöden, Sohn eines Unteroffiziers, berichtete über die miserablen Verhältnisse in Kasernen und die drakonischen Strafen, wie Spießrutenlaufen, recht ausführlich. Friedrich Wilhelm I. ließ selbst den Kronprinzen zur «militärischen Abhärtung» für einige Zeit auf der Festung Küstrin festhalten, damit die Tradition des Militärstaates nicht verlorenging. Viele Geschichtsschreiber haben diese Episode genutzt und dem nachmaligen König Friedrich II. Liebe zur Kunst und Wissenschaft, aber Abscheu gegen den militanten Zug des Vaters nachgesagt. Allein, die Tatsachen sagen anderes aus: Das Heer wurde in seiner Herrschaftszeit auf 200 000 vergrößert; zwischen 1763 und 1785 wurden in Berlin zehn weitere Kasernen errichtet, und 1787 einer königlichen Order entsprechend alle Juden aus Mietswohnungen ausquartiert, um zusätzlichen Raum für Soldaten zu schaffen.

Nach dem Tilsiter Frieden mußte Preußen auch in Berlin eine Reihe von Kasernen in Privatbesitz übergeben und die Truppenstärke reduzieren. Die Ziethen-Husaren-Kaserne in der Kochstraße – «Ochsenkopf» genannt –

wurde z. B. ein Arbeitshaus; in der Neuen Friedrichstraße machte man aus der Kaserne Privatwohnungen, oder aber man nutzte – wie bei der Kaserne in der Commandantenstraße – das Gebäude als Fabrik. Nach dem Sieg über die Franzosen entstanden ab 1815 dafür wieder neue Kasernen.

Im Jahr der Heeresreform 1863 begann für Berlin eine rege Bautätigkeit mit Um- und Neubauten. Die Bilanz am Ende des 19. Jh.: zwei Garderegimenter zu Fuß, zwei Gardegrenadierregimenter, ein Gardefüsilierregiment, vier Gardekavallerieregimenter, drei Eskadrons der Gardedukorps, zwei Garde-Feldartillerieregimenter, ein Gardetrainbataillon, ein Eisenbahnregiment, das Trainbataillon Nr. 3 und die Reserve-Landwehrregimenter eins und zwei. Dazu saßen an zentralen Einrichtungen und Stäben in Berlin: der Generalstab und die Admiralität, die Generalkommandos des Garde- und des dritten Armeekorps, die Generalinspektion der Artillerie sowie das Ingenieurwesen, die Kriegsakademie und weitere Militärschulen.

Aus den allgemeinen militärischen Funktionen hat sich mit historischer Verzögerung ein eigenständiger Apparat, dem die Sicherheit «nach innen» obliegt, herausgeschält. Die Polizei mit eigenen Uniformen, Kasernen u. ä. gab es im alten Berlin noch nicht; zuerst hatte die Stadt selbst für Ordnung, Ruhe und Sicherheit gesorgt, bis die Hohenzollern mehr Sicherheit für sich anstrebten. So standen längere Zeit zwischen der Stadt und dem Kommandanten Arbeitsteilung und Rivalität über die Frage der «inneren Verwaltung» zur Disposition. Nicht vergessen werden darf, daß Innungen und Zünfte wesentliche Ordnungsfunktionen ausübten.

Mit dem Aufstieg der Hohenzollern nahm auch die polizeiliche Machtbefugnis der Stadt ab. 1718 wird erstmalig – militärisch eigenständig – die Berliner Polizei mit der Ernennung eines Polizeiinspektors und vier Unterbedienten aus der Taufe gehoben. In den nächsten Dezennien wurde nur allmählich der Personalbestand aufgestockt. 1742 brauchte man mit der zunehmenden Stadterweiterung und den sich entwickelnden sozialen Spannungen eine größere Behörde mit strafferer Führung; am Molkenmarkt wurde eine Zentralstelle mit einem Polizeidirektor eingerichtet, dem u. a. 18 Quartierkommissare zur Verfügung standen, von denen jeder 400 bis 500 Häuser zu betreuen und für Soldatenunterkünfte zu sorgen hatte.

Zum ersten Polizeipräsidenten wurde 1810 Gruner ernannt, er kann nun schon auf einige Hundert «Schutzleute» verweisen. Doch die Märzrevolution von 1848 konnten weder die Polizei noch das Militär verhindern, und so faßte man bei Hofe im gleichen Jahr den Beschluß zur gründlichen Reorganisation der Polizei. Den Oberbefehl erhielt ein Oberst, sekundiert von fünf Hauptleuten, 200

Wachtmeistern und 1800 Schutzmännern – 40 davon beritten. Mehrfach wurde diese militärisch gedrillte Polizei von der Berliner Arbeiterschaft «geprüft» und mußte deshalb ständig erweitert werden. Zur Jahrhundertwende unterstanden dem Polizeioberst 19 Hauptleute, 200 Leutnants, 13 Abteilungswachtmeister zu Fuß und einer beritten und 396 Wachtmeister zu Fuß und 17 beritten, denen 4467 Schutzmänner und 220 «zu Roß» zur Seite standen. Die Polizei wuchs also schneller in die Breite als die Stadt. Nach und nach wurde der Apparat in Spezialgebiete wie Schutzpolizei, Politische Polizei, Kriminalpolizei, Baupolizei u. a. gegliedert. Für den Stadtbewohner blieb jedoch der Schutzmann zu Fuß oder zu Pferd das Symbol für die Polizei, der wie eine «Litfaßsäule der Ordnung und Sicherheit» das Straßenbild bestimmte.

Wesentlich beliebter – weil nützlicher – war die 1851 ins Leben gerufene Berliner Berufsfeuerwehr, die zu den modernsten ihrer Zeit zählte. In den Annalen der Stadt sind furchtbare Brandkatastrophen verzeichnet, die beweisen, wie hilflos das mittelalterliche Berlin gegenüber der ungezügelten Gewalt des Feuers war. Bereits im 15. Jh. regelte deshalb eine Feuerverordnung die Pflichten des Hausbesitzers, bauliche Vorsichtsmaßnahmen, aber auch das Verhalten nicht betroffener Bürger bei Brandfällen. Städtische Nacht- und Turmwächter hatten zu kontrollieren, bei Feuerausbruch Alarm zu schlagen und die Löschmannschaften zu weisen.

1618 wurde in einer neueren Feuerordnung erstmals von großen Spritzen aus Kupfer und Messing gesprochen. Fünfzig Jahre später waren laut Ordnung nur noch gemauerte Feuerstellen und Schornsteine zugelassen. In der gleichen Anordnung wurde das Rauchen in Räumen mit brennbaren Stoffen verboten, der Umgang mit offenem Licht eingeschränkt und für explosive Stoffe strenge Sonderbedingungen vorgesehen. Vielfach wurden durch städtische Behörden und die Zünfte Kontrollen durchgeführt. Alle Zünfte und Innungen waren ohnehin zu mehrmaligen «Spritzübungen unter Anleitung der Feuer-Herren» im Jahr verpflichtet.

Die holländische Erfindung beweglicher Wasserschläuche fand bald darauf auch in Berlin (1709) Eingang; dazu wurden in diesen Jahren zwei Prahmspritzen auf der Spree eingerichtet. Um 1730 verfügte Berlin über elf Wenderohrspritzen und zwei Schlauchspritzen. Alles wurde weitgehend von freiwilligen Kräften bedient, die stets mit großem Pflicht- und Einsatzwillen kämpften, aber – wie 1809 beim Brand der Petrikirche – großen Brandkatastrophen nicht gewachsen waren.

Eine Reorganisation der Feuerwehr, wozu bessere Löschgeräte, eine gewisse Berufsmannschaft und grundsätzliche Brandvorbeugungsmaßnahmen gehörten, wurde unerläßlich. 1851 war es dann mit der ersten Berufsfeuerwehr soweit; sie wurde vom damaligen Polizeipräsidenten Hinckeldey militärisch organisiert und bewies bei Übungen und in Ernstfällen ihre hohe Leistungsfähigkeit. Durch prophylaktische Kontrollen konnte in den nächsten Jahrzehnten der Schrecken des Feuers erheblich eingedämmt werden. Mehrfach mußte die Feuerwehr ihr Domizil wechseln, weil das Anwachsen der Mannschaften und das Modernisieren der Geräte auch räumliche Konsequenzen forderten. Mit der großen Eingemeindung am Anfang unseres Jahrhunderts erhielt jeder Stadtteil seine zentrale Berufsfeuerwehr, die auch weiterhin von vielen Freiwilligen unterstützt wurde.

Zum Reigen der Machtmittel eines Staates gehört nicht zuletzt die Justiz, die in Berlin auch nicht weniger «blind» als anderenorts war. Zuerst übte die Stadt souverän die Gerichtsbarkeit aus, bis sie im Kampf mit dem Landesherren unterlag. Die unmittelbar ans Rathaus angrenzende Gerichtslaube war der älteste Ort der städtischen Rechtsprechung. Gestaltung und Gebrauch des Gebäudes zeigten eine gewisse Anlehnung an gentile Sitten, die den Umbruch vom Gewohnheitsrecht zum Gesetzesrecht ahnen lassen. Einige Tiersymbole an den Kapitellen verdeutlichen die alte Zeichensprache: ein Eberkopf als Zeichen der Unmäßigkeit, ein Adler für Raubsucht, ein Affe für Unzucht und Harpyien symbolisch für Haß und Neid. Ein steinerner Pranger an der Außenfront – auch «Kaak» genannt – symbolisierte einen menschlichen Körper mit Eselsohren (Neugierde), Habichtklauen (Diebstahl), mit Flügeln und Federn und einer schadensfrohen Grimasse. An zwei Handeisen wurden die Übeltäter gefesselt und zur Schau gestellt, gebrandmarkt oder «gestäupt». An den Kaak kamen alle vom Berliner «Schöffenstuhl» überführten Täter. Urkundlich wird 1391 erstmalig für Berlin das Schultheißenamt bezeugt.

1442 mußte die Stadt die Gerichtshoheit an die Hohenzollern abtreten, die mit dem Baubeginn des Schlosses auch das Kammergericht, das nun die oberste Rechtsinstanz wurde, hierhin verlegten. Es blieb hier im Schloß bis 1660, wurde dann mehrfach umgesiedelt, bis 1733/34 ein eigener Bau in der Lindenstraße durch Gerlach begonnen werden konnte. 1702, nachdem Preußen zum Königreich avanciert war, entstand als höchste Rechtsinstanz für Preußen ein Obertribunal, das lange Jahre mit dem Kammergericht das Gebäude in der Lindenstraße teilte und als höchstes Gericht am 30. 9. 1879 nach der Reichsgründung von 1871 seine Kompetenzen dem Reichsgericht in Leipzig als neuer höchster Gerichtsbehörde übergeben mußte.

Das Kammergericht blieb für Berliner Territorium jedoch die entscheidende Rechtsinstanz. 1722 sah sich der Präsident zu einigen Reformen gegen die übelsten «Rechts»mißbräuche veranlaßt, ohne am Wesen der feudalen Gerichtspyramide etwas zu ändern. Zur Entlastung des Kammergerichts hatte der König 1710 der Errichtung eines Stadtgerichts zugestimmt, was jedoch nicht die Rückgabe der Gerichtsbarkeit an die Stadt bedeutete. Erst zum Ende des 19. Jh. wurden die alten Institutionen der bürgerlichen Entwicklung angeglichen. 1899 erfolgte eine Reorganisation der Gerichte in Berlin; im Zuge einer Spezialisierung entstanden mehrere fachbezogene Gerichte – so auch das Kriminalgericht in Moabit. Das Amtsgericht I erhielt die Bezeichnung Amtsgericht Berlin-Mitte und war für die Stadt insgesamt zuständig. Allen lokalen Rechtsinstanzen stand das Landgericht Berlin vor.

Der Strafvollzug hatte den vom Gericht Verurteilten entweder an den Pranger zu stellen oder in der Stadtvogtei zu verwahren; der Molkenmarkt fungierte als Begriff bei den Berlinern deshalb auch synonym für Gefängnis. Der «fürstliche» Kerker war die Hausvogtei, deren Folterkammer und «Werkzeuge» das Märkische Museum besitzt. Ein weiteres Gefängnis war das «Spinnhaus» für Frauen in Spandau und seit 1864 in der Barnimstraße. Ein Schuldgefängnis («Mösers Ruh») wurde in der Köpenicker Straße 39a aus dem alten Arbeitshaus gemacht, das erst in den siebziger Jahren des 19. Jh. mit der Aufhebung der Schuldhaft beseitigt wurde.

Schwere Verbrecher wurden nach der Urteilsverkündung dem Scharfrichter übergeben, die Urteile vor dem Rathaus vollstreckt; 1694 mußte man die Hinrichtungen wegen des großen Andrangs auf den Neuen Markt verlegen. Als auch dieser Platz zu eng wurde, zog man vor das Georgentor, bis 1701 das neue Hochgericht an der Gartenstraße, der «Steinerne Feldprediger», zur Verfügung stand. Bis ins 19. Jh. gab es noch grauenvolle Hinrichtungsarten: «Sacken und Ertränken» für Kindesmörderinnen; «mit dem Beil» bis 1839 für gewöhnliche Verbrechen und «mit dem Schwert» als Privileg für «blaublütige» Täter; bei der Todesstrafe «auf das Rad binden» wurden die Leichen noch bis 1811 oft über einen Monat zur Schau gestellt. Die grauenhafte Sitte des Aufsteckens der Köpfe wurde noch Anfang des 19. Jh. bei der Kindesmörderin L. Roth praktiziert; 1813 fand die letzte öffentliche Verbrennung eines Brandstifters und seiner Geliebten statt. Die letzte öffentliche Hinrichtung am Hochgericht «mit dem Rade» erfolgte 1837; die Öffentlichkeit wurde von nun an nur deshalb auf königliche Weisung ausgeschlossen, weil nach mehrtägiger allgemeiner Trinkerei und Volksbelustigung die Arbeitsmoral und öffentliche Ordnung zu stark gelitten hatten. «Mit dem Strang» wurde 1840 – bereits ohne Publikum – letztmalig hingerichtet. Ab April 1841 gab es nur noch Hinrichtungen in Spandau, und 1842 im Juli wurde der Galgenberg endgültig abgebrochen.

Kasernen des II. Garde-Dragoner-Regiments
in der Alexandrinenstraße 12/13. 1888. 1787
wurden von G. C. Unger diese weiträumigen
«Kasernements für die Cavallerie» angelegt.
Zuletzt war das II. Garde-Dragoner-Regiment
hier in Garnison. Der größte Teil der Anlage
stand nach 1875, nur ein Teil war von der
5. Schwadron des I. Garde-Dragoner-Regiments
genutzt. Der ganze Komplex fiel vor 1900 der
Spitzhacke zum Opfer.

Mittelteil des Hofgebäudes der Kavallerie-
Kaserne in der Alexandrinenstraße. 1888. Deut-
lich erkennbar sticht der reiche plastische
Schmuck der Hoffront von den sonst schlichten
Fassaden ab.

Kaserne des II. Garde-Regiments zu Fuß in der Friedrichstraße 103–107. 1888. J. Boumann d. Ä. errichtete im Jahre 1764 für das damalige II. Artillerie-Regiment diese ausgedehnte Kasernenanlage zwischen Johannis- und Ziegelstraße. Im Volksmund hieß das später hier untergebrachte II. Garde-Regiment zu Fuß spöttisch die «Schimmelklopfer», da dieses alte Gebäude in einem entsprechenden Zustand war. Nach 1918 war in ihm das Finanzamt untergebracht. Die weiträumige Anlage wurde im zweiten Weltkrieg zerstört.

Exerzierhalle Alte Schützenstraße, Ecke Keibelstraße. 1880. Um 1750 für das Exerzieren der Soldaten des Regiments von Thun in verunglückten gotischen Formen erbaut. Der schmucklose Zweckbau diente später Lagerzwecken, zeitweise als Markthalle und wurde um 1930 für den Neubau des Verwaltungsgebäudes des Karstadt-Konzerns (heute Polizeipräsidium) abgerissen.

Artillerie-Kaserne am Kupfergraben, von der Mehlhausbrücke gesehen. 1887. 1773 wurde nach Plänen G. F. Boumanns d. J. am Kupfergraben für das IV. Artillerie-Regiment ein ausgedehnter Kasernenkomplex errichtet. In ihr verbrachte Friedrich Engels in den Jahren 1841/42 als Angehöriger der 10. Kompagnie seine Militärdienstzeit. Später von Garde-Artillerie und als Montierungsdepot genutzt, mußte sie 1897 dem Neubau für das Garde-Grenadier-Regiment Kaiser Alexander von Rußland Nr. I weichen. In den Gebäuden links war bis 1895 die Artillerie-Prüfungskommission untergebracht.

Rückfront des Landwehr-Zeughauses in der Königgrätzer Straße 122. 1885. 1847/48 erbaut, diente es nur kurz als Zeughaus. Es wurde nach 1870 als General-Militärkasse genutzt und mußte in den achtziger Jahren einem Neubau weichen.

«Altes Judenhaus» in der Köpenicker Straße nahe dem Schlesischen Tor. 1870. Vor den Toren der Stadt errichtete sich der Bürgermeister von Kölln, Christian Heinrich Bartholdi, eine Meierei, die 1730 der Magistrat von Berlin kaufte. 1786 erwarb der Bankier D. Itzig dieses Vorwerk und vereinigte es mit dem Luisenhof innerhalb der Ringmauer. Er ließ sich für den ausgedehnten Komplex des Vorwerks auf dem Luisenhof im Stile eines Gutshauses ein Schlößchen errichten und den Garten nach französischem Geschmack anlegen. In ihm fanden der alte Neptunsbrunnen aus dem Lustgarten und Figurengruppen des Bildhauers G. Knöffler, der

auch den Park in Wörlitz ausgestaltet hatte, ihre Aufstellung. Zu dem Garten gehörte ein Freilichttheater, zu dem die Gartengestaltung die Kulisse gab. Itzig bot in seinem Haus (später als in der Köpenicker Straße 168 bezeichnet) u. a. 1762 Israel Moses Levi, auch Israel Samocz genannt, Asyl. Levi, der zu den Lehrern Mendelssohns gehörte, war ein begabter Mathematiker, der u. a. die Sonnenuhr für das Landhaus berechnete. Als «Altes Judenhaus» mit «Judengarten» war dieses Gebäude ein Begriff in Berlin, wobei sich in der Bezeichnung durchaus latente antisemitische Tendenzen widerspiegelten. Auf dem Gelände der Meierei erhoben sich später

der Görlitzer Bahnhof, das Messingwerk von Heckmann und die Lohmühlen. Der Park diente als Bauplatz für die Kasernen des III. Garde-Regiments zu Fuß und das Landhaus als Offizierskasino.

Ehemaliges Generalstabsgebäude, Behren-straße 66. Um 1872. Der Architekt F. W. Titel errichtete 1792/93 diesen schönen Bau als Privathaus. Von 1815 bis 1830 diente es dem preußischen Handelsministerium als Unter-kunft. 1830 zog der Generalstab der preußischen Armee in das Gebäude; hier wirkte u. a. Moltke als Generalstabschef. Nach 1872 war es Dienst-

gebäude des Militärcabinetts und ab 1931 Amts-gebäude des katholischen Bischofs von Berlin. Der wichtige Bau des Berliner Frühklassizismus mit seiner vornehmen Fassade wurde im Jahre 1943 bei Luftangriffen zerstört.

Blick von der Cavalierbrücke auf die Kriegs-akademie und Hotel de Saxe. In den achtziger Jahren des 19. Jh. ging man nach mehr als 20jähriger Vorbereitung und zahlreichen Spekulationsskandalen daran, Berlin eine Aus-fallstraße vom Zentrum nach Osten zu geben. Sie wurde als Verlängerung der Straße Unter den Linden durch den mittelalterlichen Kern

Berlins geführt. So notwendig diese Straße war, so umfangreich war auch die Vernichtung wert-voller alter Bausubstanz. Rechts die alte Kriegs-akademie, die 1765 in dem für diesen Zweck auf-geführten Bau als adlige Ecole de militaire ihren Sitz erhielt. Der Neubau stellte eigentlich nur einen repräsentativen Kopfbau gegenüber dem Schloß dar, dahinter lag der ehemalige Berliner Sitz der Äbte von Lehnin, ein unregelmäßiger Komplex von Baulichkeiten, deren älteste dem 15. Jh. entstammten. 1801 kam der Stadthof der Lehniner Äbte mit mehreren anderen Gebäuden (Freihäusern und landesherrlichem Besitz) zum Komplex der Kriegsakademie. Der Blick in die

schmale kleine Burgstraße läßt einiges von diesen alten Bauten erahnen. Rechts im Bild das einst renommierte Hotel de Saxe, ein Bau aus den achtziger Jahren des 18. Jh. mit einer um 1860 veränderten Fassade. Dem Zeitgeschmack am Ende des 18. Jh. angepaßt, hatte es seinen französischen Namen erhalten.

Neubau der Kriegsakademie in der Dorotheenstraße. 1882. Vor dem Abriß der alten Gebäude hielt man eine Verlegung der Kriegsakademie für angezeigt. Zu diesem Zwecke wurden hinter dem von K. F. Schinkel 1824/25 errichteten Gebäude der Artillerie- und Ingenieurschule Unter den Linden 74 Neubauten bis in die Dorotheenstraße geführt. 1879 begann die Bauausführung, die dem Architekten Fr. Schwechten aufgetragen wurde. Schwechten unterhielt ein bedeutendes Architekturbüro in Berlin, das nachhaltig die Veränderungen des Stadtbildes mitbestimmte. Der Bau wurde im zweiten Weltkrieg zerstört. (Seite 237)

Paradeaufstellung der Feuerwehr vor der alten Feuerwache Mauerstraße, Ecke Kronenstraße. 1883. Erst nach der Revolution von 1848 erhielt Berlin eine eigene Berufsfeuerwehr nach modernen Gesichtspunkten. Ihre Trennung von der Straßenreinigung erfolgte erst nach langen Auseinandersetzungen. In den fünfziger Jahren entstanden dann auch die Feuerwachen in der Art wie die in der Mauer-, Ecke Kronenstraße, die durch Umbau der älteren Wache der freiwilligen Feuerwehr der Friedrichstadt entstanden waren. Das Photo zeigt deutlich, wie die Mietskasernen die alte Bebauung der Friedrichstadt verdrängten.

Parade der Feuerwehr vor dem Depot in der
Georgenstraße in der Nähe des Alexanderplatzes. Um 1870.

König Friedrich Wilhelm I. ließ 1733 an der damaligen Teltower Landstraße – der späteren Lindenstraße – das erste Verwaltungsgebäude errichten, das Berlin besaß. Um 1880. Philipp Gerlach mußte dazu die Bauzeichnungen liefern. Im Frühjahr 1735 wurde das Haus als sogenanntes Kollegienhaus bezogen, in ihm hatten zahlreiche Einrichtungen des preußischen Staates ihren Sitz. Der König ließ das Gebäude am damaligen Stadtrand errichten, um die Beamten zu zwingen, in der Friedrich-

stadt zu wohnen. Berühmt wurde das Haus, das mit seiner Rampe ein typischer Ausläufer des Barock unter Friedrich Wilhelm I. war, als das Kammergericht hier seinen Sitz bekam. Unter den vielen Juristen, die hier wirkten, ragt E. T. W. Hoffmann (der sich wegen seiner Verehrung für Mozart selbst Amadeus nannte und deshalb seine Vornamen in E. T. A. änderte) heraus, der von 1816 bis zu seinem Tode im Jahre 1822 als Kammergerichtsrat seinem Broterwerb nachgehen mußte. Er war u. a. in der Zeit der Dema-

gogenverfolgung an der Untersuchung gegen den «Turnvater» Friedrich Ludwig Jahn beteiligt und erwies sich als ein geschickter Verteidiger Jahns, obwohl er die Untersuchung zu leiten hatte. Der barocke Bau des Kammergerichts diente später anderen staatlichen Einrichtungen und wurde im zweiten Weltkrieg zerstört. Nach der Wiederherstellung fungiert er heute als Museum.

Kriminalgericht in Moabit. Um 1882. Dieser
umfangreiche, in den Jahren 1877 bis 1882
errichtete Neubau beherbergte die zwölf Straf-
kammern und die Staatsanwaltschaft der beiden
damals in Berlin bestehenden Landgerichte.
Es war ein ausgedehnter Komplex mit einem
anschließenden Untersuchungsgefängnis. In
ihm wurde ein besonderes Kapitel der Berliner
Kriminalgeschichte geschrieben, und in der
Zeit des Faschismus bekam das Haus einen
grauenvollen Ruf.

Zu den wohl eigenartigsten Bauwerken Berlins gehört das Amts- und Landgericht in der heutigen Littenstraße. 1904/05. Der 1904 vollendete Bau von Otto Schmalz markiert im Äußeren wie im Inneren den Übergang vom Historismus zum Jugendstil. Mit seiner reichen, an süddeutsche Barockformen erinnernden Fassadengestaltung in hervorragender Hausteinarchitektur hat es trotz seiner mit Ornamenten und Formelementen überladenen Gestaltung einen bestimmenden Platz in der Berliner Architekturentwicklung. Zu den herausragenden Merkwürdigkeiten zählt die zentrale Treppenanlage in den fließenden Linien des Jugendstils. Durch Kriegsereignisse beeinträchtigt, ist der Bau in vereinfachten Formen wiederhergestellt. An dieser Stelle stand vormals die Kadettenanstalt, von der Teile des plastischen Schmucks in einzelnen Innenhöfen angebracht sind.

Gaststätten, Kneipen und Brauereien

Wirtshäuser sind ein Stück Lebensnerv einer Kommune und waren stets ein Gradmesser für die Lebendigkeit von Handel und Verkehr. Wo ein Marktflecken mit einer Kirche entstand, fehlte auch nie das Gasthaus; sie lagen mitten im Herzen der Ansiedlung und sorgten früher noch stärker als heute als geselliger Ort für das körperliche Wohl der Fremden wie der Einwohner; denn neben Speisen und Getränken gehörte auch das gelegentliche Bad zum Service einer Herberge. Berlins älteste Gaststätte befand sich am ältesten Platz, am Krögel, Molkenmarkt 3, in der noch bis zum Anfang des 19. Jh. die Hochzeitsgäste vor dem Kirchgang ins Badehaus gingen und zum Festschmaus dorthin wieder zurückkehrten. Nur im Gasthaus gab es größere Räume für traurige und freudige Ereignisse, die Freunde, Verwandte und Nachbarn zusammenführten.

Fremde und Ansässige sah man gleich gern als Kunden. Der Ortsfremde fand meist auch ohne die Schilder mit den aufgemalten Löwen, Adlern, Rossen, Elefanten, Sonnen oder grünen Bäumen, um nur ein paar für Berlin typische Illustrationen zu nennen, die «erfrischende Quelle». Im 17. Jh. tauchten dann zunehmend mit der Lesekundigkeit beschriftete Schilder mit verlockender Werbung auf, z. B.: «Verlorenes Glück», «Zum letzten Heller», «Zum verborgenen Veilchen» oder «Zum edlen Tropfen». Schon damals soll es Streit um das Firmensignet gegeben haben, denn das noch überschaubare Gemeinwesen hatte vier «Goldene Hirsche», mehrere «Goldene Sonnen», und auch das «Roß» war in allen Variationen sehr beliebt, da die Herbergen meist für Mensch und Tier zu sorgen hatten.

Die Gaststätten waren eine nie versiegende Steuereinnahmequelle, und so ist erklärlich, daß auch der preußische Staat seinen Wunsch nach klarer Übersicht und polizeilichen Regelungen der Geschäfte nicht unterdrücken konnte. 1775 wurde aus mehrhundertjähriger Erfahrung das «Revidierte Reglement und Taxe für die Gast-Höfe und Wirths-Häuser in Berlin . . .» erlassen. Drei Klassen waren darin festgelegt, und um Mißverständnisse bei Gast und Wirt auszuschließen – mehrere Gasthäuser hatten gleiche Namen –, erfolgte für die I. Klasse eine Aufzählung nach Ort und Namen: u. a. Hotel de Saxe, König von Portugal, König von Polen, Stadt Paris. Zur II. Klasse gehörten elf Wirtshäuser, und 13 «Ausspannungen» für Landleute komplettierten als III. Klasse das Herbergs- und Schankwesen. Feste Preislisten und noch handfestere Strafen sorgten für Einhaltung der gestaffelten Unterschiede. In der zweiten Klasse kostete die Übernachtung in Zimmer und Bett bis zehn Groschen, und der Tagessatz für Speisen betrug höchstens acht. Die dritte Klasse konnte dem Gast ein Strohlager für einen Groschen und Suppe «mit» Fleisch für drei berechnen. War eine Stube mit Bett und Licht im Angebot, durfte der Wirt bis zu sechs Groschen fordern.

Die polizeiliche Meldung stand jedoch allen Preisregelungen voran; bei 50 Thlr. Strafe für Nachlässigkeit war der Wirt stets ein sorgfältiger Registrator, und die gleiche Summe drohte dem Gast bei Falschangaben. Der Fremde hatte «Name, Charakter und Herkunft» anzugeben, und dies war noch am gleichen Tag dem Kommandanten schriftlich zu melden. Drakonische Maßnahmen winkten auch – wie man dem Strafregister des gleichen Reglements entnehmen kann –, wenn Wein und Bier «gewässert» wurden. Diese scheinbar nie aussterbende, gewinnbringende Übung des «Panschens» sollte auf Anzeige des Gastes an Ort und Stelle polizeilich untersucht und mit kräftiger Geldbuße geahndet werden. Es wurde jedem Wirt nachdrücklich empfohlen, sich der «Bier- und Weinverfälschung gänzlich» zu enthalten; im Wiederholungsfalle drohte lebenslänglicher Entzug der Konzession.

Berlins Gaststättenwesen blühte im Zuge mehrerer Einwanderungswellen aus Gegenden mit guter Küche auf. Den Reigen eröffneten namhafte Refugiés, wie z. B. der Traiteur Dortu, der Begründer der «Zelte», gefolgt von den weltbekannten Schweizern aus Graubünden, den «Zuckerbäckern aus dem Engadin». Sie waren als Arbeitskräfteüberschuß nach Norditalien ausgesiedelt und dort mit der berühmten italienischen Pastetenbäckerei bekannt geworden. Als sparsame und fleißige Konditoren bekannt und beliebt, wanderten sie für jeweils ein paar Jahrzehnte in einige europäische Länder aus. Berlin verdankt deshalb Namen wie Josty, Stehely, Volpi oder Spargnapani einen echten kulinarischen Gewinn. Das Café entstand als neue gastronomische Einrichtung, in deren Angebot Leckereien aus Butter, Zucker und Marzipan, aber auch Zeitungen, als geistig-kulturelle Neuerung, standen. Die «bessere Welt» fand sich hier ein, las, diskutierte und zeigte sich. Josty an der Stechbahn hatte den Hofbeamten und Offizier zum Stammgast; bei Stehely waren es die Journalisten, Politiker und Künstler, und Unter den Linden bei Spargnapani verkehrten die gelehrte Welt und die Finanzgewaltigen. Sinnbildlich wurde ein damals beliebter Likör im «normalen» Maß als «Doktor» bezeichnet; der gleiche in einem erheblich größeren Glas wurde als «Sanitätsrath» serviert.

Aus Süddeutschland kamen von der Mosel, vom Main und Neckartal Winzerfamilien wie Maurer & Bracht, Mitscher, Caspary oder Habel. Zu jener Zeit hatte Berlin noch eigene Weinberge vor dem Rosenthaler Tor, wie es aus Namen wie Weinbergsweg oder Weinmeisterstraße noch bis heute ersichtlich ist. Aber der Qualität mußte schon damals durch «Veredeln» nachgeholfen werden, um den «Säuerling» bekömmlicher zu machen. Die Berliner tranken vor allem Bier und die «Weiße», ein obergäriges Bier, das in Berlin noch heute sehr gern mit einem kleinen Zusatz von Fruchtsirup getrunken wird; erst die verbilligten Importe aus echten Weinregionen machten dem Berliner Bier eine gewisse Konkurrenz.

Berlins Lokale – von den erstklassigen Weinstuben Unter den Linden bis zur Studentenkneipe «Strammer Hund» am Oranienburger Tor – hatten alle ihr unverwechselbares Flair. Viele Namen hatten einen Ruf im besten Sinne des Wortes: Lutter und Wegner, Sala Tarone, beide am Gensdarmen-Markt; Unter den Linden gab es Habel und in Tuchfühlung Dressel mit idyllischen Séparées, die liebevoll «Katakomben» genannt wurden. Karl Siechen, der eine Bierstube in der «Alten Post» eröffnete, hatte für Künstler, oder die es werden wollten, auch auf Pump und selbst ohne Geld immer etwas übrig. Adolf Huster hatte, wie später Aschinger es im großen Stil anlegte, die Idee der Großküche mit breitorganisierter Verteilung von Halb- oder Fertiggerichten. Ganz bescheiden begann er 1864 in der Zimmerstraße und konnte bereits acht Jahre später das «Englische Haus» in der Mohrenstraße kaufen und von hier aus Familienfeste, Gaststätten, ja selbst Manöverdiners für mehrere Hundert mühelos versorgen.

Wer Geld und Zeit hatte, frühstückte bereits bei Habel, Lutter und Wegner oder bei Kempinski; der Beamte leistete sich das Mittagessen bei Kisskalt im Hotel «Stadt London», im «Hotel de Russie» oder in einem der Lokale mit mittleren Preisen. Erst am Abend zog es den Handwerker mit Familienanhang in «sein Lokal» oder den Proletarier ohne Anhang in «seine Kneipe». Die Palette dieser Gaststätten reichte von der Weißbierstube mit «weiß gescheuerten» Tischen, wo man essen, trinken und schwatzen konnte, bis zur Eck-, Steh- oder Kellerkneipe, wo der «Kümmel» und das Bier für ein paar Stunden den Alltag im Rausch vergessen machten. Die Kneipe war das «schönere» Zuhause; sie bot Geselligkeit unter Gleichen, Zuflucht vor dem Elend der zu engen Mietswohnung, aber auch Gelegenheit zu politischer Verständigung. Während die untersten Volksschichten in der Kneipe ihren Ausgleich fanden, traf sich die Oberschicht nicht nur in Lokalen, sondern im eigenen Palais zu ihrem «Jour», dem Empfangstag, an dem jeder unaufgefordert erscheinen konnte – natürlich nur «standesgemäß».

Im Sommer zog es die Berliner ins «Grüne», auch hier wohlabgestimmt nach Größe des Geldbeutels. Das erste dieser «Ausflugslokale» waren die «Zelte» vor dem Brandenburger Tor, die man noch zu Fuß erreichen konnte. Die Traditionen dieser Lokale hielten sich noch bis in unser Jahrhundert hinein; gleichsam Symbole waren die Dreherschen Biere und die Hefterschen Würstchen. Mit den erschwinglichen «Kremserfahrten» und später mit der Pferdebahn eroberte man nach und nach die dörfliche Idylle in Pankow, Tempelhof, Rixdorf, Stralau, Treptow oder Schöneberg. In vielen Ausflugslokalen war das Selbstkochen von Kaffee noch erlaubt, und wer sich wenig leisten konnte, brachte auch die Schmalzstullen mit. Große Brauereien, die ihre Werkanlagen außerhalb der Stadt bauen mußten, nutzten geschäftstüchtig die Schwäche des Großstädters fürs Land. Neben den Brauereien errichtete man Großraumlokale, die mit gesenkten Preisen zur Bockbiersaison ganze Scharen zu den bekannten Ausschanklokalen auf den Spandauer Berg, den Pfeffer- oder Windmühlenberg vor dem Schönhauser Tor, zum Eiskeller oder ins Tivoli am Kreuzberg verlockten.

Braun- und Weißbier, letzteres von Franzosen als «champagne du Nord» sprachlich veredelt, wurden seit langer Zeit in Berlin gebraut. Die aus dem 18. Jh. bekannten Häuser waren Breithaupt und Landré in der Stralauer Straße 38, Heinrich Bolle in der Friedrichstraße 128 oder spätere Häuser wie Willner und Richter. 1830 begründete Wallmüller aus Bayern in der Jerusalemer Straße eine Brauerei für Lagerbier; Jobst Schultheiß begann 1853, und Georg Patzenhofer hat in der Neuen Königstraße 1855 als erster Berliner dunkles Bier gebraut. 1836 brachte Josef Alois Gilka den ersten hier gebrannten und bis heute so beliebten Getreidekümmel auf den Tisch.

Es gab seit langem auch Exportbier aus Schweden, England oder Mecklenburg, das zwar immer teurer als das Berliner, aber nicht immer besser war. Den Durst der Weltstadt Berlin konnten jedoch erst die Großbrauereien wie die Unionsbrauerei in der Hasenheide (1863), die Bötzow-Brauerei an der Schönhauser Allee (1863) oder Berliner Kindl in Rixdorf (1872) löschen. In dieser Zeit veränderte sich auch das Gesicht der Stadtgaststätten. Auf dem Aussterbeetat befanden sich die «Ausspannungen», die kleinen Familienlokale und die altehrwürdigen Hotels. An ihre Stelle traten Großhotels wie der 1875 eröffnete, zehn Tage später abgebrannte und sofort wiederaufgebaute «Kaiserhof», «Fürstenhof» oder «Imperial», die schon im Namen die «neue Ära» anklingen lassen; die gemütlichen Weinstuben mit den sandgescheuerten Tischen mußten pompösen Häusern mit einem Universalangebot von Wein-, Bier- oder Kaffeesalons weichen. Die Spitzhacke machte auch nicht vor den Namen der weit über die Grenzen der Stadt hinaus bekannten Lokale halt; in diesem Umbruch wurden selbst die ehemaligen Ausflugsstätten durch den Mietskasernenbau verschlungen.

Die Eckkneipe aber, die sich im doppelten Sinne bewährt hat, wurde als «Ablaßventil» serienweise in die neuen Stadtteile hineinprojektiert. Was an alter Substanz blieb, ist ein Wortschatz fürs Zechen, der noch heute teilweise ganz bekannt klingt: «Zwitschern», «einen auf den Diensteid nehmen», «einen in die Jacke schwenken» oder «einen abbeißen». Nach reichlichem Genuß war man «fett», «rahmig», «voll wie 'ne Sackstrippe» oder hatte in den «Tran getreten». Was sich ebenfalls seine ungetrübte Zuneigung bis zur Gegenwart erhalten hat, das ist des Berliners Vorliebe für den «Kümmel» und die «kühle Blonde».

Die Berliner Kneipe wurde in der Zeit des industriellen Aufschwungs für die arbeitenden und insbesondere für die ärmeren Schichten immer stärker zum Mittelpunkt für Erholung und Geselligkeit. Tausende Arbeiter besaßen angesichts der Knappheit und Enge der Wohnungen bei entsprechend hohen Mietpreisen nichts als ein Bett und oft dieses lediglich zur Miete für eine bestimmte Stundenzahl, um auszuschlafen. All diesen Chambregarnisten ersetzte die Kneipe zugleich den «Wohnraum»; hier konnte man essen, trinken und miteinander reden. So bot das Wirtshaus allen Gleichgesinnten ein geselliges Zuhause; im Bier und Schnaps wurde der Alltag ertränkt – wenigstens in Gedanken das Leid und die Sorgen mit den Anderen geteilt. In der Stammkneipe fanden viele sozial Gestrauchelte den letzten angenehmen Zufluchtsort. Zum Bild der Kneipe gehörten ebenso die vor dem Gasthaus lagernden Betrunkenen oder jene, die ohne Geld begierig auf einen Spender hofften; auch Prügeleien standen auf der Tagesordnung.

Mit der wachsenden Reife der Arbeiterklasse änderte sich teilweise auch die Funktion der Kneipe. Sie wurde fester Standort für organisierte Zusammenkünfte; es gab hier Schulungen, Vereinstreffen, gesellige Abende und anderes mehr, ohne die alten Freuden am Biertisch zu lassen. Die Kneipe war und blieb somit zentraler Lebensnerv der Berliner, die je nach sozialer Zugehörigkeit ihr angemessenes «Milieu» besaßen, das bereits an der Fassade das Innenleben verriet.

Der «Hammelkopf» am Weidendamm in der Nähe der Friedrichstraße (auf dem Graben verlief später die verlängerte Charlottenstraße – vormals Prinz-Louis-Ferdinand-Straße). 1888. Die kleine Gastwirtschaft am Weidendammgraben gehörte zu den zahllosen kleinen Kneipen für den ärmeren Teil der Berliner Bevölkerung.

Scheunenviertel, Weydingerstraße 10 und Hirtenstraße 1. Um 1885. Mit zu den wertvollsten Aufnahmen von Schwartz gehören zwei Photos aus dem ehemaligen Berliner Scheunenviertel, einem Stadtteil hinter dem Alexanderplatz. In diesem Gebiet der ehemaligen Scheunen Berliner Ackerbürger entstand ein Viertel der armen, sozial abgestiegenen Bevölkerungsteile, in dem Prostitution und Verbrechen das Leben bestimmten. Hier spielte Döblins Roman «Berlin – Alexanderplatz», und Zille hat die Vorbilder für seine sozialkritischen Zeichnungen in dieser Gegend gefunden. In mehreren Wellen verschwand das Viertel, um Mietskasernen Platz zu machen, aber erst nach 1945 verlor das Wort «Scheunenviertel» seinen asozialen Beigeschmack.

Mulacksgasse, Ecke Rückertstraße im Berliner Scheunenviertel. 1885. Auch dieses Motiv kehrt mehrfach in Zeichnungen Zilles wieder.

Gasthäuser in der Müllerstraße am Rande der Stadt. 1889.

«Zum Nußbaum», Fischerstraße 21. 1890. Der
«Nußbaum» ist in den zwanziger Jahren unseres
Jahrhunderts wohl zur bekanntesten Berliner
Gaststätte, in Berlin Kneipe genannt, geworden.
Am Kellerhals soll die Inschrift «1507» die
Erbauungszeit des Hauses belegt haben. Es
hatte nur eine kleine Gaststube, die weltbekannt
durch Heinrich Zille wurde, der hier sein
Stammlokal hatte. Der Wirt besaß eine sehr
große Sammlung von originalen Zeichnungen
Zilles. Das Lokal brannte 1943 ab.

Ausspannung zum «Hamburger Wappen». 1880. In den Ausspannungen am Rande der Stadt, aber innerhalb der Mauern gelegen, stellten die Bauern und Händler ihre Planwagen unter, um auf den Märkten ihren Geschäften nachzugehen. Diese Transportart lag im 19. Jh. im zähen Kampf mit der Eisenbahn; die Wagen konnten zwar nur eine begrenzte Menge transportieren, waren aber teilweise schneller bzw.

billiger. Diese Ausspannung fiel der Freilegung der im Hintergrund sichtbaren Sophienkirche zum Opfer.

Hofansicht des «Ruppiner Hofs» in der Spandauer Straße 79. 1880. Einst ein alter Berliner Gasthof in der Höhe der früheren Königstraße, kam er in diesen Jahren immer mehr herunter. Von ihm fuhren aber noch bis in die achtziger

Jahre täglich Personen-Omnibusse nach Cremmen, Ruppin und anderen Ortschaften in der Mark Brandenburg.

Hof der Ausspannung des «Gasthofs zum Hamburger Wappen». 1880. Der Planwagen rechts weist darauf hin, daß diese Art der Transportmittel in den USA ihre Nachfolger fanden.

Unter den Linden 76, Passage zur Neuen Wilhelmstraße. 1865/66. K. F. Schinkel entwarf diesen reizvollen Durchgang zur Neuen Wilhelmstraße, der 1822 ausgeführt wurde. Dabei schrieb er genau vor, welcher Art die Cafés und Geschäfte zu sein hätten, die an dieser Passage ihren Platz bekommen sollten. 1867 wurden der Mittelteil und 1937 die Seitenteile abgebrochen.

Kisskalts Hotel «Stadt London» in der Leipziger Straße 50, Ecke Jerusalemer Straße 36/37. Um 1880. Dieses Hotel zählte zu den mittleren Gasthöfen ersten Ranges. Es war in einem «auf

Königliche Kosten» errichteten Bau aus dem Jahre 1790 untergebracht und zählte nach 1871 zu den beliebtesten Gasthöfen der Stadt. Der Prinzipal saß während des Mittagessens an der Spitze der Tafel und verteilte die Speisen. Besonders die Angestellten der umliegenden Geschäfte und Banken aßen hier im Abonnement. Der Bau fiel dem Neubau des Warenhauses Tietz zum Opfer.

Hotel de Brandenbourg. Um 1880. In der Durchsicht zwischen Schauspielhaus und Deutscher Kirche stand dieses Hotel in der Charlottenstraße, das in der ersten Hälfte des 19. Jh. zu den

berühmtesten zählte; man hatte geschickt beim Bau auf städtebauliche Wirkung geachtet. Als Architekt ist G. C. Unger anzunehmen, der dieses Haus «in der Charlottenstraße am Gensd'armen Markt gelegene auf Königliche Kosten erbaute Wohnhaus mit Zubehör nebst 2 Trimeaux» um 1781 fertiggestellt hat. Sein erster Besitzer war der Kammerherr Heinrich Christoph von Ammon, der aber in Potsdam wohnte und seine vielen Häuser in Berlin vermietete. Nicolai bezeichnet das Ammonsche Haus als das prächtigste am ganzen Platz. Die Erben verkauften es nach seinem Tode 1783, und 1799 kaufte es «der Gastwirth Carl Friedrich

251

Krause von der Witwe Renelle, Lucie Elisabeth geb. Boullon vermögens des von dem französischen Colonie Gerichte am 22. August 1799 geschlossenen Kauf Contracts für 40 000 Friedrichsdor . . .». Krause richtete zuerst ein Kaffeehaus und dann das Hotel ein. 1886 wurde das Hotel geschlossen und 1889 fiel es einem stillosen Neubau zum Opfer. Auch das Nachbarhaus links wurde 1778 von G. C. Unger errichtet. Es gehörte dem «Königlichen Geheimen Staatsrath und Cheff Präsidenten der Oberrechnungskammer Georg Wilhelm von Schlabrendorff». Später besaß es die Tochter des Hofmalers Pesne, Henriette Elisabeth Jögard. In veränderter Form verkam es und wurde schließlich im zweiten Weltkrieg zerstört.

Krausenstraße 27/28 zwischen Markgrafen- und Jerusalemer Straße. Um 1880.

Klosterstraße 14/15 hinter der Marienkirche. 1884. Ein typisches Berliner Bürgerhaus mit fünf Fensterachsen aus der Zeit Friedrich Wilhelms I. mit dem kennzeichnenden Giebel im Dachgeschoß. Bis in die Mitte des 18. Jh. waren die Soldaten der preußischen Armee in den Bürgerhäusern einquartiert. Die Bürger waren gleichzeitig zu weiteren Leistungen gegenüber dem Militärstaat verpflichtet, die mit Recht als sehr drückend empfunden wurden. Sie richteten für die Soldaten im Dachgeschoß einen Wohnraum ein, der nach außen durch das steil ansteigende Giebeldach zu erkennen war. Die Schilder «Hebräische Buchhandlung» und «koschere Fleischerei» deuten auf die Nähe der ältesten Berliner Synagoge in der Heidereutergasse hin.

Klosterstraße zwischen Stralauer und Kronengasse. 1892. Der Komplex mußte um 1900 dem Neuen Stadthaus von Ludwig Hoffmann weichen.

Gesamtansicht der «Tivoli-Brauerei» auf dem Südhang des Kreuzberges. Um 1890. Mit der zunehmenden Ausdehnung der Stadt und der Entwicklung des innerstädtischen Verkehrswesens gelangte diese Anlage zunehmend – obwohl vor den Toren Berlins gelegen – in den Mittelpunkt des Interesses der Berliner. Sie war das Ziel von Spaziergängen und Ausflügen; Vereine und Innungen feierten hier große Feste und Bälle, und Wahlvereine beriefen hierher ihre Großveranstaltungen. Mittelpunkt der Anlage war der Festsaal, der in dem linken langgestreckten Gebäudekomplex untergebracht war.

Festsaal in der «Tivoli-Brauerei». Um 1890. Der annähernd 2000 Personen fassende Saal gehörte lange Zeit zu den größten und beliebtesten Sälen Berlins und war als Ausschanklokal zur Bockbierzeit gut besucht. Aber auch die Berliner Arbeiterbewegung nutzte den Saal für ihre Versammlungen der Größe und seiner Lage wegen; außerhalb der Bannmeile war er als Tagungsort nicht den Beschränkungen durch die Polizei unterlegen wie die Tagungsorte innerhalb der Stadt. Unter den vielen und zahlreichen politischen Veranstaltungen soll hier nur die vom 11. Januar 1877 hervorgehoben werden, als sich über 22 000 Arbeiter trafen, um

die Wahl des ersten Reichstagsabgeordneten der Arbeiterpartei für Berlin und Umgebung würdig zu begehen. 1891 kam die Tivoli-Brauerei in den Besitz der Schultheiß-Brauerei, die in diesen Saal einen Pferdestall einbauen ließ.

Eingangstor zur «Tivoli-Brauerei», die in zwei Bauetappen in den Jahren 1857–1859 und 1862–1873 errichtet wurde. Um 1890.

In den Zelten. 1885. Seit der Mitte des 19. Jh. war diese Straße mit ihren Lokalen wohl die beliebteste in Berlin. Sie lag unmittelbar hinter dem Brandenburger Tor und entstand im 18. Jh. An ihr lagen Biergärten, d. h. Gartenlokale, in denen Bier ausgeschenkt und von Kapellen Unterhaltungsmusik gespielt wurde. Insgesamt fünf Zelte, später als Steinhäuser errichtet, standen in ihr. Rechts das Kronprinzen-Zelt Nr. 1, 1887/88 durch einen Neubau ersetzt. Heute erinnert nur noch der Name der Straße an diese beliebte vorstädtische Anlage.

Braumüller & Sohn (Drogenhandlung; Hof)
Zimmerstraße 35. Um 1880. Hier wurden im
Familienbetrieb Weine, Essig- und andere
Essenzen hergestellt. Im Vorderhaus noch
Wohnungen, im Hof ein florierender Betrieb;
das zeigt den typischen Verlauf der Aushöhlung
der Berliner Innenstadt durch Geschäfte,
kleinere Industriebetriebe und Kontore.

Bau der Vereinsbrauerei in Rixdorf. 1872. Im
April 1872 erfolgte der Baubeginn der am 1. 8. 1874
eingeweihten und damals weit vor den Toren
der Stadt angesiedelten Vereinsbrauerei Rixdorf. Das Photo zeigt die Arbeiten am Fundament
und ist eine der frühen Darstellungen von
Arbeitern in der Photographie.

Ausblick

In seinen Photographien hatte F. A. Schwartz einen weitgesteckten Bogen gezogen, der sich vom mittelalterlichen Berlin mit seinen zur Straße zeigenden Giebeln und Fachwerkbauten aus Lehm und Ziegeln bis hin zu den Bauten des kaiserlichen Berlin erstreckte. Inhalt und Form mußten gleichermaßen höchsten Ansprüchen genügen. Zum Beginn des 20. Jh. wurde jedoch die kolorierte Postkarte auf photographischem Gebiet die adäquate Form, in die man den wilhelminischen Zeitgeist goß. Selbst der Sohn und Nachfolger, Rudolf Albert Schwartz, konnte und wollte sich diesem Zug der Zeit nicht entziehen. Eine kleine Auswahl von Photographien, die nach dem Tode des Vaters entstanden, belegen diese Tendenz, die nur dort – wie z. B. bei der Untertunnelung des Alexanderplatzes – fast nur noch mechanisch den Konzepten des F. A. Schwartz folgte.

Die Photos von F. A. Schwartz, die aus der zweiten Hälfte des 19. Jh. stammen, geben Einblick in Veränderungsprozesse, die sich damals vollzogen. Berlin hat in der Folgezeit noch ganz andere Veränderungen erlebt. Der Rückblick, den Schwartz' Werk ermöglicht, ist nicht nur Nostalgie; er kann, richtig verstanden, auch zur Rückbesinnung und Standortbestimmung des Heutigen beitragen.

Mit Genugtuung kann vermerkt werden, daß neben den bereits wiederentstandenen historischen Bauten und Plätzen weitere Vorhaben das Reißbrett von Architekten und Denkmalpflegern verlassen haben. Der als einer der schönsten Plätze Europas bezeichnete Gensdarmen-Markt (Platz der Akademie) z. B. befindet sich mitten im Restaurationsprozeß; der Berliner Dom steht vor seiner Vollendung; die Museumsinsel und der Molkenmarkt werden folgen. So bietet das wiedererbaute Berlin einen attraktiven Kontrast von Alt und Neu und gewinnt seinen Ruf als Weltstadt zurück.

Blick vom Molkenmarkt über den Mühlendamm zur Petrikirche. 1912. Rechts an der ersten
Ecke das «Haus mit der Rippe», Walknochen, die
der Sage nach vom Riesen in den Müggelbergen
stammen sollten. Sie befinden sich heute im
Märkischen Museum.

Die Marienkirche nach ihrer Freilegung. 1909.
In der Mitte der Neue Markt mit dem Luther-
denkmal.

Blick vom Alexanderplatz in die Königstraße.
1912. Rechts im Bild das Standbild der Berolina.

Blick auf die Nordseite des Alexanderplatzes
mit dem Warenhaus Tietz. 1913. Das Photo zeigt
alle Formen des damaligen Verkehrs und den
Baubeginn der Untergrundbahn am Alexanderplatz.

Blick vom Schinkelplatz auf das Kaiser-
Wilhelm-Denkmal auf der ehemaligen Schloß-
freiheit. 1910. Im Vordergrund (von links) die
Denkmäler für P. C. W. Beuth, K. F. Schinkel und
A. Thaer.

Blick auf den Eingang zur Straße Unter den
Linden. 1912.

Anhang

Anmerkungen

(1) Knobloch, Heinz: Herr Moses in Berlin, Berlin 1979, S. 237
(2) Großes Bürgerprotokollbuch, Buchstabe «S» Nr. 221; Standort: Stadtarchiv Berlin
(3) Siehe: Familienchronik
(4) Heinrich Ferdinand Schwartz besaß neben seinem Stammhaus Friedrichstraße 185 noch die Häuser Mohrenstraße 6 und Kanonierstraße 2
(5) Vgl.: Dost, Wilhelm: Die Daguerreotypie in Berlin 1839–1860, Berlin 1922
(6) Vgl.: Berlin und seine Arbeit. Amtl. Bericht der Gewerbeausstellung Berlin 1896; Berlin 1898, S. 271 f.
(7) Stadtarchiv Berlin, Rep. 01/27 280, Bl. 290
(8) Ebenda, Bl. 279
(9) Ebenda, Bl. 278
(10) Stadtarchiv Berlin, Rep. 01/27 279, Bl. 42 und 43
(11) Ebenda, Bl. 45
(12) Ebenda
(13) Ebenda, Bl. 46
(14) Ebenda
(15) Ebenda, Bl. 48
(16) Ebenda, Bl. 48 a
(17) Mitteilungen des Vereins für die Geschichte Berlins, Berlin 1886, S. 45
(18) Vgl.: Hansen, Fritz: Gesetzeskunde für Photographen, Bunzlau 1909
(19) Vgl.: Catalog der Photographischen Jubiläumsausstellung zu Berlin 1889. Hrsg. v. Rudolf Mosse, Berlin 1889
(20) Mitteilungen . . ., a. a. O., Berlin 1890, S. 72
(21) Hansen, Fritz: Gesetzeskunde . . ., a. a. O., S. 87
(22) Vgl.: Vossische Zeitung vom 25. Dezember 1907
(23) Mitteilungen . . ., a. a. O., Berlin 1910, S. 45
(24) Vgl.: Ebenda, S. 46
(25) Ebenda, Berlin 1908, S. 241 f.
(26) Vgl.: Ebenda

Literaturverzeichnis

ARAGO, D. F.
  Das Daguerreotyp oder die Erfindung des Daguerre, Stuttgart 1839
ARCHITEKTURFÜHRER DDR.
  Berlin – Hauptstadt der Deutschen Demokratischen Republik, 2. Aufl., Berlin 1976
BAAR, Lothar
  Die Berliner Industrie in der industriellen Revolution, Berlin 1966
BERLIN UND SEINE ARBEIT
  Amtl. Bericht der Gewerbeausstellung Berlin 1896, Berlin 1898
BERLIN UND SEINE BAUTEN
  Hrsg: Architektenverein, 2. Aufl., Berlin 1896
BERNSTEIN, EDUARD
  Die Geschichte der Berliner Arbeiterbewegung, Berlin 1907–1910
BORRMANN, RICHARD
  Die Bau- und Kunstdenkmäler Berlins, Berlin 1893
BOSSERT, HELMUT, UND HEINRICH GUTTMANN
  Aus der Frühzeit der Photographie 1840–1870, Frankfurt/M. 1930
BRAIVE, MICHEL F.
  Das Zeitalter der Photographie, München 1965
BRENDICKE, HANS
  Führer auf der Wanderung durch Altberlin – Kölln, Berlin 1918
BUCKE, CARL
  Rathgeber für Alle, welche sich photographieren oder daguerreotypieren lassen wollen, Hamburg 1857
CATALOG der Photographischen Jubiläumsausstellung zu Berlin 1889. Hrsg: Mosse, Berlin 1889
CLAUSWITZ, PAUL
  Die Pläne von Berlin und die Entwicklung des Berliner Weichbildes, Berlin 1906
DENKSCHRIFT zum 20jährigen Bestehen der Freien Photographischen Vereinigung zu Berlin. Hrsg: Goerke, Halle/S. 1910
DIE ROLANDE DEUTSCHLANDS, Festschrift zur Feier des 25jährigen Bestehens des Vereins für die Geschichte Berlins. Hrsg: Beringuier, Berlin 1890
DOST, WILHELM
  Die Daguerreotypie in Berlin 1839–1860, Berlin 1922

EDER, JOSEF MARIA, UND EDUARD KUCHNIKA
  Die Daguerreotypie und die Anfänge der Negativphotographie auf Papier und Glas, Halle/S. 1927
FREUND, GISELE
  Photographie und bürgerliche Gesellschaft, München 1968
FRIEDEL, ERNST, UND ROBERT MIELKE
  Landeskunde der Provinz Brandenburg, Berlin 1909–1916
GERNSHEIM, HELMUT
  The History of Photographie, London 1969
GERNSHEIM, HELMUT
  Die Fotografie, Wien/München/Zürich 1971
GOLDSCHMIDT, PAUL
  Berlin in Geschichte und Gegenwart, Berlin 1910
GRUBER, L. FRITZ
  Große Photographen unseres Jahrhunderts, Düsseldorf 1964
GUT, ALBERT
  Das Berliner Wohnhaus, Berlin 1917
HANSEN, FRITZ
  Gesetzeskunde für Photographen, Bunzlau 1909
HANSEN, FRITZ
  Der Photographische Verein zu Berlin, Festschrift zur Feier seines 25jährigen Bestehens am 18. November 1913, Berlin 1913
HANSEN, FRITZ
  Das Jahrhundert der Photographie, Berlin 1939
HEGEMANN, WERNER
  Das steinerne Berlin, Geschichte der größten Mietskasernenstadt der Welt, Berlin 1930
HERZ, RUDOLF
  Berliner Barock, Berlin 1928
HÜRLIMANN, MARTIN
  Berlin – Berichte und Bilder, Berlin 1934
KAHMEN, VOLKER
  Photographie als Kunst, Tübingen 1973
KRIEGER, BOGDAN
  Berlin im Wandel der Zeiten, Berlin 1924
KRÜGER, JULIUS
  Der Apparat des Photographen, Leipzig 1859
LANGE, ANNEMARIE
  Das Wilhelminische Berlin, Berlin 1967
LANGE, ANNEMARIE
  Berlin zur Zeit Bebels und Bismarcks, Berlin 1972

LICHTWARK, ALFRED
Die Bedeutung der Amateur-Photographie,
Halle/S. 1894

LIENIG, RUDI, UND EVELINE SCHMIDT
Die Fotosammlung des Berliner Stadtarchivs.
In: Beiträge, Dokumente, Informationen des
Archivs der Hauptstadt der DDR, Heft 2, 1967

LÖSCHBURG, WINFRIED
Unter den Linden, Berlin 1972

LUDWIG, HANS
Erlebnis Berlin – 300 Jahre Berlin im Spiegel
seiner Kunst, Berlin 1975

MACKOWSKY, HANS
Häuser und Menschen im alten Berlin, Berlin
1923

MARTIN, A.
Handbuch der Photographie, Wien 1854

MEYER, FERDINAND
Berühmte Männer Berlins und ihre Wohn-
stätten, Berlin 1875–1877

MITTEILUNGEN des Vereins für die Geschichte
Berlins, Monatsschrift des Vereins für die
Geschichte Berlins, Jahrgänge 1884–1924

NEUMANN, MAX
Der Rechtsschutz der Photographie gegen
Nachdruck, Leipzig 1860

NEUMANN, THOMAS
Sozialgeschichte der Photographie, Neuwied/
Berlin 1966

NICOLAI, FRIEDRICH
Beschreibung der Koeniglichen Residenz-
städte Berlin und Potsdam, Berlin 1786

OSBORN, MAX
Berlin in Bildern 1810–1910, Berlin 1910

OSBORN, MAX
Berlins Aufstieg zur Weltstadt, Berlin 1929

OSTWALD, HANS
Kultur- und Sittengeschichte Berlins, Berlin
1921

PALME, SVEN ULRIC, UND AKE MEYERSOHN
Als die neue Zeit anbrach. Geschichtliche
Dokumente aus der Frühzeit der Fotografie,
Zürich 1958

POLLACK, PETER
Die Welt der Photographie von ihren
Anfängen bis zur Gegenwart, (Neubearbei-
tung), Wien/Düsseldorf 1962

RACHEL, H.
Das Berliner Wirtschaftsleben im Zeitalter
des Frühkapitalismus, Berlin 1930

RECHT, CAMILLE
Die alte Photographie, Paris/Leipzig
1931

SÄLTZER, VICTOR
Vollständige Anweisung zum Photographieren, Weimar 1844

SCHADE, WOLFGANG
Europäische Dokumente. Historische Fotos
aus den Jahren 1840–1900,
Stuttgart/Berlin/Leipzig 1932

SCHICKSALE DEUTSCHER BAUDENKMALE im
zweiten Weltkrieg. Eine Dokumentation der
Schäden und Totalverluste auf dem Gebiet
der Deutschen Demokratischen Republik,
Berlin 1978

SCHIENDL, CARL
Geschichte der Photographie, Wien/Pest/
Leipzig 1891

SCHMITZ, HERMANN
Berliner Baumeister vom Ausgang des
18. Jahrhunderts, Berlin 1914

SCHREIBER, HERMANN
Die Welt in einem Augenblick. Kultur- und
Sittengeschichte der Photographie,
Tübingen/Basel 1969

SCHWARTZ, HEINRICH
David Octavius Hill, der Meister der Photographie, Leipzig 1930

SCHWEBEL, OSKAR
Geschichte der Stadt Berlin, Berlin 1888

SPIKER, S. H.
Berlin und seine Umgebung, Berlin 1833

STELZER, OTTO
Kunst und Photographie, München 1966

STENGER, ERICH
Aus der Frühgeschichte der Photographie,
Berlin 1927

STENGER, ERICH
Der Daguerreotypist J. B. Isenring, Berlin 1931

STENGER, ERICH
Siegeszug der Photographie, Seebruck am
Chiemsee 1950

STRECKFUSS, ADOLF
500 Jahre Berliner Geschichte, Berlin o.J.,
mehrere Aufl.

TERVEEN, FRIEDRICH
Berlin in Photographien des 19. Jahrhunderts,
Berlin 1968

TRINIUS, AUGUST
Die Umgebungen der Kaiserstadt Berlin in
Wort und Bild, Berlin 1888

UHLENHUT, L. E.
Praktische Anweisung zur Daguerreotypie,
Quedlinburg/Leipzig 1849

VOGEL, HERMANN W.
Handbuch der Photographie, Berlin 1890

VOLK, WALTRAUD
Historische Straßen und Plätze heute. Berlin,
Hauptstadt der DDR, 6. Aufl., Berlin 1979

WEIMAR, WILHELM
Die Daguerreotypie in Hamburg 1839–1860,
Hamburg 1915

ZILLE, HEINRICH
Photographien Berlin 1890 bis 1910.
Hrsg: Ranke, München 1975

ZUCHOLD, ERNST A.
Bibliotheca Photographia, Leipzig 1860